Brazilian Literature 2

Prepared under the auspices of the
Instituto Internacional de Literatura Iberoamericana

Brazilian Literature

2

1880-1920
Naturalism
Realism-Parnassianism
Symbolism

Claude L. Hulet
University of California, Los Angeles

Georgetown University Press, Washington, D.C. 20057

Library of Congress Cataloging in Publication Data

Hulet, Claude Lyle, 1920-
  Brazilian literature.

  "Prepared under the auspices of the Instituto International de Literatura Iberoamericana."
  Includes bibliographies.
  CONTENTS: 1. 1500-1880: Renaissance, Baroque, Neoclassicism, Romanticism.—2. 1880-1920: Naturalism, Realism/Parnassianism, Symbolism.—3. Since 1920: Modernism.
  1. Brazilian literature—History and criticism.
I. Instituto Internacional de Literatura Iberoamericana.
II. Title.
PQ9511.H8   869'.09   74-16331

Copyright © 1974 by Georgetown University
All rights reserved
Printed in the United States of America

International Standard Book Numbers:
  0-87840-034-6 (Paperbound Edition)
  0-87840-037-0 (Library Edition)

To my wife Norma and sons Claude, Roger and Richard
for their patient and loving encouragement,
and to my parents for their warm understanding.

C.L.H.

Preface

Two memorable events, both rooted in the euphoria of the Good Neighbor era, set in motion a series of policies and projects, that are still bearing fruit. This history and anthology of Brazilian literature was, in fact, first conceived in those days as a possible goal of future imaginative planning, once other more pressing projects, as we then understood them, had been approved and achieved. The first of these events was the founding of the Instituto Internacional de Literatura Iberoamericana in Mexico during late August, 1938. The second event was the inauguration of a series of conferences on Latin America sponsored by the Department of State to explore and to recommend steps that would give enlightened direction and support to our earnest efforts for a more effective role in inter-American affairs. The first of these conferences was held at the University of Michigan, Ann Arbor, in midsummer of 1939. Perhaps the earliest official and professional recognition of the need for a variety of new and improved texts for the teaching of the language and literature of Brazil first found expression at those two historical gatherings. A small group of Latin Americanists, who were present at both, ventured to identify the more immediate needs, to establish priorities, and to appoint working committees. At the Ann Arbor meeting, a committee headed by E. Herman Hespelt, assisted by John A. Crow, John E. Englekirk, Irving A. Leonard and John T. Reid, was commissioned to undertake the preparation of an "outline history" and an "anthology" of Spanish American literature. The Committee and the assignment came under the auspices of the Instituto Internacional de Literatura Iberoamericana at the II International Congress of the Institute held in Los Angeles in late August, 1940.

The Outline History of Spanish American Literature (Appleton-Century-Crofts, 1941, 1947, 1965) and the accompanying *Anthology* (1946, 1968) call for no further comment. A glance at the *Outline History*, however, will show that the need of similar materials for Brazil has been in the Committee's thinking from the very beginning. The first move toward meeting this need was the preparation—with the collaboration of Marion Zeitlin—and the inclusion of Appendix A, "A Bibliographical Introduction to Brazilian Literature for Those Reading only English and Spanish." It was hoped that this special section would arouse the interest of the student of Spanish American literature and encourage him to study Portuguese in a first sure step toward an appreciation of Brazilian literature in the original. In the meanwhile, rising enrollments in introductory Portuguese language classes served to activate a variety of measures calculated to counter a relatively slow response to offerings in advanced language and in Brazilian literature. Little had been done, however, to provide a text to bridge the gap between langauge study and a planned approach to the literature. To make matters even worse, some of the earlier readers that had well served the initial interest in Portuguese had disappeared from the market for want of support for further printings.

It was at this juncture that the Committee decided to poll their colleagues on a number of alternatives presented in a proposal designed to meet the need for a text, or texts, similar to those so well received for Spanish American literature. This assessment was undertaken as an important element of the 1959 questionnaire that was to guide the Committee in its preparation of the third edition of the *Outline History* and the second edition of the *Anthology*. The Committee posed the following question: Should Appendix A of the *Outline History* be revised or should it be replaced by one of the several options. The response was strong and clear. What was wanted was a separate history and anthology for Brazilian literature modelled after their Spanish American forebears. However, in the process of revising the original blueprint, it was agreed that the reading selections should follow the author writeups and that the end product should be a unit presentation of historical development and representative readings.

The Committee accepted the challenge, but was the textbook industry ready to undertake the publication of a modestly designed text for a demand that had already threatened to dwindle away? The response was dishearteningly in the negative. Commercial publishers felt that as a "critical" language Portuguese was deserving of government or foundation funding. Brazilian publishers, even with the prospects of an all-Portuguese text, courteously declined to consider the temptation of wider sales. The whole story of "finding a publisher," too disturbingly familiar to those working in the Luso-Brazilian language-literature area, need not be extended beyond what is already abundantly clear. The breakthrough finally came in the form of contract (SAE-9480) signed on 10 June 1961 by the U.S. Office of Education and the University of California. The contract provided for the preparation of an *Outline History and Anthology of Brazilian Literature*, to be undertaken by Claude L. Hulet under the auspices of the Instituto Internacional de Literatura Iberoamericana and in collaboration with the Committee charged with the revision of the *Outline History* and the *Anthology* of Spanish American literature. The writer, as chairman of the Committee, was named the principal investigator.

From the beginning it was understood that Claude L. Hulet would be encouraged to develop the broad outlines of the proposed text at his own discretion and as his dedication dictated. What follows, therefore, is largely the product of his imaginative interpretation of the assignment. The original concept of a single volume of 350-500 pages soon fell before his compelling appeal for full justice to an exciting, satisfying, and still little-known body of literature. The three "full" volumes at hand attest to the persuasiveness of his appeal. Essentially, the original plan has been followed. All else, however, reflects his "judgment and preferences": the analysis and interpretation of the successive literary period or trends under which the writers have been grouped; the final choice of authors and selections; the screening of biographical data; and the critical appraisal of the work of each author studied. Professor Hulet has explained his reasons for a number of departures from the original format.

Unquestioned is Professor Hulet's passionate enthusiasm for the pioneering assignment of charting a clear course over the billowy mosaic of literary currents and esthetic tides of Brazilian letters. Pioneering, too, in the sense that Professor Hulet steadfastly refused to be swayed by the considerable body of reading materials that nationals and others have recognized as representative of the best that Brazilian literature has to offer. The knowledgeable reader may wonder at the absence of some of his favorite pieces. But it is almost certain that any such surprise will be more than compensated by the repeated discovery of "gems" that had heretofore escaped his attention. It was the unrelenting accumulation of outstandingly good selections in their own right, irrespective of all else, that brought the project to its most critical moment: to include or not to include. The choice seemed clear; the outcome—in the face of waning interest and mounting costs—could only augur a heavy sea of rejections. Ten years, at sea, call for unusual stamina and faith, particularly when one remembers that the undertaking first attracted volunteers some thirty years ago. A secure port has at last been offered by the Georgetown University Press. And thus another rewarding journey lends credence once again to Pero Vaz de Caminha's promise implicit in "plantando dá"—a promise and a challenge to whoever reads the memorable report of discovery with which this book opens and Brazilian literature begins.

June 1974 *John E. Englekirk*

Acknowledgements

I thank numerous Brazilians—many friends and legions of acquaintances, both in and out of the Brazilian Academy of Letters, especially poets, writers and literary critics—for their friendship and encouragement, particularly those who have given their generous permission to reproduce selections from their works.

My gratitude—along with that of my colleagues on the Committee of the Instituto Internacional de Literatura Iberoamericana—also goes to the U.S. Office of Education for the initial grant that got the project under way; to my colleague, Professor John E. Englekirk, in his role as Chairman of that committee, for his inspiration; to the Research Committee of the Academic Senate, UCLA, for additional assistance; and, most of all, to my loving family for their confidence and endless patience.

C.L.H.

Introduction

Brazilian literature is the product of a four-century long period of maturation in the New World. An Hispanic literature stemming directly from its proud Portuguese past, its antecedents are deeply rooted in the common heritage of the Iberian peninsula, with all the implications that derive from that position in the Latin world. Brazilian literature requires no apology for English-speaking readers. They already recognize the enormous talents of the still too few writers thus far available to them in translation. To mention several: Machado de Assis, Graciliano Ramos, José Lins do Rêgo, Jorge Amado, Érico Veríssimo and João Guimarães Rosa among the prose writers; Manuel Bandeira, Carlos Drummond de Andrade and Vinicius de Morais among the poets, and Gilberto Freyre in the socioanthropological sphere.

The present work shares the attributes of literary history, anthology and esthetic guide; it can also serve as a springboard for further exploration into the Brazilian literary reality. It presents both a vertical and a horizontal insight into the development of Brazil's letters from their earliest beginnings at the time of the discovery of the Land of the True Cross in 1500 to the internationally acclaimed achievements of writers of the 1940s and 1950s. It aims to point out essential information about the life, qualities and accomplishments of the best and most representative of Brazil's writers set against the background of the dominant esthetic precepts of their day.

Although the general plan is eclectic, emphasis has been placed on the literary current as the principal organizational and esthetic instrument. By literary current is meant the synthesis of attitudes, tastes and perspectives to be found in the works of writers who have broadly similar backgrounds by reason of having lived during a given period and shared the social, moral and esthetic assumptions which derived one way or another from the dominant philosophical thought of their day. So it is that the angle and content of the writers' view of society, how they grasp it, understand it, recreate it, and present it to their readers in the form of works of literary art, all these things are conditioned by that generally accepted life-view as the latter generates the prevalent social, moral and esthetic stances of a given time. Although, not all the characteristics of such a movement are by any means necessarily found in each and every writer, it is this author's belief that a grasp of the main features and directions of the successive literary currents is essential to the understanding of the individual writers who participated in them.

The author would be the first to recognize that placing writers and poets in categories is an analogical device that leaves much to be desired. The chronological limits set for the beginning and end of the several literary currents discussed are necessarily somewhat arbitrary, in part because they do not begin and end at the same time in the widely separated geographical areas of country-continent Brazil. It goes without saying, too, that some writers do not fit neatly into one or another of the classifications used. Also, the judgment as to what is the most representative stance of a given writer, and consequently the reason he has been placed in one movement rather than another, may seem quite subjective. All this is admitted, but the goal of presenting a logical and sequential panorama of the development of Brazilian letters through time is believed to more than compensate for any small amount of distortion that may have resulted.

The perspective of this work is chronological. Each chapter begins with a brief exposition of the main characteristics of one of Brazil's successive literary currents, which are the basis, as indicated earlier, of the organization of the book and the instrument that provides the greatest possibility for getting inside of and understanding a given literary thrust. This is the heart, the crux of *Brazilian Literature*. Along side is an outline.

Each literary current is provided an outline of authors, arranged by genres and headed by captions synthesizing its human and esthetic import. *It is not an outline of the contents of the chapter.* Its purpose is to give an over-all view of the breadth and direction of the literary movement under discussion, a road map, as it were, of where things are and how to get there. The contents of each chapter will deal with specific authors, each in his own right, and as each relates to the esthetic and literary situation at his own given moment. Only the principal exponents are cited. Although a writer may appear under several genres in the outline, he will be presented in the chapter only under the one for which he is best known. Machado de Assis, for example, a novelist, short story writer, poet, critic and dramatist, is located in the text among the novelists.

Within each chapter the genres are listed in the order of their relative importance at that historical juncture. Inasmuch as poets tend to be more innovative, more quickly catch the mood of their time, and more daringly communicate the latter's thrust, dynamics, and tone ahead of their prose writing confreres, poetry customarily heads each chapter.

Writers are usually studied in chronological order within each genre, but this is not an absolute rule. The overriding importance of certain writers must be taken into account. Aluísio Azevedo is a case in point. He is presented before Inglês de Sousa despite the fact that the latter preceded him in publishing a naturalistic work. "Late bloomers," of course, come on the scene considerably

Introduction

after the main contingent of their movement and may, indeed, be out of phase with their own time.

Each writer is examined from the following angles: Biography, Critical Commentary, Suggested Readings and Other Texts, Principal Works, and Critical References. The most significant writers are represented by selections from their works. A brief word about each of these perspectives is in order.

Since a work of art cannot be divorced from the creator of that work, nor can the latter be abstracted from the reality its creator lived, a Biography of basic information has been provided about each of the writers treated.

The purpose in the Critical Commentary is to provide an esthetic appraisal of the significance of the writers studied, including their achievements and the level of their accomplishment. Brazilian literature constitutes a most valuable facet of our Occidental literature. It not only warrants serious consideration outside the Luso-Brazilian world, but also merits study from a non-Brazilian standpoint as well. The author has aimed to give it that fresh approach. This book represents a number of years of enthusiastic study and dedication to Brazilian letters; its faults and its virtues are this author's responsibility alone. Every effort has been made to study firsthand the writers and works making up this literature and to say something worthwhile that reflects the author's understanding of the sweep of Brazilian literature and of the role and importance of the writers presented. The length of treatment, it should be emphasized, has no one-to-one relationship to the inherent worth of a writer. If it is relatively long, it may simply mean that the writer has not been given sufficient critical study in the past. Conversely, very well known writers may be discussed in more economical terms.

Suggested Readings and Other Texts are gathered under one heading. The former refers to those selections considered to be especially valuable from the point of view of artistic accomplishment and representatives. Other Texts refers to selections made by other anthologists.

The section entitled Principal Works is, as the name suggests, selective and largely reserved for books.

Critical References concerning each writer are placed at the end of each chapter. An attempt has been made to include all the relevant statements about a given writer, even though the majority of the items cited may at the present time be unavailable to most readers in the English-speaking world and, paradoxically enough, may not be appreciably more available to Brazilian readers outside Rio de Janeiro and São Paulo. The inclusion of this data is indispensable as a research tool, however, and it can also serve to encourage college and university libraries to acquire the critical materials cited. Although carefully garnered from numerous sources, they do not represent a painstakingly accurate bibliographical study, for it is recognized that such a single-handed, scholarly accomplishment in this field at this moment in time and at this distance from Brazilian libraries is a physical impossibility. At this early stage in the development of the study of Brazilian literature it was thought preferable to maximize the book's research usefulness by providing a realtively large corpus of critical bibliography, erring on the side of abundance—if that is to err—rather than paucity, and leaving to a later, more propitious moment a more perfect winnowing of the wheat from the chaff. To save space, references frequently cited are indicated by writer, short title and pages, complete bibliographical information being found in the General Bibliography located at the end of the volume.

The principles followed with respect to the anthological selections are literary and esthetic. Quality has been chosen over representativeness, art over history, achievement over experimentation and, whenever possible, complete texts over fragments. The genre chosen does not, therefore, necessarily represent the one for which the author is best known. Examples, among others, are: Artur Azevedo, represented by a short story rather than a play; Mário de Andrade, by a short story rather than by poetry; and Raquel de Queirós, by scenes from a play rather than from selections from one of her novels. It should be noted also that the amount of material quoted is not necessarily an indication of a writer's importance. The text or texts chosen attempt to capture the writer's essence; the intrinsic nature of the material dictates how much or little is deemed necessary to accomplish that end.

However interesting and informative the chroniclers may be, their contribution to imaginative literature is not especially strong. The esthetic norm adopted therefore precludes that they be represented by an anthological selection. Pero Vaz de Caminha, of course, is the exception. For good and cogent reasons he is included as the initiator of both the cultural history and the creative literature of Brazil.

In the early years of the development of Brazilian letters there was a considerable dearth of creative literature and close scrutiny of some of the writers and texts chosen would not justify their acceptance at a later period. From the eighteenth century forward, however, universal standards are widely achieved in Brazilian belles lettres; indeed, beginning with the Neoclassicists esthetic excellence is the basic criterion for selection.

Everyone is acquainted with the spelling problem in the Portuguese language. The capitalization, accentuation and spelling of the anthological materials have been largely modernized in accordance with accepted Brazilian standards. Changes in punctuation where needed for greater clarity, or where the original was evidently in error, have also been made.

The author believes that scholarly self-sufficiency should be encouraged and that mature, self-respecting students will as quickly as possible want to become professionally independent. Therefore, footnotes have been avoided in the belief the reader will be curious, that he will be interested in going beyond the text itself, and, consequently, that he will have the tools of the scholar at his disposal including first-class dictionaries and encyclopedias.

Translations into English have not been listed although, as was indicated earlier, a number are available of some of Brazil's most significant men of letters. The reader is invited to consult the author's *Bibliography of Latin American Prose in English Translation* (Washington, D.C., Pan American Union, 1964) and *Bibliography of Latin American Poetry in English Translation* (Washington, D.C., Pan American Union, 1965) for this kind of information.

Introduction

In resumé, the author has chosen to emphasize best efforts. The principal endeavor has been to present through the prism of succeeding literary currents the most esthetically noteworthy writers and texts in order to demonstrate the intrinsic value of Brazilian literature at any given moment in time. As the attempt to please all readers is admittedly impossible, no attempt has been made to do so. For good or for ill, the work reflects the judgment and preferences of the author.

June, 1974 *Claude L. Hulet*

Contents

Preface   v
Acknowledgements   ix
Introduction   xi

Chapter 1 Naturalism (1880-1900)   1

Aluísio Azevedo   4
  O cortiço (III)   6
Júlio Ribeiro   13
  A carne (XII)   15
Herculano Marcos Inglês de Sousa   23
  O missionário (Capítulo I)   25
  O missionário (Capítulo II)   27
Adolfo Caminha   31
  Bom Crioulo   34
Domingos Olímpio   40
Sílvio Romero   43

Chapter 2 Realism-Parnassianism (1880-1910)   47

Alberto de Oliveira   50
  Afrodite   52
  Vaso grego   53
  Última deusa   54
  Aspiração   54
  Flor santa   55
  O muro   56
  A que se foi   57

Fonte oculta	58
Nuvens (III)	59
Velhice	59
Vagalume	60
O lírio intangível	61
Raimundo Correia	**64**
As pombas	66
O vinho de Hebe	67
O juramento	67
Beijos do céu	68
Chuva e sol	68
A cavalgada	69
Peregrina	69
Plenilúnio	70
Banzo	72
Jó	72
Ondas . . .	74
Olavo Bilac	**78**
A morte de tapir	80
O julgamento de Frinéia	84
Vanitas	85
O caçador de esmeraldas	86
As estrelas	89
Microcosmo	89
Defesa	90
Remorso	90
O cometa	91
Estuário	91
Fructidoro	92
Machado de Assis	**95**
Uns braços	98
Artur Azevedo	**119**
A Marcelina	122
Euclides da Cunha	**128**
Os sertões (O homem)	131
José Veríssimo	**140**

Chapter 3 Symbolism (1890-1920) 143

João da Cruz e Sousa	**148**
Requiem	151
Meu filho	153
Tristeza do infinito	156

Piedade	156
Vida obscura	156
Sorriso interior	157
Dilema	157
Ser pássaro	158
Alphonsus de Guimarães	**162**
IX	165
Olhos	165
V	165
XXVI	166
XII (Rosas)	166
XIX	167
XXXI	167
LXXV	168
XX (Súplica)	168
XXIII	169
LV	169
Vicente de Carvalho	**172**
Velho tema (I)	174
Menina e môca	175
Cantigas Praianas (VIII)	175
Cantigas Praianas (IX)	176
De manhã	175
Oracão pagã	179
Sonho póstumo	180
Rosa, rosa de amor (II)	186
Raul d'Avila Pompéia	**189**
O Ateneu (VII)	191
Coelho Neto	**197**
O dote	201
Graça Aranha	**206**
Canaã (III)	208
João Simões Lopes Neto	**217**
No manantial	220
Afonso Arinos de Melo Franco	**230**
Gonzaga Duque	**233**
Nestor Vítor	**235**
Augusto dos Anjos	**238**
O morcego	239
O Lázaro da pátria	240
Idealização da humanidade futura	240
O martírio do artista	241
Vandalismo	241
Eterna mágoa	242

Queixas noturnas	242
O lamento das cousas	245
Guerra	245
Hino à dor	246
À mesa	246
A obsessão de sangue	246
José Albano	**249**
Vilancete	250
Vultas	251
Romance	251
Cantigas	252
Soneto VII	255
Soneto X	255
Soneto XIV	256
Afonso Henriques de Lima Barreto	**258**
Clara dos Anjos	260
Monteiro Lobato	**270**
A colcha de retalhos	273
General Bibliography	**281**
Index of Authors	**297**

Chapter 1
NATURALISM
1880-1900
The Scientific Spirit at Work
(Art as an Instrument for Change)

        A. Prose Fiction
           Aluísio Azevedo
           Júlio Ribeiro
           Inglês de Sousa
           Adolfo Caminha
           Domingos Olímpio

        B. Literary Criticism
           Sílvio Romero

Any discussion of Naturalism is complicated by the fact that Naturalism and Realism are not clearly independent of each other, nor are they one and the same thing. Moreover, both names were carelessly bandied about by all and sundry during the second half of the nineteenth century, a practice that continues even today. Looking at them ideally and with scientific disinterestedness, we recognize that realism is fundamentally opposed to fantasy, and that between these two opposite poles literary manners and attitudes oscillate to produce literature. In that sense Naturalism is that realistic modality that, for philosophical and moral reasons, prefers to deal with the ugly, animal-like, and often obscene in human behavior as standard subjects deserving literary treatment. Naturalism tries to be scientific in its **re-creation**, but, inasmuch as the author uses art as a means to reform his own world, it is at the same time a committed stance, art espousing a thesis, and, paradoxically, a subjective one. The scenes evoked are thus dynamic and emotion-filled.

Naturalism was the next logical step to succeed the Second Romantic Generation's morally oriented humanitarian, social-group view: an outgrowth of similar tendencies, simply modified to meet the new circumstances of the time. The Naturalist further emphasized the reformer's propensities, the concern for the less-privileged, the study of man in his natural setting, adding to the moral stance a sense of commitment to the realization of a better society.

The Naturalist moved in for a close-up of his world. He focused attention on the individual as the latter was molded by his reality. To the latter everything was subordinated, including relationships between the characters themselves. Only after the Naturalist had exhausted the possibilities of trying to explain the individual and the latter's role in society, which he did under a microscope and with the aid of a dissector's scalpel, would the writer be able to stand back and view his surroundings impartially and give himself over to the study of man's reactions to man. But by then he would no longer be a Naturalist, he would have become a Realist.

Philosophically, Naturalism includes under its semantic canopy such positions as Darwinism, Spenserianism, and Positivism, the latter having deep, immediate and direct repercussions in Brazil. Naturalism is based on a mechanistic view of the world. It is deterministic in the sense that man is molded and conditioned by his environment. The individual, in this view, is incapable of triumph when the circumstances of his surroundings and heredity oppose his success and aims. But man is not to blame. He is a prisoner. And environment simply reduces man to the level of an animal among animals. In this condition his actions can be explained biologically and through the study of his surroundings.

The Naturalist considered literature an instrument in his reformer's zeal to remake his imperfect world. Therefore, he focused attention upon such ills of his middle-class society as the chaotic growth of cities, the demoralization of the bourgeoisie, the evils of slavery, the problems arising from miscegenation, and the degenerating effect of the tropics. Supremely confident in the efficacy of science and imbued with the inevitability of its progress, the enthusiam of the Naturalist was such that he was convinced that the mere identification of an evil was sufficient to bring about its final elimination. From that resulted both the broad spectrum and the minute documentations of many material and sociological aspects of Brazilian life during the last twenty years of the century.

The Naturalist was strongly Republican, anti-clerical, anti-slavery, and held a generally optimistic view concerning the development of society and the progress of mankind. He was pessimistic and ironical, however, about the fortunes of the individual. The Naturalist's view was that man is still uncivilized, simply another beast whose animalness he wants to study, emphasizing the sensational, crude, abnormal, lascivious, pathological and macabre aspects of his characters.

Naturalism presumes that characters are motivated by pre-existing forces which preordain the outcome of their lives. This fatalistic concept makes it understandable that writers should be interested in heredity (biology) and in the formation of the individual in society (education) as a road to the understanding of the acts and activities of their characters. Thus, the emphasis on vices, illnesses, and hereditary defects, as well as, on the cultural level, on family, education and environment representing the sum of circumstances. Some of the most recurrent themes are: sex, homosexuality, satyriasis, nymphomania, lesbianism, adultery, and the deterioration of the races.

With the Naturalists prose changed radically, becoming more aimed at communication than adornment, more simple and direct, and less poetic and flowery. Because of the strong commitment, emphasis was placed on the didactic. The language was frank, careless, even coarse. Prose was king. Indeed, poetry painted itself into a corner. Naturalist poetry's stress on abstract ideas, science, politics, and the grosser aspects of life earned it few even short-term admirers. Sílvio Romero and Martins Júnior were the only poets whose features could be discerned on the surface of a sea of mediocrity.

The rapidly developing novel was the predominant prose genre during this period, but the short story, after starting from almost ground zero, also made swift strides. Other prose forms that acquired importance are history, literary criticism, grammar and civil oratory. The theater tentatively took up the threads of the drama that had been inaugurated during the First Romantic Generation and hesitantly continued during the Second.

The organization of Brazil as a nation took place during the last twenty years of the nineteenth century. It was a period of tremendous renovation, modification and reform. The Republic was born, the slaves were freed, the laws were recodified, cities were modernized, the nation's frontiers were established, and the educational system was reorganized. Moreover, the writer, who had only gained a tentative acceptance in Romanticism, became a highly regarded intellectual force, even an integral part of society. Naturalism shared with Realism-Parnassianism the principal role in effecting these significant changes. The former gave the spark, the latter the artistic thrust.

Aluísio Azevedo
(1857-1913)

Born in São Luís on April 14, 1857, a son of David Gonçalves de Azevedo, Portuguese Vice-Consul in Maranhão, and Emília Amélia Magalhães Branco, Aluísio Tancredo Gonçalves de Azevedo began preparatory studies at the Liceu Maranhense and studied painting with the Italian Domingos Tribusi. On the latter's death he continued his studies in Rio de Jeneiro at the Escola de Belas-Artes. He gained fame as a caricaturist, drawing for *O Fígaro, O Mequetrefe* and *A Semana Ilustrada.* In 1879 occurred the first of a long series of collaborations on plays with his brother Artur; the comedy *Os doudos.* Later that year he returned to Maranhão because of his father's death. He subsequently unsuccessfully sought a scholarship from the Maranhão Assembly to study painting in Italy. In 1880 he published *Uma lágrima de mulher.* During that period he collaborated in *A Flecha, O Pensador* and *A Pacotilha.* He was attacked for his anticlerical stand and because of *O mulato,* which he published in 1881. In *A Pacotilha* he himself lauded it, using feminine pseudonyms. At the end of 1881 he returned to Rio de Janeiro and embarked on the career of professional man of letters, the first Brazilian to attempt to live by his pen alone. There he wrote for newspapers and magazines and began the serious business of writing books. In an effort to find financial security, he became a consul in 1895. He first served in Vigo; later his consular career took him to Naples, Tokyo, Cardiff and Buenos Aires. There he married an Argentinian. Their son, Pastor Azevedo Luques, wrote in both Spanish and Portuguese. After 1895, Aluísio never found the inspiration he needed to write more novels. He died in the Argentine capital on January 21, 1913.

Critical Commentary:

Literarily speaking, the second half of nineteenth century Brazil was largely absorbed by the Azevedo brothers, Aluísio in the novel, Artur in the theater, but both also, in part, in the short story. Aluísio occupies in the Naturalistic current the role played by Alencar in the Romantic one: the center of the novelistic stage. He first gained notice with the thematically and structurally loose *O mulato*, 1881, which he published in his home town of São Luís do Maranhão. It still retains clear ideological and technical Romantic traits left over from the previous year's novel, his first, *Uma lágrima de mulher*; nor should one forget its moralistic tone, optimistic philosophy and rebellious protests, humanitarian ideals and frequent Gothic traits. But Aluísio Azevedo quickly evolved into the Naturalist of immense stature revealed in *O cortiço*, 1890. By that date he was a consummate novelist. He was immensely skilled in molding characters, an accomplishment at which he was an immediate predecessor of Machado de Assis and the latter's adept internal characterization. Also, he is notable for the depiction of scenes that have not only visual preciseness, but psychological significance and depth as well. Ideologically, too, he showed himself to be a complete determinist, disdainful of man and his works: man by then seemed to him simply another animal from whom nothing much worthwhile could be expected. Interestingly enough, all the Romantic attitudes do not disappear even at the height of Azevedo's Naturalistic cynicism. Alongisde Balzacian cumulative emphasis and Zolaesque minute descriptions of the ugly, the brutal, the smelly, the sickening and the immoral, by the accepted standards of the time, there are idyllic moments, idealized descriptions, interventions of Nature, melodrama, plays of light and shadow, coincidences, and the like. In Azevedo, of course, the sketch of customs continues, but in tune with his more realistic time, emphasis is on the present. There are extraordinary insights into everyday life, social relations and class conflicts; the motivation of individuals, and the rapacious, selfish side of human nature are emphasized. Everywhere ambient determines the path life takes at any particular juncture.

Although Aluísio manifested considerable interest in the theater and collaborated on a number of plays (some with his brother, others with Emile R. Rouède), his participation in that genre is unimportant. As a short story writer, however, he had notable talent, particularly for the intensely emotion-charged, Poe-esque tale of suspense.

Suggested Reading and Other Texts:

O cortiço; Cândido e Castelo, II, 170-179; Coutinho, *Antologia*, I, 80-82, 213-218; Lins e Holanda, II, 589-592; Moisés, *Textos*, 228-236; Peixoto, Afrânio, *Panorama*, 484-486; Scott-Buccleuch and Oliveira, 200-210.

Principal Works:

Os doudos (comédia, com Artur Azevedo), 1879; *Uma lágrima de mulher* (romance), 1880; *O mulato* (romance), 1881; *Memórias de um condenado* (romance), 1882. *Flor-de-lis* (opereta, com Artur), 1882; *Casa de Orates* (comédia, com Artur), 1882; *Mistérios da Tijuca* (romance), 1883; *Casa de pensão* (romance), 1884; *O mulato* (drama), 1884; *Filomena Borges* (romance), 1884; *Venenos que curam* (comédia, com E. Rouède), 1885; *O caboclo* (drama, com Artur), 1886; 1888; *O homem* (romance), 1887; *Fritzmack* (revista, com Artur), 1888; *O coruja* (romance), 1889; *O cortiço* (romance), 1890; *O esqueleto* (romance), 1890; *A república* (revista, com Artur), 1890; *Um caso de adultério* (comédia, com E. Rouède), 1891; *Em flagrante* (comédia, com E. Rouède), 1891; *A mortalha de Alzira* (romance), 1895; *Demônios* (contos), 1893; *Livro de uma sogra* (romance), 1895; *Pegadas* (contos), s.d., [1897] *Obras completas*, editadas por M. Nogueira da Silva, Rio, Briguiet, 1939-1941, 14 vols.

O CORTIÇO

III

Eram cinco horas da manhã e o cortiço acordava, abrindo, não os olhos, mas a sua infinidade de portas e janelas alinhadas.

Um acordar alegre e farto de quem dormiu de uma assentada, sete horas de chumbo. Como que se sentiam ainda na indolência de neblina as derradeiras notas da última guitarra da noite antecedente, dissolvendo-se à luz loura e tenra da aurora, que nem um suspiro de saudade perdido em terra alheia.

A roupa lavada, que ficara de véspera nos coradouros, umedecia o ar e punha-lhe um farto acre de sabão ordinário. As pedras do chão, esbranquiçadas no lugar da lavagem e em alguns pontos azuladas pelo anil, mostravam uma palidez grisalha e triste, feita de acumulações de espumas secas.

Entretanto, das portas surgiam cabeças congestionadas de sono; ouviam-se amplos bocejos, fortes como o marulhar das ondas; pigarreava-se grosso por toda a parte; começavam as xícaras a tilintar; o cheiro quente do café aquecia, suplantando todos os outros; trocavam-se de janela para janela as primeiras palavras, os bons dias; reatavam-se conversas interrompidas à noite; a pequenada cá fora traquinava já, e lá dentro das casas vinham choros abafados de crianças que ainda não andam. No confuso rumor que se formava, destacavam-se risos, sons de vozes que altercavam, sem se saber onde, grasnar de marrecos, cantar de galos, cacarejar de galinhas. De alguns quartos saíam mulheres que vinham dependurar cá fora, na parede, a gaiola do papagaio, e os louros, à semelhança dos donos, cumprimentavam-se ruidosamente, espanejando-se à luz nova do dia.

Daí a pouco, em volta das bicas era um zunzum crescente; uma **aglomeração** tumultuosa de machos e fêmeas. Uns, após outros, lavavam a cara, incomodamente, debaixo do fio de água que escorria da altura de uns cinco palmos. O chão inundava-se. As mulheres precisavam já prender as saias entre as coxas para não as molhar; via-se-lhes a tostada nudez dos braços e do pescoço, que elas despiam suspendendo o cabelo todo para o alto do casco; os homens, esses não se preocupavam em não molhar o pêlo, ao contrário metiam a cabeça bem debaixo da água e esfregavam com força as ventas e as barbas, fossando e fungando contra as palmas da mão. As portas das latrinas não descansavam, era um abrir e fechar de cada instante, um entrar e sair sem tréguas. Não se demoravam lá dentro e vinham ainda amarrando as calças ou as saias; as crianças não se davam ao trabalho de lá ir, despachavam-se ali mesmo, no capinzal dos fundos, por detrás da estalagem ou no recanto das hortas.

O rumor crescia, condensando-se; o zunzum de todos os dias acentuava-se; já se não destacavam vozes dispersas, mas um só ruído compacto que enchia todo o cortiço. Começavam a fazer compras na venda; ensarilhavam-se discussões e resingas; ouviam-se gargalhadas e pragas; já se não falava, gritava-se. Sentia-se naquela fermentação sanguínea, naquela gula viçosa de plantas rasteiras que mergulham os pés vigorosos na lama preta e nutriente da vida, o prazer animal de existir, a triunfante satisfação de respirar sobre a terra.

Da porta da venda que dava para o cortiço iam e vinham como formigas, fazendo compras.

Duas janelas do Miranda abriram-se. Apareceu numa a Isaura, que se dispunha a começar a limpeza da casa.

—Nhá Dunga! gritou ela para baixo, a sacudir um pano de mesa; se você tem cuscuz de milho hoje, bata na porta, ouviu?

A Leonor surgiu logo também, enfiando curiosa a carapinha por entre o pescoço e o ombro da mulata.

O padeiro entrou na estalagem, com a sua grande cesta à cabeça e o seu banco de pau fechado debaixo do braço, e foi estacionar em meio do pátio, à espera dos fregueses, pousando a canastra sobre o cavalete que ele armou prontamente. Em breve estava cercado por uma nuvem de gente. As crianças adulavam-no, e, à proporção que cada mulher ou cada homem recebia o pão, disparava para casa com este abraçado contra o peito. Uma vaca, seguida por um bezerro amordaçado, ia, tilintando tristemente o seu chocalho, de porta em porta, guiada por um homem carregado de vasilhame de folha.

O zunzum chegava a seu apogeu. A fábrica de massas italianas, ali mesmo da vizinhança, começou a trabalhar, engrossando o barulho com o seu arfar monótono de máquina a vapor. As corridas até à venda reproduziam-se, transformando-se num verminar constante de formigueiro assanhado. Agora, no lugar das bicas apinhavam-se latas de todos os feitios, sobressaindo as de querosene com um braço de madeira em cima; sentia-se o trapejar da água caindo na folha. Algumas lavadeiras enchiam já as suas tinas; outras estendiam nos coradouros a roupa que ficara de molho. Principiava o trabalho. Rompiam das gargantas os fados portugueses e as modinhas brasileiras. Um carroção de lixo entrou com grande barulho de rodas na pedra, seguido de uma algazarra medonha algaraviada pelo carroceiro contra o burro.

E, durante muito tempo, fez-se um vaivém de mercadores. Apareceram os tabuleiros de carne fresca e outros de tripas e fatos de boi; só não vinham hortaliças, porque havia muitas hortas no cortiço. Vieram os ruidosos mascates com as suas latas de quinquilharia, com as suas caixas de candeeiros e objetos de vidro e com o seu fornecimento de caçarolas e chocolateiras, de folha-de-flandres. Cada vendedor tinha o seu modo especial de apregoar, destacando-se o homem das sardinhas, com as cestas de peixe dependuradas, à moda de balança, de um pau que ele trazia ao ombro. Nada mais foi preciso do que o seu primeiro guincho estridente e gutural para surgir logo, como por encanto, uma enorme variedade de gatos, que vieram correndo acercar-se dele com grande familiaridade, roçando-se-lhe nas pernas arregaçadas e miando suplicantemente. O sardinheiro os afastava com o pé, enquanto vendia o seu peixe à porta das casinhas, mas os bichanos não desistiam e continuavam a implorar, arranhando os cestos que o homem cuidadosamente tapava mal servia ao freguês. Para ver-se livre por um instante dos importunos era necessário atirar para bem longe um punhado de sardinhas, sobre o qual se precipitava logo, aos pulos, o grupo dos pedinchões.

A primeira que se pôs a lavar foi a Leandara, por alcunha a "Machona", portuguesa feroz, berradora, pulsos cabeludos e grossos, anca de animal do campo. Tinha duas filhas, uma casada e separada do marido, Ana das Dores, a quem só chamavam a "das Dores" e outra donzela ainda, a Nenen, e mais um filho, o Agostinho, menino levado dos diabos, que gritava tanto ou melhor que a mãe. A das Dores morava em sua casinha à parte, mas toda a família habitava no cortiço.

Ninguém ali sabia ao certo se a Machona era viúva ou desquitada; os filhos não se pareciam uns com os outros. A das Dores, sim afirmavam que fora casada e que largara o marido para meter-se com um homem **do comérico;** e que este, retirando-se para a terra e não querendo soltá-la ao desemparo, deixara o sócio em seu lugar. Teria vinte e cinco anos.

Nenen dezessete. Espigada, franzina e forte, com uma proazinha de orgulho da sua virgindade, escapando como enguia por entre os dedos dos rapazes que a queriam sem ser para casar. Engomava bem e sabia fazer roupa branca de homem com muita perfeição.

Ao lado da Leandra foi colocar-se a sua tina a Augusta Carne-Mole, brasileira, branca, mulher de Alexandre, um mulato de quarenta anos, soldado de polícia, pernóstico, de grande bigode preto, queixo sempre escanhoado e um luxo de calças brancas engomadas e botões limpos na farda, quando estava de serviço. Também tinham filhos, mas ainda pequenos, um dos quais, a Juju, vivia na cidade com a madrinha que se encarregava dela. Esta madrinha era uma cocote de trinta mil-réis para cima, a Léonie, com sobrado na cidade. Procedência francesa.

Alexandre, em casa, à hora de descanso, nos seus chinelos e na sua camisa desabotoada, era muito chão com os companheiros de estalagem, conversava, ria e brincava, mas envergando o uniforme, encerando o bigode e empunhando a sua chibata, como que tinha o costume de fustigar as calças de brim, ninguem mais lhe via os dentes e então a todos falava teso e por cima do ombro. A mulher, a quem ele só dava "tu" quando não estava fardado, era de uma honestidade proverbial no cortiço, honestidade sem mérito, porque vinha da indolência do seu temperamento e não do arbítrio do seu caráter.

Junto dela pôs-se a trabalhar a Leocádia, mulher de um ferreiro chamado Bruno, portuguesa pequena e socada, de carnes duras, com uma fama terrível de leviana entre as suas vizinhas.

Seguia-se a Paula, uma cabocla velha, meio idiota, a quem respeitavam todos pelas virtudes de que só ela dispunha para benzer erisipelas e cortar febres por meio de rezas e feitiçarias. Era extremamente feia, grossa, triste, com olhos desvairados, dentes cortados à navalha, formando ponta, como dentes de cão, cabelos lisos, escorridos e ainda retintos apesar da idade. Chamavam-lhe "Bruxa".

Depois seguiam-se a Marciana e mais a sua filha Florinda. A primeira, mulata antiga, muito séria e asseada em exagero: a sua casa estava sempre úmida das consecutivas lavagens. Em lhe apanhando o mau humor punha-se logo a espanar, a varrer febrilmente, e, quando a raiva era grande, corria a buscar um balde de água e descarregava-o com fúria pelo chão da sala. A filha tinha quinze anos, a pele de um moreno quente, beiços sensuais, bonitos dentes, olhos luxuriosos de macaca. Toda ela estava a pedir homem, mas sustentava ainda a sua virgindade e não cedia, nem à mão de Deus Padre, aos rogos de João Romão, que a desejava apanhar a troco de pequenas concessões na medida e no peso das compras que Florinda fazia diariamente à venda.

Depois via-se a velha Isabel, isto é Dona Isabel, porque ali na estalagem lhe dispensavam todos certa consideração, privilegiada pelas suas maneiras graves de pessoa que já teve tratamento: uma pobre mulher comida de desgostos. Fora casada com o dono de uma casa de chapéus, que quebrou e suicidou-se, deixando-lhe uma filha muito doentinha e fraca, a quem Isabel sacrificou tudo para educar, dando-lhe mestre até de francês. Tinha uma cara macilenta de velha portuguesa devota, que já foi gorda, bochechas moles de pelancas rechupadas, que lhe pendiam dos cantos da boca como saquinhos vazios; fios negros no queixo, olhos castanhos, sempre chorosos engolidos pelas pálpebras. Puxava em bandós sôbre as frontes o escasso cabelo grisalho untado de óleo de amêndoas doces. Quando saía à rua punha um eterno vestido de seda preta, achamalotada, cuja saia não fazia rugas, e um xale encarnado que lhe dava a todo o corpo um feitio piramidal. Da sua passada grandeza só lhe ficara uma caixa de rapé de ouro, na qual a inconsolável senhora pitadeava agora, suspirando a cada pitada.

A filha era a flor do cortiço. Chamavam-lhe Pombinha. Bonita, posto que enfermiça e nervosa ao último ponto; loura, muito pálida com uns modos de menina de boa família. A mãe não lhe permitia lavar, nem engomar, mesmo porque o médico a proibira expressamente.

Tinha o seu noivo, o João da Costa, moço do comércio, estimado do patrão e dos colegas, com muito futuro, e que a adorava e conhecia desde pequenita; mas Dona Isabel não queria que o casamento se fizesse já. É que Pombinha, orçando aliás pelos dezoito anos, não tinha ainda pago à natureza o cruento tributo da puberdade, **apesar do zelo da velha e dos sacrifícios que** esta fazia para cumprir à risca as prescrições do médico e não faltar à filha o menor desvelo. No entanto, coitadas, daquele casamento dependia a felicidade de ambas, porque o Costa, bem empregado como se achava em casa de um tio seu, de quem mais tarde havia de ser sócio, tencionava, logo que mudasse de estado, restituí-las ao seu primitivo círculo social. A pobre velha desesperava-se com o fato e pedia a Deus, todas as noites, antes de dormir, que as protegesse e conferisse à filha uma graça tão simples que ele fazia, sem distinção de merecimento, a quantas raparigas havia pelo mundo; mas, a despeito de tamanho empenho, por coisa nenhuma desta vida consentiria que a sua pequena casasse antes de "ser mulher", como dizia ela. E "que deixassem lá falar o doutor, entendia que não era decente, nem tinha jeito, dar homem a uma moça que ainda não **fora visitada pelas regras!** Não! Antes vê-la solteira toda a vida e ficarem ambas curtindo para sempre aquele inferno da estalagem!"

Lá no cortiço estavam todos a par desta história; não era segredo para ninguém. E não se passava um dia que não interogassem duas ou três vezes à velha com estas frases:
—Então? Já veio?
—Por que não tenta os banhos de mar?
—Por que não chama outro médico?
—Eu, se fosse a senhora, casava-os assim mesmo!
A velha respondia dizendo que a felicidade não se fizera para ela. E suspirava resignada.

Quando o Costa aparecia depois da sua obrigação para visitar a noiva, os moradores da estalagem cumprimentavam-no em silêncio com um respeitoso ar de lástima e piedade, empenhados tacitamente por aquele caiporismo, contra o qual não valiam nem mesmo as virtudes da Bruxa.

Pombinha era muito querida por toda aquela gente. Era quem lhe escrevia as cartas; quem em geral fazia o rol para as lavadeiras; quem tirava as contas; quem lia o jornal para os que quisessem ouvir. Prezavam-na com muito respeito e davam-lhe presentes, o que lhe permitia certo luxo relativo. Andava sempre de botinas ou sapatinhos com meias de cor, seu vestido de chita engomado; tinha as suas joiazinhas para sair à rua, e, aos domingos, quem a encontrasse à missa na igreja de São João Batista, não seria capaz de desconfiar que ela morava em cortiço.

Fechava a fila das primeiras lavadeiras, o Albino, um sujeito afeminado, fraco, cor de espargo cozido e com um cabelinho castanho, deslavado e pobre, que lhe caía, numa só linha, até ao pescocinho mole e fino. Era lavadeiro e vivia sempre entre as mulheres, com quem já estava tão familiarizado que elas o tratavam como a uma pessoa do mesmo sexo; em presença dele falavam de coisas que não exporiam em presença de outro homem; faziam-no até confidente dos seus amores e das suas infidelidades, com uma franqueza que não revoltava, nem comovia. Quando um casal brigava ou duas amigas se disputavam, era sempre Albino quem tratava de reconciliá-los, exortando as mulheres à concórdia. Dantes encarregava-se de cobrar o rol das colegas, por amabilidade; mas uma vez, indo a uma república de estudantes, deram-lhe lá, ninguém sabia por que, uma dúzia de bolos, e o pobre diabo jurou então, entre lágrimas e soluços, que nunca mais se incumbiria de receber os róis.

E daí em diante, com efeito, não arredava os **pezinhos** do cortiço, a não ser nos dias de carnaval, em que ia, vestido de dançarina, a passear à tarde pelas ruas e à noite dançar nos bailes dos teatros. Tinha verdadeira paixão por esse divertimento; ajuntava dinheiro durante o ano para gastar todo com a mascarada. E ninguém o encontrava, domingo ou dia de semana, lavando ou descansando, que não estivesse com a sua calça branca engomada, sua camisa limpa, um lenço ao pescoço, e, amarrado à cinta, um avental que lhe caía sobre as pernas como uma saia. Não fumava, não bebia espíritos e trazia sempre as mãos geladas e úmidas.

. . . . .

[*O cortiço*, S. Paulo, Martins, 1965, 43-50]

References:

Araripe Júnior, Tristão de, *Literatura*, 147-148.
_____ , *Obra crítica*, I, 119-122, 375-376, 379-380; II, 27-90.
Autores e Livros, 2:11 (5 abr 1954).
Azevedo, Raul de, *Terras e homens*, Rio, Pongetti, 1948, 51-84.
_____ , "Os três Azevedos (Artur, Aluísio e Américo)," *Jornal do Comércio*, Rio, 5 out 1952.
Barbosa, Domingos, "Aluízio Azevedo," *Revista da Academia Maranhense de Letras*, II (1919) 80-90.
_____ , "Os irmãos Azevedo," in: Federação das Academias de Letras, *Conferências*, 9-49.
_____ , "A vida de Aluízio Azevedo," *Jornal do Comércio*, Rio, 11 abr 1937.
Bastos, Sousa, *Carteira do artista*, Lisboa, 1898, 600.
Besouchet e Freitas, *Literatura del Brasil*, 89-95.
Beviláqua, 147-170.
Bilac, Olavo, "Aluísio Azevedo," *O Album*, Rio, 54 (jan 1895)
Broca, Brito, "O aparecimento de *O Cortiço*," *Revista do Livro*, 2:6 (jul 1957) 93-99.
Carvalho, Aderbal de, *O naturalismo*, 149-185.
Carvalho, *Pequena história*, 5th ed., 318-319.
Castelo, Josué, *Uma palavra*, 77-78.
Castro, Tito Lívio de, 53-62.
Cavalcanti, Valdemar, 114-116.
Costa, Benedito, 122-160.
Dantas, Paulo, *Aluízio Azevedo*, S. Paulo, Melhoramentos, 1954.
Dória, Escragnolle, "Aluízio Azevedo," *Jornal do Comércio*, Rio, 17 out 1919.
Duarte, Urbano, "Casa de pensão," *Gazeta literária*, Rio, 1:16 (10 agô 1884).
Flávio, Alcides, *Velaturas*, Rio, Castilho, 1920, 11-19.
Freitas, Bezerra de, 246-254.
Gomes, Eugênio, 111-130.
_____ , "O hibridismo estético de Aluísio Azevedo," *Correio da Manhã*, 4 set 1954.
Grieco, *Evolução da prosa*, 77-79.
Lima, Herman, "Aspectos de Aluísio Azevedo," *Jornal do Comércio*, 13, 20, 27 mar, 3 abr 1960.
Lins, Álvaro, II, 138-152; also in: Holanda, *O romance*, 151-165.
Luz, Joaquim, *Aluízio Azevedo*, São Luís do Maranhão, Legião dos Atenienses, 1921.
Magalhães, Valentim, *Escritores*, 75-83, 85-117.
Magalhães Júnior, Raimundo, *Artur Azevedo e sua época*, 2nd ed., S. Paulo, Martins, [1955].
Maia, Alcides, "Discurso de posse," *Discursos acadêmicos*, Rio, Civilização Brasileira, 1935, III, 9-35; also in: *Revista da Academia Brasileira de Letras*, Rio, 7:13 (1920) 53-82.

———, *Romantismo e naturalismo através da obra de Aluízio Azevedo*, Porto Alegre, Globo, 1926.
Martins, Mário R., II, 203-223.
Meireles, 141-143.
Menezes, Raimundo de, *Aluízio Azevedo: uma roda de romance*, S. Paulo Martins, 1958.
———, *Escritores na intimidade*, 37-46.
Moisés, Massaud, "Alguns aspectos da obra de Aluísio Azevedo," *Revista do Livro*, 4:16 (dez 1959) 109-137.
Montelo, Josué, in: Coutinho, *A literatura*, II, 57-62.
———, "Como Aluísio Azevedo se fez romancista," *Histórias da vida literária*, Rio, Nosso Livro, 1944.
Montenegro, Olívio, 61-70
Mota, *Vultos*, 81-95.
Otávio, 93-127
Peixoto, Afrânio, *Poeira*, 211.
Pereira, Lúcia Miguel, *Prosa de ficção*, 138-155.
Silva, Lafayette, 165.
Silva, M. Nogueira da, intro. to: *Casa de pensão: obras completas*, Rio, Briguiet, 1940, 5-7.
———, intro to: *Uma lágrima de mulher*, Rio, Briguiet, 1941, vii-xi.
Sinzig, Pedro, *Através dos romances* Petrópolis, 1923.
Velho Sobrinho, I, 273-274.
Veríssimo, José, *Estudos*, II, 2-41.
———, *Estudos de literatura*, I, 27-50.
———, *História*, 350-353.
———, *Letras e literatos*, 59-64.

Júlio Ribeiro
(1845-1890)

Júlio César Ribeiro Vaughan was one of the most controversial figures at the end of the nineteenth century in Brazil. This stemmed not only from his famous novel, *A carne*, but also from the man's life itself. Júlio Ribeiro was born on April 16, 1845, in Sabará in the state of Minas Gerais. His father George Washington Vaughan, an American from Virginia, was an itinerant circus clown and balancer. Júlio was born in the circus and spent his first five years with it. His mother, Maria Francisca Ribeiro, had been a schoolteacher before her marriage and when Júlio became of school age she set up a small primary school in Pouso Alto with her son as the first student. Raised by his mother through her classes and her sewing, and with very little help from her wandering husband, in 1860 Júlio went to the Colégio Baibendi, where he proved to have an excellent talent for languages, doing exceedingly well in French, Latin, and English. Although he apparently went to Rio to enter the seminary, he decided instead to enter the Military Academy, which he did as an auditor. He volunteered for the Paraguayan War but was soon released because of his perennial poor health. Back in Pouso Alto he began to help his mother with teaching, and launched himself into journalism, writing for the liberal and republican press. When the Paraguayan War was over, he went to São Paulo to take the examinations to be a primary teacher and attracted a good deal of attention by his fine performance. In 1868, he was converted to Protestantism and shortly thereafter his mother also became a Protestant. He was also known to have been a Mason. Soon after his rebaptism in 1870 he became a lay preacher. When in Sorocaba he fell in love with Sofia Bertoldo, who was then thirteen, and married her in 1871. In that town he founded and directed several newspapers, among them the *Gazeta Comercial,* all of whose sections he wrote himself and in which his first novel, *Padre Belchior,* began to appear. When his journalistic endeavors failed, he went to Campinas as a teacher in the Colégio Culto à Ciência. During that period he published *Padre Belchior* in book form, began to write in earnest on problems of linguistics and grammar, and continued his strong republican-oriented polemics. A widower in 1879, he remarried in 1881, to Belizária Amaral. Because of difficulties with the headmaster, he moved to Capivari and there published his *Cartas sertanejas*, most of which had appeared in the *Diário Mercantil* of São Paulo. Later he taught Portuguese in the Escola Normal and won a professorship in Latin in the Curso Anexo of the Faculdade de Direito de São Paulo. In 1887 and 1888 he published the short-lived newspapers, *Procelária* and *Rebate*. He also wrote for *O Estado de São Paulo* and the *Gazeta Mercantil*. When his much discussed novel, *A carne*, appeared in 1888, it sparked a series of violent polemics with his former friends, Pujol and Father Sena Freitas. With the advent of the Republic, he was offered the chair of rhetoric in the Instituto Nacional de Instrução Secondária, where he took Franklin Dória's place. His death occurred on November 1, 1890, in the city of Santos.

Critical Commentary:

Few men have been so much at odds with their society as Júlio Ribeiro. One of the fundamental reasons, perhaps, was his extraordinary honesty. But there is more to it than that. His is the typical reaction of the Naturalist who, by definition, finds his time and place in the scheme of things wanting. He seeks to honestly point out the ills and evils he sees so that his reality will become something different, be better. But the stance is not a little Puritanical, and that is probably the main reason he has been so ill understood.

As an early antagonist of slavery, for example, he would not allow advertisements about runaway slaves in his Sorocaba newspaper. Also, he maintained that "honesty is not a merit, it is a duty" and that "he who does not tell the truth as he sees it, is a coward and a bad citizen." We know, of course, that he was a vigorous republican, that he had an impulsive temperament, and was headstrong and polemical by nature. His strong moral stance, however, may well have been the cause of it all. This would be equally true concerning the novel *A carne*.

Júlio Ribeiro's well-known novel must have been a shocker to the stuffy people of the provinces of his day. The book is an obvious attempt, albeit a not too successful one, to literally transplant Zola's scientific novel to Brazil. The dedication is to Zola—and more than that—is in French! Although the novel is not a very good one, it has been reprinted over and over again, and it seems principally to be read by adolescents. The popularity is almost entirely due to the sensualism and the strength of its erotic scenes. The plot is poorly organized and lacks suspense. The characters are in need of definition. The dialogs seem rather stiff, even if correct, and the superior, didactic tone of the author is often too overbearing. The characters, and Lenita in particular, are totally in the grip of their own animal instincts and the author appears to take pleasure in describing them as such. Some readers may have the feeling that the author is trying to teach them how one can out-Zola Zola himself. More probably, however, he was aiming to give a lesson, a shock treatment, to the staid readers of his day in how a modern society should, without shame, view and accept life for what it is, especially the instinctive side of human nature. There is a high degree of sensualism, especially in the erotic and in the Joaquim Cambinda whipping scenes, unquestionably the best written scenes in the book. They are livelier and hold the reader's attention due to their vigorousness, and not just because of their titillating content. But those episodes are not adequately and smoothly blended into the development of the novel. The latter seems to be nothing but a pretext to allow the painting of the scenes indicated. Some of the descriptions of the São Paulo region are quite well done also.

Suggested Reading and Other Texts:

A carne; Peixoto, *Panorama*, 424-425.

Principal Works:

Padre Belchior de Pontes (romance histórico), Campinas, 2 vols., 1876-77.
Traços gerais de lingüística, 1880.
Gramática portuguesa, S. Paulo, 1881.
Cartas sertanejas, Capivari, 1883.
Procelárias, 1887.
A carne (romance naturalista), S. Paulo, 1888.
Gramática latina (unfinished), S. Paulo, 1895.
Uma polêmica célebre; discussão com o padre Sena Freitas, compilação de Víctor Caruso, S. Paulo, 1934.
Translated: *A muralha do Cáucaso*, novel by Bestucheve, in *Gazeta Comercial*, Sorocaba, 1875; the first part of *Histoire de la Réforme*, by D'Aubigné.

A CARNE

XII

. . . . .

Quando estavam tomando café com leite, terminação obrigatória do almoço rural paulista, entrou na sala uma preta velha, assustada.

—Acuda, sinhô! disse, Maria Bugra está morrendo!

—Onde está ela? que é que tem? perguntou surpreso o coronel.

—O que ela tem eu não sei. Está aí na sala de fora, eu a mandei trazer para aí.

O coronel levantou-se, e saiu a ver, aflito, trôpego. Barbosa e Lenita seguiram-no.

Na sala de entrada, sobre uma marquesa forrada de couro, encostando-se a um travesseiro de marroquim que fora encarnado, estava uma preta fula ainda moça.

Estertorava com a face tumefata, com os tendões do pescoço retezados; os olhos protraíam-se das órbitas; as pupilas enormemente dilatadas tinham feito desaparecer os limbos dos íris. Das comissuras dos lábios contraídos e deformados escorriam fios de baba, viscosos, resistentes, translúcidos.

O coronel abeirou-se da enferma, tomou-lhe o pulso.

—Veja isto, Manduca, que pensa você?

Barbosa aproximou-se por sua vez, procurou sentir o calor da preta na pele do rosto, encostando-lhe o dorso da mão, achou-a fria; tateou-lhe o pulso, encoutrou-o débil, espaçadíssimo; beliscou-a, ela não pareceu dar acordo disso.

—Como principiou esta moléstia, perguntou ele à preta que tinha ido dar parte.

—Eh! sinhô moço! Maria estava no paiol, debulhando milho, muito sossegada. De repente entrou a queixar de ansiedade, levantou, andou vira-virando, entrou a gritar, morder gente, parecia mesmo que estava louca. Depois perdeu o sentido, caiu, ficou assim como está. Eu mandei trazer para aqui, fui chamar sinhô.

—Sim! faz muito tempo?

—Não, sinhô moço, foi agora mesmo.

—Comeu ela ou bebeu alguma coisa?

—Ela almoçou há de fazer duas horas.

—Não bebeu nada?

—Bebeu café, uma meia tijela.

—Donde veio o café?

—Veio da senzala de pai Joaquim.

—Joaquim Cambinda?

—Sim, sinhô moço!

Barbosa foi ao seu quarto e, após breve demora, voltou com um frasquinho a meio de um líquido claro como água. Pediu uma colher; trouxeram-lha. Chamou a enferma, junto do ouvido:

—Maria!

A negra não respondeu.

—Maria! repetiu ele com voz mais alta.

A preta tentou sair do estado soporoso em que se achava, procurou levantar a cabeça, não conseguiu; deixou-a recair pesadamente no travesseiro, proferindo uns sons inconexos, semi-inarticulados. De sob as suas roupas exalava-se um cheiro fétido de matérias fecais.

Barbosa, vendo que nada poderia obter, que a vontade estava ali aniquilada, passou o frasquinho ao coronel.

—Vou abrir-lhe a boca com a colher; vossa mercê despejará dentro o conteúdo deste vidro.

—Todo?

—Todo! é uma dose forte de emético; covém fazê-la vomitar.

Introduziu com algum custo o cabo da colher entre as arcadas dentárias da doente, e, fazendo dele uma alavanca, descerrou-lhe os queixos.

—Agora, meu pai!

O coronel vazou dentro da boca, entreaberta à força, o líquido todo do vidrinho.

—Engula! gritou Barbosa.

A negra fez um esforço, deu um safanão violento, a colher saltou longe, e o líquido, revessado, caiu sobre a marquesa, correu para o soalho. A deglutição era impossível.

—Não será bom mandar chamar o doutor Guimarães?

—Inútil, meu pai; nada há a fazer neste caso.

—Assim mesmo...

—O dr. Guimarães só poderia estar aqui à noite, e dentro de uma hora a preta já terá morrido.

—Manduca, olhe...

—Sei o que isto é, meu pai; não há mesmo nada a fazer.

O coronel voltou triste para a sala de jantar; Lenita e Barbosa voltaram com ele.

Sentaram-se junto de uma janela, abatidos: a moléstia da preta lançara-os em um desânimo profundo, em uma apreensão de vagas ameaças de perigos desconhecidos.

Entreolhavam-se não ousando arriscar um dito, uma palavra.

E todavia essa reserva pesava-lhes, era-lhes incomportável o silêncio.

Quebrou-o Barbosa,

—Meu pai, a Maria Bugra morre, e sabe vossa mercê de que morre ela?

—Tenho medo de o saber.

—Vejo que me compreendeu. Morre do que têm morrido vários escravos aqui na fazenda, morre envenenada.

—É bem possível.

—Não é possível, é certo. Lembra-se da morte do Carlos, da do Chico Carreiro, da do Antônio mulato, da da Maria Baiana?

—Perfeitamente!

—Não apresentaram eles os mesmos sintomas que apresentou e está apresentando agora Maria Bugra?

—Homem, com efeito! Apresentaram.

—Excitação violenta mas passageira, delírio, depois paralisia quase completa, face túmida, conjuntivas injetadas, olhos saltados, dilatação de pupilas, deglutinaçao impossível, queda de pulso, esfriamento geral, incontinência de urinas e de fezes?

—Exato.

—Pois tudo isso, estou convencido, é conseqüência da ingestão de um veneno terrível, e infelizmente muito comum entre nós, a atropina.

—Muito comum entre nós, a atropina?

—Sim, senhor.

—Pois a atropina não se tira da beladona?

—*Também* se tira da beladona.

—E onde encontrar a beladona? No Brasil só pode haver belandona em algum horto botânico.

—Meu pai não conhece aquilo que ali está? E Barbosa apontou para um vasto trato de terreno, coberto de plantas baixas, escuras, de folhas repicadas, de flores brancas, em forma de trombeta.

—Conheço, respondeu o coronel, é figueira do inferno, mamoninho bravo, um veneno terrível, dizem. Mas você falou em atropina.

—Cientificamente a figueira do inferno chama-se *datura stramonium:* extrai-se dela um alcalóide venenosíssimo, a que se chama de *daturina:* Ladenburg, porém, e Schmidt verificaram, nestes últimos tempos, que a daturina é pura e simplesmente a atropina, a mesma letal atropina que se obtém da beladona.

—E a sua convicção é...

—Que Maria Bugra morre envenenada por uma decocção fortíssima de sementes de datura, e, conseguintemente, por atropina.

—E tem suspeita de quem tenha sido o propinador do veneno?

—Quem pensa que foi?

—Joaquim Cambinda.

A esta acusação precisa, formal, convicta, o coronel baixou a cabeça. Pensava. Barbosa tinha razão. Perdera a fazenda vários escravos mortos todos de uma moléstia esquisita, que apresentava invariavelmente o mesmo cortejo de sintomas. E isso começara depois de que viera Joaquim Cambinda. Esse preto, tinha-o ele recebido com outros em herança de uma tia, já velho, incapaz de trabalhar. Nunca exigira dele serviço; dera-lhe até para morar, a pedido seu, um paiol largado, independente, no fundo do terreiro. Tempos havia morrera na fazenda um feitor branco: a viúva, lembrava-lhe bem, tinha feito um berreiro enorme, infernal, dissera que o marido sucumbira a *coisa feita* e acusara terminantemente Joaquim Cambinda. Não dera ele, coronel, importância à acusação, e essa acusação ressurgia, feita agora por seu filho, homem inteligente, ilustrado, muito sisudo.

—Em que se estriba você para inculpar o negro velho? perguntou após minutos de meditação.

—Em muita coisa. Primeiro, os fatos, os envenenamentos indiscutíveis e que só começaram de dez anos a esta parte, depois que Joaquim Cambinda veio para a fazenda: eu cá não estava, mas por informações acho-me ao corrente de tudo. Em segundo lugar, a fama de *mestre feiticeiro,* que tem ele em todo o município: várias pessoas de critério têm-me interrogado a esse respeito. Depois, surpreendi-o eu mesmo, outro dia, a secar cabeças de cobras, raízes de cicuta e de guiné, sementes da datura. E mais... ele tinha seus agravos de Maria Bugra...

E Barbosa acentuou estas palavras, olhando para Lenita.

—É verdade, sei, até já tive de tomar providências por causa disso. Mas, são presunções apenas...

—Que reunidas fazem convicção.

—Precisamos tirar isto a limpo.

—É o meu modo de entender: não podemos deixar correr à revelia uma coisa de tanta gravidade.

Realizaram-se as previsões de Barbosa: o estado soporoso de Maria Bugra passou para coma, e a coma para a morte.

À tarde, ao escurecer, depois da revista, o coronel mandou chamar Joaquim Cambinda. O medonho negro veio arrastando os pés, escorando-se em um bordão, a rojar pelo solo a imunda coberta parda, de que sempre usava.

Chegou, entrou na ante-sala, largou o bordão a um canto.

O cadáver de Maria Bugra aí estava, sobre a marquesa, no meio da quadra, inteiriçado, coberto por um lençol fino que lhe desenhava as formas duras, angulosas. Quatro velas de cera alumiavam-no lugubremente, casando os seus clarões aos últimos clarões do dia.

Por entre o cheiro acre de vinagre ferrado e o cheiro enjoativo da alfazema queimada, percebia-se um cheiro fétido, um fartum de carne podre de decomposição cadavérica.

—Vá sãos cristo, sinhô. Sinhô mandou chamar negro velho, negro velho está aqui, disse na sua algaravia bárbara, horripilante, impossível de reproduzir.

—Sabe quem está ali morta, Joaquim?

—Sei, é Maria Bugra.

—De que morreu, não sabe?

—De suas moléstias dela.

—Que moléstias?

—Eu não sei, eu não sou doutor.

—Então você não sabe, não é doutor? Não sabe também de que morreu a Maria Baiana, o Antônio Mulato, o Carlos, o Chico Carreiro?

—Como quer sinhô que eu saiba?

—Se você não confessar tudo o que tem feito, aqui, direitinho, mando-o acabar a bacalhau, sô feiticeiro do diabo!

—Ah Sinhô! Feiticeiro, negro velho, que não tarda a ir dar conta a Deus do feijão que ele comeu!

—Deixe-se de histórias, de mamparras, vamos! Com que você matou a Maria Bugra?

—Não matei com coisa nenhuma, sinhô. Como hei de eu confessar uma coisa que eu não fiz?

—Se fez ou se não fez é o que vamos já saber. Pedro, João, venham cá, agarrem-me este patife.

À porta a negrada acotovelava-se curiosa estendendo uns o pescoço por sobre os ombros dos outros.

Os dois pretos chamados abriram caminho, empurrando os companheiros, entraram na ante-sala.

—Segurem-me este tratante, conduzam-no à casa do tronco. Eu já lá vou. Levem o bacalhau e uma salmoura forte.

—Que é que sinhô vai fazer comigo? inquiriu rápido Joaquim Cambinda.

—Você vai ver.

—Sinhô, Joaquim Cambinda nunca apanhou de bacalhau...

—Vai apanhar agora; será então a primeira vez.

Operou-se uma revolução medonha em Joaquim Cambinda. Atirou ele para longe de si a coberta esfarrapada, endireitou o busto derreado, ergueu a cabeça, cerrou os punhos e encarou o coronel. Cintilavam-lhe os olhos, os beiços arregaçados deixavam ver os dentes.

—Ah!, você quer saber, eu digo: fui eu mesmo que matei Maria Bugra.

—E porque a matou você?

—Porque ela comia o meu dinheiro, e me enganava com a crioulada nova.

—E os outros, o Carlos, a Maria Baiana, o Chico Carreiro, Antônio Mulato?
—Fui eu mesmo que matei a todos.
—E porquê?
—Maria Baiana pelo mesmo motivo que me fez matar Maria Bugra. Os outros para fazer mal a sinhô.
—Para me fazer mal? Porquê? Pois você não é o mesmo que forro. Exijo eu algum serviço de você? Não lhe dou moradia, roupa, comida? Por que me quer mal?
—Já que principiei a falar, irei até o fim. Sinhô é bom para mim, é verdade, mas sinhô é branco, e obrigação de preto é fazer mal a branco sempre que pode.
—Matar-me cinco escravos!
—Cinco! Só crioulinhos mandei eu embora dezessete. Negro grande nem se fala: Manuel Pedreiro, Tomás, Simeão, Liberato, Gervásio, Chico Carapina, José grande, José pequeno, Quitéria, Jacinta, Margarida, de que é que morreram? Fui eu que matei todos.
Ergueu-se grande sussurro de entre o grupo de negros. Ouviam-se gritos, imprecações.
—Agora você também está mentindo: José pequeno morreu picado de cobra.
—Qual cobra! A cobra que o picou não tinha veneno. E ele morreu, mas da beberragem que eu lhe dei para curar.
—Mas todos esses pobres diabos eram pretos como você: para que os matou?
—Para sinhô ficar pobre: eu queria ver sinhô se servir por suas mãos.
—E a mim nunca, pretendeu você matar?
—Matar, não: fazer penar só.
—Então sempre me queria fazer alguma coisa?
—Queria fazer! eu fiz mesmo.
—Fez? Que é que me fez você?
—Esse seu reumatismo, sinhô, então que é? Entrevamento de sinhá velha donde vem?
E o negro deu uma gargalhada feroz.
O coronel ficou aterrado.
—Levem, levem daqui esta serpente! gritou Barbosa. Metam-no no tronco, não quero mais vê-lo. Vai para a vila amanhã.
Os negros apoderaram-se de Joaquim Cambinda, que não ofereceu resistência, rodearam-no, levaram-no a empurrões para o meio do terreiro!
—Então foi você que matou meu pai! dizia um.
—Minha mãe! bradava outro.
—Meus três filhinhos tão bonitos, que entraram a inchar de repente, na cabeça e na barriga, a amarelar e que morreram com as perninhas finas como pernas de rã, lamuriou uma negra e tomando no chão um caco de telha, bateu com ele na cara do feiticeiro.
Foi como que um sinal.
Os negros todos achegaram-se a Joaquim Cambinda, uns davam-lhe punhadas, outros escarravam-lhe, outros atiravam-lhe areia nos olhos.
—Peste do diabo! Coisa ruim!
—Feiticeiro do inferno!

—Enforque-se já este demônio!
—O melhor é queimar!
—Que se queime! que se queime!
E numa confusão horrorosa foram arrastando o desgraçado.

Ao pé do paiol estava um montão de sapé seco, e junto dele uma mesa velha de carro, com uma roda só desconjuntada, meio podre.

Em um momento amarraram o mísero sobre essa mesa de carro, apesar da resistência louca que ele então procurou fazer, a pontapés, couces, a dentadas.

Trouxeram sapé, aos feixes, encheram com ele o vão que ficava por baixo da mesa.

—Querosene! gritou uma voz, tragam querosene!

Um moleque correu ao engenho, e de lá voltou com uma lata quase cheia.

Um preto tomou-lha, subiu à mesa do carro, começou a despejar petróleo sobre Joaquim Cambinda: o líquido corria em fio farto, claro, transparente, com reflexos azulados, ressaltava do peito piloso do negro, da sua calva lustrosa, embebia-se-lhe nas roupas imundas, misturado, confundido, com o suor que manava em camarinhas. Os olhos do miserável revolviam-se sangrentos, seus dentes rangiam, ele bufava.

—Fósforos! fósforos! quem tem fósforos? perguntou o preto, depois que esvasiou a lata, e que fez desaparecer Joaquim Cambinda sob um montão de sapé.

—Eu! acudiu a negra que dera princípio ao motim, e estendeu-lhe uma caixa de fósforos.

O preto saltou abaixo, tomou-a, abaixou-se, riscou um fósforo, protegeu-lhe a chama com a mão em forma de concha, encostou-se ao sapé, junto do chão.

Ergueu-se uma fumarada espessa, azul claro por cima, cor de ferrugem por baixo; a chama cintilou em compridas línguas gulosas, lambeu, rodeou a mesa do carro, chegou ao sapé de cima e ao corpo do negro. As roupas deste, embebidas em petróleo, fizeram uma como explosão, inflamaram-se repentinamente. Ele soltou um rugido rouco sufocado, retorceu-se frenético . . .

Tudo desapareceu num turbilhão crepitante de fogo e de fumo.

As faúlas voavam longe, e o vento carregava a distâncias enormes as moinhas carbonizadas.

Sentia-se um cheiro acre, nauseabundo de chamusco, de gorduras fritas, de carnes sapecadas.

[*A carne*, Rio, Brand, s.d., 90-99.]

References:

Araripe Júnior, Tristão de Alencar de, "*A Carne*, por Júlio Ribeiro," *Obra Crítica*, II, 117-124.

Autores e livros, 4:11 (4 abr 1943).

Bandeira, Manuel, "Centenário de Júlio Ribeiro," *Revista da Academia Brasileira de Letras*, XLIX (1945) 8-25.

_____ , "Júlio Ribeiro," *Jornal do Comércio*, 2 abr 1945.
Dornas Filho, João, *Júlio Ribeiro*, Belo Horizonte, Cultura Brasileira, 1945.
Frieiro, Eduardo, "O romancista Júlio Ribeiro," *Folha de Minas*, Belo Horizonte, 15 mar 1945.
_____ , *Páginas*, 348-358.
Giffoni, O. Carneiro, *Júlio Ribeiro*, S. Paulo, Sociedade Amigos dos Leitores do Interior, 1946.
Grieco, *Evolução da prosa*, 76-77.
Lessa, Orígenes, "Júlio Ribeiro e Sena Freitas," preface to: *Uma polêmica célebre*, S. Paulo, 1934.
_____ , "Júlio Ribeiro," *Planalto*, S. Paulo, 1 fev 1941.
Lins, Álvaro, II, 138-152; also in Holanda, *O romance*, 151-165.
Lucas, *Temas literários*, 37-42.
Martins, Luís, "Júlio Ribeiro," *O Estado de São Paulo*, S. Paulo, 2 nov 1940.
Martins, Mário R., II, 133-153.
Montelo, Josué, in: Coutinho, *A literatura*, II, 66-69.
Mota, Artur, "Júlio Ribeiro," *Revista da Academia Brasileira de Letras*, 166 (out 1935) 165-173.
Mota, Otoniel, "Júlio Ribeiro," *Revista da Academia Paulista de Letras*, S. Paulo, 8:30 (jun 1945) 35-39.
Pontes, Elói, "Júlio Ribeiro," *O Globo*, 17 abr, 19 jun 1945.
Proença, *Estudos*, 226-236.
Pujol, Alfredo, "*A Carne*," *Revista do Brasil*, no. 23
Rangel, Godofredo, "Júlio Ribeiro," *Província de São Pedro*, P. Alegre, 5 (jun 1946) 113-117.
Sousa, Cláudio de, "*A Carne*, de Júlio Ribeiro," *Revista da Academia Paulista de Letras*, 2:7 (set 1939) 19-30.
Veríssimo, José, *Estudos*, II, 2-41.

Herculano Marcos Inglês de Sousa
(1853-1918)

Born in Óbidos, Pará, on December 28, 1853, Herculano Marcos Inglês de Sousa was, chronologically speaking, the first Brazilian novelist of the Naturalistic school. His father was Judge Marcos Antônio Rodrigues de Sousa. At eleven he was sent to São Luís do Maranhõ to school, where he was a student of Sotero dos Reis. He continued his studies in Rio de Janeiro in 1866, and from there went to Recife, where he enrolled in law. In the capital of Pernambuco he not only was initiated into the life of the newspaper world as a theater and literary critic, but there, also, he wrote his first long fiction, the novel *O Caucalista*. The latter was published in 1876, the same year he took his law degree in São Paulo, and in 1877, his second novel, *Coronel Sangrado*, also published in Santos, appeared. In São Paulo and in Santos he continued his active participation in journalism, becoming, with time, editor-in-chief of the *Diário de Santos*, a co-founder of the *Tribuna Liberal*, and a founder and editor of the *Revista Nacional*. A growing interest in politics carried him to the Provincial Assembly of São Paulo, and later to the governorship of the provinces of Sergipe and Espírito Santo. 1888 saw the appearance of his most important novel, *O Missionário*. He moved to Rio in 1892 and devoted himself to law. His death occurred in that city on September 6, 1918. Inglês de Sousa was one of the founding members of the Brazilian Academy of Letters.

Critical Commentary:

Interestingly enough, Inglês de Sousa, born and raised in Amazônia, wrote all his works in southern Brazil, and, with the exception of a book of short stories, all were published in Santos. Even so, memories of his childhood and youth are preeminent, and all the scenes of his prose fiction are laid in his boyhood haunts. Inglês de Sousa moved from a Second Romantic Generation sketch of customs, regionalistic-type novel to full-fledged Naturalism in *O Missionário*. Thus, despite the title of this book, he shifted from a concern for social groups set on a huge stage, to one in which one man, located in nature itself, works against nature in its larger sense—not concrete nature in the form of trees and forests, rivers and wild animals, but man against his own nature in terms of biology, heredity, upbringing and ambition.

O missionário is Inglês de Sousa's most important work. Written in 1888, it did not appear until 1891, and enjoyed a reprinting eight years later. One of its most important aspects lies in the professional treatment of customs, situations, as well as of social types. The three principal driving forces of the book are the operation of heredity, ambient and biology on the young priest protagonist, Father Antônio, who is but twenty-two years of age. Notable, too, is the conflict between religion and nature, where the former represents the salvation of the soul and the latter, the practical and here-and-now gratification of the cravings of the senses. In the end, Father Antônio loses his thin veneer of civilization and reverts to the free, bold, unbridled Amazonian country boy that he was as a child. He will continue to seek after glory in the priesthood, but at the same time he will find a way to have Clarinha, his paramour, remain by his side. The novel ends on a note of optimistic reverie in which natural man is the winner.

The author proves especially adept at painting social types representative of the small towns and backcountry of the Amazon region. If these characters are not totally sketched in, it is because the author did not intend it so: his attention was fastened primarily on the protagonist's struggle against his environment. Characterization is developed mainly through the interesting device of allowing other characters, who have a legitimately intimate knowledge of their fellows, to describe each other. At this the sacristan of the protagonist's first church is most effective, permitting the reader to eavesdrop, as it were, on his remarks to the young priest as they walked from the dock to the parish house. A nominal amount of anti-clericalism is present, as one might expect, but it is reasonably well held in check and is more descriptive than polemical. Indeed, the author's knowledge about Roman Catholic dogma, seminary life, theological studies, and the like, is especially evident in the arguments that the protagonist himself calls forth to justify his later lapses into all too human activities. Characterization and plot development are further enhanced by the reverie-type flashback.

Inglês de Sousa's treatment of the reality he describes is realistic, unadorned, unexaggerated and convincing. The scenes are not described in Balzacian detail, but rather selectively through their most impressive features. The result produces a strong impact on the reader. However, the organization of the book and its articulation leave much to be desired. The language is clear, direct, very expressive, and with a certain popular ring as regards vocabulary and expressions. The dialogs, natural but not plentiful, are consistent with the author's Naturalistic aim to play God and pull all the strings.

Suggested Reading and Other Texts:

O missionário; Cândido e Castelo, II, 181-189; Lins e Holanda, II, 580-584; Moisés, *Textos,* 242-249; Scott-Buccleuch, *Anthology,* 189-192.

Principal Works:
O cacaulista (romance), Santos, 1876.
História de um pescador (romance), S. Paulo, 1876.
Coronel Sangrado (romance), Santos, 1877.
O missionário (romance), Santos, 1888.
Contos amazônicos, Rio, 1892.

Other Works:
Direito Comercial
Projeto de código de direito comercial
Títulos ao portador

O MISSIONÁRIO

Capítulo I

. . . . .

O silvo agudo do vapor dizendo ao longe a grande nova arrancou-o a essas reflexões. Agitado e nervoso, foi apalavrar um moleque para os repiques, e em seguida encaminhou-se para o porto, a passos apressados, desejando ser o primeiro a avistar o vulto negro do navio demandando o lago Saracá com grande ruído de rodas.

Logo os sinos da matriz começaram a repicar alegremente, enchendo o ar de vibrações argentinas. A vila animava-se de repente, como por varinha de condão, saindo da tristeza habitual das ruas desertas e das casas fechadas para povoar-se de homens de paletó preto ou de camisa branca e de mulheres de saia curta e lenço à cabeça. Girândolas de foguetes subiram com estrépito, pondo em delírio de prazer os curumins de calças de riscado novo e camisa de algodão da terra, porfiando na conquista das taquaras que, rodopiando nas alturas, se precipitavam para o chão, ameaçando os transeuntes e espalhando o mulherio.

As ruas enfeitavam-se. Colchas de seda ou de algodão debruçavam-se das janelas, ostentando belas cores vivas, e o adro da matriz, coberto de folhagem, oferecia a aparência graciosa dum presepe de Natal, as vacas passeando despreocupadamente no alpendre, e as cabras mastigando as folhas de mangueira e os ramos de murta dos arcos de ornamentação.

O vapor da Companhia do Amazonas estrugia os ouvidos com o assovio rouco, anunciando a chegada a toda a redondeza, onde repercutia o eco, transmitido às quebradas da cordilheira nas vibrações do ar; e cobria-se de espesso fumo negro, soprado a baforadas do cano vermelho e branco, numa bulha dominadora e altiva. A âncora fora largada ao rio, e as espias e amarras eram levadas em pequenos botes leves, tripulados por marinheiros, que as deviam prender aos marás da praia, afim de proteger contra a correnteza a manobra de saída. A tripulção e os passageiros do vapor apinhavam-se no tombadilho, uns para fazer o serviço, outros para gozar o espetáculo novo do desembarque solene.

Na praia estava muita gente, ou para ir a bordo nas montarias de pesca, ou para aguardar o acontecimento, enfiando os olhos curiosos pelos postigos do navio, na vaga esperança de avistar o novo vigário da freguesia.

Os tapuios dos sítios, no pensamento de aproveitar uma boa ocasião de negócio, preparavam as igarités para levar a bordo os cestos de laranjas, as bananas, as melancias, os copus-açus, os rouxinóis canoros, os papagaios tagarelas e os periquitos mimosos de testa amarela e asas brancas. As tapuias da vila também enviavam a oferecer à curiosidade dos passageiros as belas redes de algodão, laboriosamente feitas ao tear, os urus de palha colorida, as cuias pintadas e cascos de tartaruga sem préstimo, na esperança de que algum estrangeiro esquisito os comprasse por bom preço.

Macário passava apressado. O ruído das vozes, o barulho do vapor, calmo e grande no meio das montarias e dos botes, davam ao porto de Silves um aspecto anormal de animação que lhe fazia pulsar o coração no peito. Havia vinte anos que se internara no silêncio e na inércia da vida sertaneja. E naquele momento, o barco a vapor, com o seu penacho de fumo e o ruído de ferragens quebradas, com as poderosas rodas imóveis, pintadas de encarnado e preto, com os altos mastros enleados em cordas cruzadas intrincadamente, e a bandeira nacional a tremular à ré, suavemente sacudida pela brisa da manhã, contrastava de modo fantástico com a pobreza de movimento e de vida do vasto lago deserto.

No caminho, Macário encontrara os vereadores da Câmara Municipal e os juízes de paz que iam a bordo cumprimentar o novo vigário, Padre Antônio de Morais, que fizera, ao que diziam, brilhantes estudos no Seminário grande do Pará, e recusando a oferta do senhor Bispo de o doutorar em S. Sulpício, a expensas da Caixa Pia, preferira vir paroquiar a modesta vila de Silves. Esta informação, trazida pelo imediato do vapor, que desembarcara com as malas do correio, circulara rapidamente e provocara um entusiasmo respeitoso entre as pessoas gradas da terra.

Macário chegara ao porto do desembarque e aí devia esperar essas pessoas para as acompanhar a bordo.

Quando passou pela loja do Costa e Silva, à rua do Porto, um sujeito baixo, magro, enfezado, fumava cigarros e limpava as unhas, olhando para o lago.

—Bom dia, seu Chico Fidêncio, disse Macário, tirando o chapéu.

O sujeito respondeu:

—Viva!

Macário seguiu o seu caminho, desapontado. A presença daquele homem ali, naquela ocasião, o incomodava. Foi-se postar a alguma distancia, mas não tirou os olhos da loja do Costa e Silva. Três ou quatro rapazes bem vestidos vieram reunir-se ao Chico Fidêncio, formando um grupo estranho ao sentimento geral da população de Silves. Chico Fidêncio passava em revista mordente as pessoas gradas; e comentava o acontecimento do dia com azedume e pilhéria, animado e secundado pelos rapazes que o cercavam e riam a cada palavra dele. As vítimas mostravam-se constrangidas, cumprimentavam a contragosto, sentindo na pele a agudeza dos comentários, e seguiam o seu caminho, levando no ouvido a vibração das risadas zombeteiras dos rapazes da roda.

Macário, furioso, ouvia as queixas amargas das pessoas desacatadas.

A bordo, Macário foi o primeiro que falou com o vigário de Silves. Era um rapaz alto, de boas cores, cabelos e olhos negros, muito novo ainda. Vestia uma batina nova, muito bonita, e tinha na mão um grande chapéu de três bicos, novidade em Silves.

Mas o Macário não podia examinar S. Revdm^a bem à sua vontade. O tombadilho estava cheio de gente, não só passageiros, homens de fraque preto e chapéu de pele de lebre, mulheres de casaquinha branca rendada e saias de lã ou de seda; como ainda marinheiros com largas jaquetas de pano azul e boné de galão. Ora, toda esta gente olhava para os homens da terra, como se estivesse vendo bichos, e tornava-se incômoda afinal. Macário estava em brasas, não por si, afinal era filho de Manaus, duma capital, estava acostumado a ver gente, mas pelos companheiros—coitados! —que não sabiam como evitar aqueles olhares curiosos e impertinentes!

Felizmente uma sineta deu o sinal convencionado de que a demora do vapor não seria longa. As malas de S. Revdm^a já estavam no escaler da Agência, que as devia levar para a terra. O comandante, em tom de bonomia grosseira declarou que o vapor ia largar, pois não podia demorar-se naquela *tapera*, por ter necessidade de chegar cedo a Serpa, onde desembarcaria muita carga para o Madeira.

—Para a terra quem for de terra! concluiu com um gesto largo de despedida.

Quando o vigário passou, acompanhado por muita gente, pela loja do Costa e Silva, o Chico Fidêncio pôs-se na pontinha dos pés, para melhor apreciar a saída do paquete, afetando não prestar atenção ao fato que agitava a população toda. Os rapazes da sua roda imitaram-no, falando em voz alta da manobra do navio.

Então o professor Aníbal, pardo, de cabelo à escovinha e óculos de tartaruga, saiu da comitiva do vigário, e, amparado pelo escudo moral do coleguismo, aproximou-se do grupo do Chico Fidêncio, sorrateiro, quase sem ser visto, e quando se achou entre o colega e os rapazes, perguntou-lhes, para entabular conversa, se sabiam da história, contada pelo imediato do vapor, relativa à preferência dada a Silves sobre S. Sulpício, uma cousa soberba, uma prova do desinteresse e da virtude do novo vigário. Era de bom agouro, e fora a notícia desse fato que o levara, a ele Anibal Brasileiro, a bordo do paquete. O colega bem sabia, ele *também* não era lá muito amigo de Padres. Mas uma cousa assim! Deixar S. Sulpício e vir para Silves! É dum patriotismo! Exclamou gesticulando e cuspindo longe.

—Brocas da padraria, resmungou Chico Fidêncio, pondo-se a assoviar a *Marselhesa*, sem retirar os olhos do vapor, que ia desaparecer por trás dum estirão de terra.

Macário apressou o passo para alcançar a comitiva do Sr. Vigário, murmurando:

—Cambada!

Capítulo II

Os amigos despediram-se afinal. Padre Antônio ficou só, sentindo necessidade de repouso. Seriam três horas da tarde. O calor era intenso.

Erguera-se aquele dia antes do romper da aurora e mal fundeara o vapor, tivera de receber os seus paroquianos, que se apresentavam em maioria de sobrecasaca de lustrina, calças de ganga amarela, mostrando em grandes manchas claras os chapéus de palha da Bolívia, vistosos e baratos, fingindo Panamás.

Quem primeiro lhe falara fora o sacristão, um tal Macário de Miranda Vale, moço corpulento, com uma belida e um lombinho, todo cheio de si dentro da comprida sobrecasaca de grandes pregas duras. Dera-se a conhecer como o destinatário da carta que o Padre, por informções que o Felipe do Ver-o-Peso colhera do seu correspondente Costa e Silva, havia escrito para Silves. Em primeiro lugar, o Macário vinha agradecer a S. Revdm^a as expressões delicadas que usara na missiva, e, em segundo lugar, cientificá-lo de que a casa estava pronta e mobilhada. E tudo baratinho e decente. Depois o sacristão apresentara as principais pessoas da terra com muita cerimônia, e na interção de informar a S. Revdm^a , em poucas palavras, das distintas qualidades daqueles cavalheiros.

Fora uma enfiada:

—O tenente Valadão, subdelegado de polícia, muito boa pessoa, incapaz de matar um carapanã.

Era um sujeito magro, esgrouviado, tísico. Tinha um comprido cavanhaque grisalho, e usava óculos.

—O Sr. Capitão Manuel Mendes da Fonseca, coletor das rendas gerais e provinciais, negociante importante, traz aviamentos de contos de réis. O Elias tem muita confiança nele. É influência política e dispõe de muitas relações boas.

Este era barrigudo e reforçado. Usava a barba toda e trazia a camisa muito bem engomada. Parecia um homem de toda a consideração.

—O Sr. Presidente da Câmara, alferes José Pedreira das Neves Barriga, que alugou a casa a S. Revdm^a.

Descendente de espanhóis, muito boa pessoa, mora no sítio, ao Urubus, quase nunca vem à vila. Cara de carneiro com largas bentas cheias de Paulo-Cordeiro.

—O escrivão da coletoria, Sr. José Antônio Pereira, moço de muito bons costumes.

Baixo, magro, mal barbado. Dentinhos podres, olhinhos mal abertos.

—O Sr. Vereador João Carlos, íntimo do Sr. Capitão Fonesca.

—O Sr. Aníbal Americano Selvagem Brasileiro, professor régio, inteligente e sério.

Era um mulato, de óculos de tartaruga.

—O Sr. Joaquim da Costa e Silva, que tem uma boa loja à rua do Porto, e faz o comércio de regatão, mais por divertimento do que por necessidade. É bom católico e fornece notícias ao *Diário do Grão-Pará.*

—O Sr. Antônio Regalado, o Sr. Francisco Ferreira, uma chusma, de que se destacava um sujeito de cara redonda. Dele o Macário dissera em voz alta:

—O Sr. Pedro Guimarães, eleitor.

E depois acrescentara em voz baixa, curvando-se para o Padre, familiarmente:

—Chamam-lhe o *Mapa-Mundi,* mas é boa pessoa.

Tivera de sorrir a toda aquela gente, de apertar-lhe a mão, oferecendo os nenhums préstimos dum humilde criado. Os silvenses diziam:

—Não há de quê . . .

E sérios, empertigados, mal a cômodo na sobrecasaca, atrapalhados com o chapéu, balbuciavam palavras de respeito, num acanhamento roceiro, cumprindo um dever penoso, olhando desconfiados para todos os lados, vexados das vistas curiosas e zombeteiras dos passageiros do vapor.

Felizmente o desembarque se fizera sem demora, e apenas em terra, o primeiro cuidado de Padre Antônio fora dirigir-se à Matriz, a fazer oração. O povo, em grande concurso, desertando o porto, o acompanhara por entre o tanger dos sinos e o estourar dos rojões. Macário, o capitão Fonseca, o Neves Barriga e outras "pessoas gradas," ajoelhando as calças de ganga amarela sobre os tijolos da igreja, oraram com ele, pedindo a misericórdia divina para o bom desempenho da sua missão nesta terra desconhecida.

Quando se erguera, confortado e sereno, as pessoas principais o acompanharam na visita à igreja, cercando-o, admirando-o, pasmando de o ver tão novo, e seguindo-lhe curiosamente todos os movimentos. Macário, parecendo muito contente, guiava, explicava, dava pormenores, com o *boliviano* na mão e a sobrecasaca direita, caindo-lhe sobre as curvas dos joelhos em grandes dobras duras. E mostrava as imagens, uma a uma, os quadros parietais, representando cenas da vida dos santos, os pequenos retábulos toscos e feios, o velho confessionário atirado a um canto, o coro, os sinos, tudo. Padre Antônio examinara a igreja com atenção, manifestando o seu parecer em voz baixa e comedida, para não chocar melindres.

. . . . .

[*O missionário*, Rio, José Olimpio, 1946, 37-46.]

References:

Andrade, Oswald de, "Dois emancipados," in: Holanda, *O romance*, 175-178.
Araripe Júnior, Tristão de Alencar, prologue to: *O missionário*, Rio, Laemmert, 1899, 7-40; also in: *Obra crítica*, II, 367-382.
Autores e Livros, 1:4 (7 set 1941).
Campos, Humberto de, *Carvalhos*, 130-135.
Holanda, Aurélio Buarque de, preface to: *O missionário*, Rio, José Olímpio, 1946, i-xvi.
Holanda, Sérgio Buarque de, "Inglês de Sousa: *O missionário*," in: Holanda, *O romance*, 167-174.
Marques, Xavier, "Elogio de Inglês de Sousa," *Discursos Acadêmicos*, Rio, Civilização Brasileira, 1936, V.
Montelo, Josué, "Inglês de Sousa," in: Coutinho, *A literatura*, II, 62-66.
Montenegro, Olívio, 71-82.
Octávio Filho, Rodrigo, *Inglês de Sousa*, Rio, ABL, 1955.

Pereira, Lúcia Miguel, "Inglês de Sousa versus Luís Dolzani," *Correio da Manhã*, 17 jun 1945.
_____ , *Prosa de ficção*, 155-64.
Sousa, Paulo Inglês de, "A vida de Inglês de Sousa," *Autores e Livros*, 7 set 1941.
Veríssimo, José, *Estudos*, III, 21-32.

Adolfo Caminha
(1867-1897)

A belligerent misfit, somewhat on the order of Júlio Ribeiro, was Adolfo Ferreira Caminha. His father, Raimundo Ferreira dos Santos Caminha, was a small property owner in the State of Ceará. Adolfo Caminha was born in Aracati, Ceará, May 29, 1867, and was seriously ill a number of times as a youngster. During the drought of 1877 his mother, Maria Firmina Caminha, died and it was then that he was sent to live with an uncle, Álvaro Caminha, in Rio de Janeiro. Entering the Naval Academy in 1880, on November 27, 1885, he was promoted to midshipman, and on July 9, 1888, to second lieutenant. By that time his literary activity (then mostly poetry and short stories) was well under way. He never disguised his strong republicanism and his reformer's stance. One of his best remembered pieces appeared in the *Gazeta de Notícias* entitled *A chibata*. In it he violently attacked the common navy practice of the day of flogging delinquent sailors. Following a training cruise to the United States, which provided him material for his first book, he was assigned to Fortaleza. There he fell madly in love with a young married woman. The upshot of the ensuing scandal was that Isabel da Silva Jataí de Barros fled from her husband, Midshipman Fausto de Paula Barros, into the waiting arms of her impassioned lover. Caminha stalwartly withstood all the resultant abuse and prejudice, as the two made their way together, resolutely challenging small town, middle class mores. A series of vexing problems deriving from this scandal brought about the acceptance (February 15, 1890) of Caminha's resignation of his commission in Rio. Returning to hostile Fortaleza, where Isabel was waiting for him, he finally obtained a minor job in the finance section of the Interior Department of his native state and worked up in that service. In 1892, *A normalista* was published in Rio. The following year the author moved his family to that city, where he began working for the Federal Treasury. The rhythm of his literary activity then became very intense. He launched the *Nova Revista*, which barely survived a year, began preparing short stories and novels, and undertook the translation of Balzac. In quick succession appeared *No país dos ianques* (1894), *Cartas literárias* (1895), *Bom crioulo* (1895) and *A tentação* (1896). But his physical constitution, never strong, could not stand such pressure, and on January 1, 1897, he succumbed to tuberculosis, in his humble home on Visconde de Itauna Street—not quite thirty years of age. His two little daughters, Aglais and Belkiss, died barely two months later of the same disease.

Critical Commentary:

Adolfo Caminha's work is not very copious, appeared out of phase, antagonized the critics, and is difficult to obtain. Nevertheless, it merits serious study and should be rescued from the near oblivion into which it has fallen. Caminha showed definite signs of becoming a worthy companion of Aluísio Azevedo and Machado de Assis. He was a contemporary of both, and may be thought of as the aesthetic link between those great novelists. At bottom he was an idealist who had the highest regard for art, its function, and for life itself. This means, too, that he was something of a reformer, although to a much lesser degree than Aluísio Azevedo. He did not succeed in making a name for himself either in poetry or in the short story, both of which he tried. Of his three novels, *A normalista* (1892), *Bom crioulo* (1895), and *A tentação* (1896), only the first two deserve our consideration.

Caminha first drew notice with *A normalista,* and even then mostly because it was denounced as immoral. He violently rejected the charge, and rightly so. Even if he focuses attention, for example, on the unscrupulous lasciviousness of a character in that novel (and later on the blatant homosexuality of another in *Bom crioulo*), he does so with evident scruples: he does not exaggerate, nor does he describe animal acts in detail. His literary and aesthetic attitude toward reality and the writer's task are already clear; the latter he considered of the very highest order of importance. Honesty and sincerity were his literary goals. He places under view specific rough spots in society, certain customs and human characteristics which needed study, understanding and reform, but he was careful to avoid close-ups of the ugly or the vile, either in scenes or in language. His aim was not to describe in minute physical detail man's sensual animality but rather to draw attention to and study the habits themselves, as revealed by the characters. *A normalista* serves to contrast what might be called absolute concupiscence against absolute innocence. Concomitantly, it criticizes certain defects that the author found in the mores of Fortaleza, Ceará, especially its backwardness, narrow-mindedness and provincial outlook. The undue attention given to gossip and the reveling in the misfortune of others also merit his rebuke. The most interesting thing about the work, however, is the fact that the author came to grips earnestly and without fanfare with the problem of describing psychological states. Specifically, he sought to study mainly the reactions of a fifteen-year-old girl: the uncertainty caused by her not knowing whether her sweetheart's love was reciprocated, the anxiety produced by her temporary absence, the growing control that love had over her every action, as well as how the girl's once absolute submission to her foster father's authority became gradually changed into unremitting abhorrence.

The characters are almost entirely described from outside, at a distance—and all at once—by an omniscient and omnipresent author who gives the characters little opportunity to develop themselves and make their personality understood by the reader through their thoughts and actions. The author depends considerably on realistic listings of character traits to achieve that end, a technique he likewise uses when setting scenes with material things. The characters are all types; even the most developed do not quite attain a living quality.

Caminha drops hints about the subsequent happenings in the plot and even creates a certain amount of suspense. Nevertheless, the young girl's regeneration in the novel does seem not very likely and, moreover, it is poorly motivated. The best developed technique of the whole work is revealed in his ability to catch the reader's imagination in the initial scene—a present-time, homey sequence of events—and thereafter neatly use flashbacks to fill out the background of the principals involved.

A tentação, his last novel, is no measurable improvement over *A normalista*. In the meantime, however, he had published *Bom crioulo*, undoubtedly his best work. No matter how much *A normalista* (with its concupiscence-innocence theme and its action mainly attuned to the seduction of a teen-ager by her foster father) must have shocked readers in its day, *Bom crioulo*, with its bold portrayal of homosexuality, was certainly far ahead of its time and place. Caminha there shows a skillful control of novelistic techniques, as well as an increasing mastery of language. In it he relates how a former Negro slave, now a sailor and a free man in the Brazilian navy, is overwhelmed by love for a young, blond and blue-eyed cabin boy from the south of Brazil. Plausibly and in great detail he portrays the development of Amaro's passion and the relationship of the two parties as well as, later on, the growing heterosexuality of Aleixo and his increasing repugnance for the giant sailor. As interesting as is the handling of the psychology of those two reciprocal situations (mostly on the basis of physiology) in the body of the novel, the flogging scene that opens the book is unquestionably masterful and recalls an earlier newspaper article inveighing against that violent custom.

The familiarity that the author has with navy life and jargon, and situations on board ship, is quite evident. The settings on land, too, have a certain richness of detail and are convincingly carried out. The novel is well organized, develops smoothly and gains in rhythm and suspensefulness as it portrays the goings-on and the psychological development of the black sailor and the blond cabin boy in alternate chapters leading to the brutal climax.

Caminha is a **Naturalist**: he depicts reality as he sees it, not photographically, but by re-creating it with a decided sense of purpose. He has a reformer's zeal and draws attention to the defects of society; he is a moralizer without preachments. With a more impartial attitude in this respect than Aluísio Azevedo, he is just a step away from the complete impartiality and clinical attitude of a Machado de Assis, who dealt, moreover, in greater depth in his studies of man's psychological workings.

Suggested Reading and Other Texts:

Bom crioulo; Moisés, *Textos*, 249-255.

Principal Works:
Vôos incertos (poesia), 1886.
Judite e lágrimas de um crente (contos), 1887.
A normalista (romance), Rio, 1892.
No país dos ianques (viagens), 1894.
Cartas literárias (crítica), 1895.
Bom crioulo (romance), Rio, 1895.
A tentação (romance), Rio, 1896.

Unpublished Works:
Versos.
Pequenos contos.
As cartas de Caminha.

Unfinished Works:
O emigrado (seca de 1871).
O Ângelo (drama colonial).
O teatro de Balzac (traduções).
Autobiografia.

BOM CRIOULO

I

. . . . .

Meio dia quase e ainda não estava acabado o castigo.

Seguia-se o terceiro preso, um latagão de negro, muito alto e corpulento, figura colossal de cafre, desafiando, com um formidável sistema de músculos, a morbidez patológica de toda uma geração decadente e enervada, e cuja presença ali, naquela ocasião, despertava grande interesse e viva curiosidade: era o Amaro, gajeiro da proa,—O BOM-CRIOULO na gíria de bordo.

—Aproxime-se, disse o comandante imperiosamente, carregando na voz e no semblante.

Houve um sussurro longínquo, um leve, um tímido murmúrio nas fileiras da marinhagem, assim como o vago estremecimento que assalta os espectadores de um teatro nas mutações de cenário. Agora a coisa era outra, na verdade. O Herculano e o Sant'Anna, de resto, não passavam de uns pulhas, de uns miseráveis marinheiros que dificilmente agüentavam no lombo vinte e cinco chibatadas: uns criançolas! ... Queria-se ver o Amaro, o célebre, o terrível Bom-Crioulo.

Fez-se nova leitura do *Código* em voz lenta e cadenciada de ofício religioso, e o comandante, formalizando-se dentro de sua farda muito justa e luzida:
—Sabe porque vai ser castigado?
—Sim, senhor.

Estas palavras, Bom-Crioulo proferiu-as num tom resoluto, sem o mais ligeiro costrangimento, firmando o olhar, atrevidamente, nos galões de ouro daquele oficial. Em pé, junto ao mastro, unidos os calcanhares, os braços caindo ao longo do corpo, militarmente perfilado, havia, contudo, na linha dos ombros, no jeito da cabeça, onde quer que fosse, um recolhido e traiçoeiro cunho de flexibilidade e destreza felinas.

Com efeito, Bom-Crioulo não era somente um homem robusto, uma dessas organizacões privilegiadas que trazem no corpo a sobranceira resistência do bronze e que esmagam com o peso dos músculos.

A força nervosa era nele uma qualidade intrínseca sobrepujando todas as outras qualidades fisiológicas, emprestando-lhe movimentos extraordinários, invencíveis mesmo, de um acrobatismo imprevisto e raro.

Esse dom precioso e natural desenvolvera-se-lhe à força de um exercício continuado que o tornara conhecido em terra, nos conflictos com soldados e catraieiros, e a bordo, quando entrava embriagado.

Porque Bom-Crioulo de longe em longe sorvia o seu gole de aguardente, chegando mesmo a se chafurdar em bebedeiras que o obrigavam a toda sorte de loucuras.

Armava-se de navalha, ia para os cais, todo transfigurado, os olhos dardejando fogo, o boné de um lado, a camisa aberta num desleixo de louco, e então era um risco, uma temeridade alguém aproximar-se dele. O negro parecia uma fera desencarcerada: fazia todo mundo fugir, marinheiros e homens da praia, porque ninguém estava para sofrer uma agressão . . .

Quando havia conflito no cais Pharoux, já toda a gente sabia que era o Bom-Crioulo às voltas com a polícia. Reunia povo, toda a população do litoral corria enchendo a praça, como se tivesse acontecido uma desgraça enorme, formavam-se partidos a favor da polícia e da marinha . . . uma cousa indescritível!

O motivo, porém, de sua prisão agora, no alto mar, a bordo da corveta, era outro, muito outro: Bom-Crioulo esmurrara desapiedadamente um segunda-classe, porque este ousara, "sem o seu consentimento" maltratar o grumete Aleixo, um belo marinheirito de olhos azuis, muito querido por todos e de quem diziam-se "coisas".

Metido em ferros no porão, Bom-Crioulo não deu palavra. Admiravelmente manso, quando se achava em seu estado normal, longe de qualquer influência alcoólica, submeteu-se à vontade superior, esperando resignado o castigo. Reconhecia que fizera mal, que devia ser punido, que era tão bom quanto os outros, mas, que diabo! estava satisfeito: mostrara ainda uma vez que era homem . . . Depois, estimava o grumete e tinha certeza de o conquistar inteiramente, como se conquista uma mulher formosa, uma terra virgem, um país de ouro . . . Estava satisfeitíssimo!

A chibata não lhe fazia mossa; tinha costas de ferro para resistir como um hércules ao pulso do guardião Agostinho. Já nem se lembrava do número das vezes que apanhara de chibata...

—Uma! cantou a mesma voz.—Duas! ... três! ...

Bom Crioulo tinha despido a camisa de algodão, e, nu da cintura p'ra cima, numa riquíssima exibição de músculos, os seios muito salientes, as espáduas negras reluzentes, um sulco profundo e liso d'alto a baixo no dorso, nem sequer gemia, como se estivesse a receber o mais leve dos castigos.

Entretanto, já iam cinqüenta chibatadas! Ninguém lhe ouvira um gemido, nem percebera uma contorsão, um gesto qualquer de dor. Viam-se unicamente naquele costão negro as marcas do junco, umas sobre outras, entrecruzando-se como uma grande teia de aranha, roxas e latejantes, cortando a pele em todos os sentidos.

De repente, porém, Bom-Crioulo teve um estremecimento e soergueu um braço: a chibatada vibrara em cheio sobre os rins, empolgando o baixo ventre. Fora um golpe medonho, arremessado com uma força extraordinária.

Por sua vez, Agostinho estremeceu, mas estremeceu de gozo ao ver, afinal, triunfar a rijeza do seu pulso.

Marinheiros e oficiais, num silêncio concentrado, alongavam o olhar, cheios de interesse, a cada golpe.

—Cento e cinqüenta!

Só então houve quem visse um ponto vermelho, uma gota rubra deslizar no espinhaço negro do marinheiro e logo este ponto vermelho se transformar numa fita de sangue.

Nesse momento o oficial, ponteirando o óculo de alcance, procurava reconhecer uma sombra quase invisível que parecia flutuar muito longe, nos confins do horizonte: era, talvez, a fumaça dalgum transatlântico...

—Basta! impôs o comandante.

Estava terminado o castigo. Ia recomeçar a faina.

II

Inda estava longe, bem longe a vitória do abolicionismo, quando Bom-Crioulo, então simplesmente Amaro, veio, ninguém sabe donde, metido em roupas d'algodãozinho, trouxa ao hombro, grande chapéu de palha na cabeça e alpercatas de couro cru. Menor (teria dezoito anos), ignorando as dificuldades por que passa todo homem de cor em um meio escravocrata e profundamente superficial como era a Corte,—ingênuo e resoluto, abalou sem ao menos pensar nas conseqüências da fuga.

Nesse tempo o "negro fugido" aterrava as populações de um modo fantástico. Dava-se caça ao escravo como aos animais, de espora e garrucha, mato a dentro, saltando precipícios, atravessando rios a nado, galgando montanhas... Logo que o fato era denunciado—aqui d'el-rei! —enchiam-se as florestas de tropel, saíam estafetas pelo sertão num clamor estranho, medindo **pegadas**, **açulando** cães, **rompendo cafezais**. Até fechavam-se as portas, com medo... Jornais traziam na terceira página a figura de um "moleque" em fuga, trouxa ao hombro, e, por baixo, o anúncio, quase sempre em tipo cheio, minucioso, explícito, com todos os detalhes, indicando estatura, idade, lesões, vícios, e outros caraterísticos do fugitivo. Além disso, o "proprietário" gratificava generosamente a quem prendesse o escravo.

Conseguindo, porém, escapar a vigilância dos interessados, e depois de curtir uma noite, a mais escura de sua vida, numa espécie de jaula com grades de ferro, Amaro, que só temia regressar à "fazenda", voltar ao seio da escravidão, estremeceu diante de um rio muito largo e muito calmo, onde havia barcos vogando em todos os sentidos, à vela, outros deitando fumaça, e lá em cima, beirando a água, um morro alto, em ponta, varando as nuvens, como ele nunca tinha visto...

Depois mandaram-no tirar a roupa do corpo (até ficou envergonhado...), examinaram-lhe as costas, o peito, as verilhas, e deram-lhe uma camisa azul de marinheiro.

No mesmo dia foi para a fortaleza, e, assim que a embarcação largou do cais a um impulso forte, o novo homem do mar sentiu pela primeira vez toda a alma vibrar de uma maneira extraordinária, como se lhe houvessem injetado no sangue de africano a frescura deliciosa de um fluido misterioso. A liberdade entrava-lhe pelos olhos, pelos ouvidos, pelas narinas, por todos os poros, enfim, como a própria alma da luz, do som, do odor e de todas as coisas etéreas... Tudo que o cercava: a planura da água cantando na proa do escaler, o imaculado azul do céu, o perfil longínquo das montanhas, navio balouçando entre ilhas, e a casaria imóvel da cidade que ficava atrás,—os companheiros mesmo, que iam remando igual, como se fossem um só braço—e sobretudo, meu Deus! sobretudo o ambiente largo e iluminado da baia: enfim, todo o conjunto da paisagem, comunicava-lhe uma sensação tão forte de liberdade e vida, que até lhe vinha vontade de chorar, mas de chorar francamente, abertamente, na presença dos outros, como se estivesse enlouquecendo... Aquele magnífico cenário gravara-se-lhe na retina para toda a existência; nunca mais o havia de esquecer, ó, nunca mais! Ele, o escravo, "o negro fugido", sentia-se verdadeiramente homem, igual aos outros homens, feliz de o ser, grande como a natureza, em toda a pujança viril da sua mocidade, tinha pena, muita pena dos que ficavam na "fazenda" trabalhando, sem ganhar dinheiro, desde a madrugada até... sabe Deus!

No princípio, antes de ir para bordo, foi-lhe difícil esquecer o passado, a "mãe Sabina", os costumes que aprendera nos cafezais... Muita vez chegava a sentir um vago desejo de abraçar os seus antigos companheiros do eito, mas logo essa lembrança esvaía-se como a fumaça longínqua e tênue das queimadas, e ele voltava à realidade, abrindo os olhos, num gozo infinito, para o mar crivado de embarcações...

A disciplina militar, com todos os seus excessos, não se comparava ao penoso trabalho da fazenda, ao regímen terrível do tronco e do chicote. Havia muita diferença... Ali ao menos, na fortaleza, ele tinha sua maca, seu travesseiro, sua roupa limpa, e comia bem, a fartar, como qualquer pessoa, hoje boa carne cozida, amanhã suculenta feijoada, e, às sextas-feiras, um bacalhauzinho com pimenta e "sangue de Cristo"... Para que vida melhor? Depois, a liberdade, minha gente, só a liberdade valia por tudo! Ali não se olhava a cor ou a raça do marinheiro: todos eram iguais, tinham as mesmas regalias,—o mesmo serviço, a mesma folga.—"E quando a gente se faz estimar pelos superiores, quando não se tem inimigos, então é um viver abençoado esse: ninguém pensa no dia d'amanhã! "

Amaro soube ganhar logo a afeição dos oficiais. Não podiam eles, a princípio, conter o riso diante daquela figura de recruta alheio às praxes militares, rude como um selvagem, provocando a cada passo gargalhadas irresistíveis com seus modos ingênuos de tabaréu; mas, no fim de alguns meses, todos eram de parecer que "o negro dava para gente". Amaro já sabia manejar uma espingarda segundo as regras do ofício, e não era lá nenhúm botocudo em artilheria; criara fama de "patesca".

Nunca, durante esse primeiro ano de aprendizagem, merecera a pena de um castigo disciplinar: seu caráter era tão meigo que os próprios oficiais começaram a tratá-lo por Bom-Crioulo. Seu maior desejo, porém, sua grande preocupação era embarcar, fosse em que navio fosse, acostumar-se a viver no mar, conhecer, enquanto estava moço, os costumes de bordo, saber praticamente "amichelar uma verga, rizar uma vela, fazer um quarto na agulha . . .". Podia muito bem ser promovido logo . . . Invejava os que andavam no alto mar, longe de terra, bordejando à solta por esses mundos de Deus. Como devia de ser bom para a alma e para o corpo o ar livre que se respira lá fora, sobre as águas! . . .

Divertia-se a construir pequenas embarcações de madeira, imitando navios de guerra com flâmula no tope do mastro e portinholas, cruzadores em miniatura, iatezinhos, tudo à ponta de canivete e com a paciência tenaz de um arquiteto.

Mas, nada de o fazerem embarcar definitivamente! Ia para bordo, às vezes, em exercício, remando no escaler, mas voltava logo com a turma dos outros aprendizes, triste por não ter ficado, sonhando histórias de viagens, coisas que havia de ver, quando pela primeira vez saisse barra fora . . .

Chegou afinal esse dia. Bom-Crioulo estava nomeado para embarcar num velho transporte que seguia para o sul.

—Ora, até! fez ele, erguendo os braços com um gesto de maravilhosa surpresa. Até que enfim, graças a Deus, lembraram-se do Bom-Crioulo!

. . . . .

[*Bom-Crioulo*, S. Paulo.
J. Fagundes, [s.d.], 18-27]

References:

Araripe Júnior, Tristão de, "*A Normalista*, por Adolfo Caminha," *A Semana*, Rio, 5:23 (6 jan 1894) 178-179; 5:24 (13 jan 1894) 186; also in: *Obra crítica*, II, 319-328.

Arruda, Breno, *Caminhos perdidos*, Rio, Lux, 1924, 99-120.

Autores e livros, 4:14 (2 maio 1943).

Barreira, Dolor, *História da literatura cearense*, Fortaleza, Instituto do Ceará, 1948-1951, I, 291-298.

Brígido, João, *Ceará: homens e fatos*, Rio, Bernard Frères, 1919.
Broca, Brito, "Contos inéditos de Adolfo Caminha," *A Gazeta*, S. Paulo, 17 jul 1954.
─────── , *Horas*, 231-236.
Cavalcanti, Valdemar, "O enjeitado Adolfo Caminha," in: Holanda, *O romance*, 179-190.
Gomes, Alfredo, "História literária," *Dicionário histórico, geográfico e etnográfico do Brasil: Comemoração do lo. Centenário da Independência*, Imprensa Nacional, 1922, II(2), 1508-1509.
Grieco, *Evolução da prosa*, 99.
Menezes, Raimundo, preface to: *A normalista*, 5a ed., S. Paulo, Jornal dos livros [1950], 6-14.
Montelo, Josué, in: Coutinho, *A literatura*, II, 70-73.
Montenegro, Abelardo F, *O romance*, 70-76.
Mota, Leonardo, *A Padaria Espiritual*, Fortaleza, Edésio, 1938, 132-138.
Penalva, Gastão, "Adolfo Caminha," in: *Subsídios para a história marítima do Brasil*, Rio, Imprensa Naval, 1939.
Pereira, Lúcia Miguel, intro to: *Adolfo Caminha: trechos escolhidos*, Rio, Agir 1960.
─────── , *Prosa de ficção*, 164-172.
Pessoa, 215-233.
Proença, *Estudos*, 237-246.
Ribeiro, João Felipe de Sabóia, *Alguns aspectos de Adolfo Caminha à margem da sua obra e vida*, Rio 1964.
─────── , Roteiro de Adolfo Caminha, Rio, São José, 1957.
Sales, Antônio, "História da literatura cearense," in: *Ceará*, Fortaleza, 1919.
Silveira, Décio Pacheco, intro. to: *A normalista*, 2nd ed., S. Paulo, I. Fagundes, 1936, i-v.
Studart, I, 8-9.
Vasconcelos, Abner, *Perfil de um educador*, Rio, Aurora, 1955.

Domingos Olímpio
(1850-1906)

Domingos Olímpio Braga Cavalcanti, the novelist who initiated the drought theme in Brazilian literature, was born in Sobral, Ceará, September 18, 1850. His parents were Antônio Raimundo de Holanda Cavalcanti and Rita de Cassia Pinto Braga Cavalcanti. Following his early education in Fortaleza, he studied law in Recife, where he graduated in 1873, and, in the meantime, had made several attempts to write theater. He returned to his native state to practice law in 1875, and that same year he married Adelaide Ribeiro, by whom he had two children, both of whom died at a tender age. To his duties as district attorney in his home town, he added a very active career in journalism. Because he was an ardent abolitionist and worked politically against the powerful Accoiolys family, he was forced to move to Belém in 1879. In Pará he continued his law and newspaper careers, worked strongly on behalf of the republic, and subsequently won a seat in the provincial Assembly. In 1890 he moved to Rio and engaged in similar activites, including writing for such newspapers as *O Comércio, O Correio da Manhã, O Correio do Povo, O Correio Mercantil, O País* and *O Jornal do Comércio.* In them appeared some of his still uncollected short stories. Two years later he married again, to a cousin, Ana Augusta Braga Torres. During the Floriano administration, he accompanied Rio Branco to Washington, D.C., as secretary of mission. During the presidency of Prudente de Morais, he was named lottery inspector, a post he resigned under the succeeding government of Campos Sales. In 1903 he published *Luzia-Homem,* the novel on which his fame rests. The following year, he founded the weekly, *Os Anais,* in which he had a political column signed "Pojucan." In the first number (October 8, 1904), he began publishing his second novel, *O almirante;* a third, *O Irapuru,* had almost entirely been serialized at the time of his death, which occurred on October 6, 1906, in the Federal District.

Critical Commentary:

Domingos Olímpio merits historical attention because, thematically, his work antedates the interest taken by Modernist novelists in the periodic droughts and social problems afflicting the Brazilian Northeast. Technically speaking, he combines Realistic objectivity in handling description with a large anachronistic dose of Romantic attitudes and devices, including belief in the all-powerful force of love, and the notion that, although circumstances may force people to do and become what they do not wish to do and be, their soul may nevertheless remain inviolate, for goodness or badness are the fruits of volition, not of determinism.

His best known work is *Luzia-Homem*, a loosely constructed novel with a poorly developed plot. The author is always ready to lead the reader by the hand. The junctures are too evident, the ending is much too sudden, melodramatic and implausible. Interspersed throughout the length of the novel are short narrations, interesting flashbacks that come up quite naturally, but which are irrelevant and serve neither to reveal character nor to advance the plot. The language is clear, precise, and literary, except for those few cases in the dialogues where the author quite accurately transcribes the speech patterns of the people. The style is reminiscent of Balzacian Realism and the author feels eternally constrained to describe things, which he does with precision and in great detail. He does not dwell upon the minutiae, however—he simply points them out. The author functions much like an indiscriminate movie camera which captures all that comes into focus. A number of social types represented in the northeastern hinterland, including their customs, habits, dress, and language, are set forth accurately. A surprising amount of the book is devoted to dialogue and we learn a great deal more about the different characters by what they say and do, than by what the author tells us. But there is no real character development even in the heroine. The only change that takes place is when she falls in love: she stopped being Luzia-Homem to become simply Luzia. She is like the other characters: cut from one piece, admitting no shadings in personality, and viewed only from the outside. The author has a moralizing attitude and does not fail to philosophize on occasion.

Suggested Reading and Other Texts:

Luzia-Homem; Cândido e Castelo, II, 191-199; Moisés, *Textos*, 236-242; Peixoto, *Panorama*, 457-459.

Principal Works:

Luzia-Homem, (romance), 1903.
O almirante (romance), 1904.

Unpublished, in addition to a number of short stories, are:
Rochedos que choram (drama)

A perdição (drama)
Túnica de Néssus (drama)
Tântalo (drama)
Os maçons e o bispo (episódio burlesco)
Um par de galhetas (comédia)
Domitília (comédia)
O Irapuru (romance)
O negro (romance)
História da missão especial de Washington
A questão do Acre
A locura na política

References:

Barreira, II(1), 132-141.
Barroso, Gustavo, *Domingos Olímpio*, preface to: *Luzia-Homem*, 2nd ed., Rio, Castilho, 1929, 7-16.
Oliveira, Franklin de, "As duas paisagens intelectuais do Norte," *Dom Casmurro*, 6 ago 1938.
Grieco, *Evolução da prosa*, 98-99.
Martins, Wilson, "Um romance ambíguo," *O Estado de São Paulo*, 5 set 1959.
Milliet, *Diário*, VI, 279-281.
Montenegro, Abelardo, 79-84.
Pereira, Lúcia Miguel, *Prosa de ficção*, 204-208.
_____, "Três romancistas regionalistas," *Revista do Brasil*, 3a fase, 4:35 (maio 1941) 86-96; also in: Holanda, *O romance*, 103-114.
Ribeiro, Walfrido, "Domingos Olímpio e o *Luzia-Homem*," *Ateneida*, Rio, 1:8-10 (jul-set 1903) 187-191.
Sales, Antônio, "Domingos Olímpio," *Boletim do Ariel*, 3:5 (fev 1934) 115.
Studart, I, 226-227.
Táti, Miécio, "A propósito de *Luzia-Homem*," *Temário*, Rio, 2:5 (maio-set 1952) 1-8.
_____, *Estudos e notas críticas*, 83-101.
Veríssimo, José, *Estudos*, VI, 206-207.

Sílvio Romero
(1851-1914)

Literary criticism and literary history in Brazil owe much to Sílvio Vasconcelos da Silveira Ramos Romero, certainly more than to any other person in the nineteenth century. He was the first to assiduously follow those professions and, using a basically sociological and deterministic method, he set the stage quantitatively and qualitatively for present-day achievements in those fields. His birthplace was Lagarto in the state of Sergipe, where he was born on April 21, 1851. As a student of law in Recife, he came under the strong influence of Tobias Barreto. Upon graduation in 1873, he was made district attorney in Estância, in his home state. In 1876 he was named municipal judge in Parati, in the state of Rio de Janeiro. He joined the staff of the Colégio Pedro II in 1880, having won his chair of philosophy with a thesis: *Interpretação filosófica dos fatos históricos.* He held this position until 1910. In 1899, after the establishment of the Republic, he was elected deputy for the state of Sergipe. In addition to the Colégio Pedro II, he taught in the Faculdade Livre de Direito and in the Faculdade de Ciências Jurídicas e Sociais of Rio de Janeiro. Moreover, he was a member of the Instituto Histórico e Geográfico do Brasil, a corresponding member of the Academia de Ciências de Lisboa, and was a founding member of the Academia Brasileira de Letras, chair 17. The great apologist for Tobias Barreto died in Rio de Janeiro on July 18, 1914.

Other Texts:

Scott-Buccleuch and Oliveira, 175-182.

Principal Works:

A literatura brasileira e a crítica moderna, Rio, Imprensa Industrial de João Paulo Ferreira Dias, 1880.
O Naturalismo em literatura, São Paulo, 1882.

Cantos populares do Brasil, Lisboa, Nova Livraria Internacional, 1883, 2 vols.
Contos populares do Brasil, Lisboa, Nova Livraria Internacional, 1885.
Estudos de literatura contemporânea, Rio, Laemmert, 1885.
Estudos sobre a poesia popular no Brasil, (1879-1880), Rio, Laemmert, 1888.
Historia da literatura brasileira, Rio, Garnier, 1888. (5a. ed., Rio, José Olímpio, 1954, 5 vols.).
Machado de Assis, Rio, 1897.
Novos estudos de literatura contemporânea, Rio, Garnier, 1899.
Ensaios de sociologia e literatura, Rio, Garnier, 1901.
Evolução do lirismo brasileiro, Recife, 1905.
Outros estudos de literatura contemporânea, Lisboa, A Editora, 1905.
Minhas contradições, Bahia, Livraria Catilina, 1914.

References:

Albuquerque, Medeiros e, *Quando en era vivo*, 222-223.
Araripe Júnior, Tristão de, "Sílvio Romero: polemista," *Revista Brasileira*, XV (1898) 185-203, 371-379; XVI (1898) 122-121, 188-204; XVII (1899) 43-70; *Os Anais*, Rio, 2:15 (19 jan 1905) 34-37.
Beviláqua, Clóvis, 123-181.
_____, *Sílvio Romero*, Lisboa, A Editora, 1905.
_____, "Sílvio Romero," *Revista da Academia Brasileira de Letras*, 19:73, (jan 1928) 744-754.
Bezerra, Alcides, "Sílvio Romero: o pensador e o sociólogo," *Publicações do Arquivo Nacional*, XXXIII (1936) 19-42.
Brandão, 57-80.
Carvalho, Ronald de, *Pequena história*, 5th ed., 324-325.
Castelo Branco, 151-175.
Correia, *Anteu*, 248-260.
Franco, Augusto, 109-153.
García Merou, 65-96.
Guimarães, Argeu, *Presença de Sílvio Romero*, Rio, Simões, 1955.
Guimarães, Ari Machado, "Sílvio Romero," Rio, *Jornal do Comércio*, 1951.
Guimarães, Artur, *Sílvio Romero de perfil*, Porto, Artur José de Sousa, 1915.
Lima, Hermes, 109-114.
Martins, Wilson, *Interpretações*, 257-297.
Melo, Antônio Cândido de Sousa e, *Introdução ao método crítico de Sílvio Romero*, S. Paulo, Revista dos Tribunais, 1945.
Mendonça, Carlos Süssekind de, *Sílvio Romero: sua formação intelectual*, S. Paulo, Nacional, 1938, 307-339.
Mota, Artur, "Sílvio Romero," *Revista da Academia Brasileira de Letras*, 20:94 (out 1929) 166-192.
Orlando, 145-193.

Rabelo, Sílvio, *Itenerário de Sílvio Romero*, Rio, José Olímpio, 1944.
Reis, Antônio Simões dos, *Bibliografia da história da literatura brasileira de Sílvio Romero*, Rio, 1944.
Sodré, *História*, 172-174.
Veríssimo, José, *Estudos*, VI, 1-14.
Vítor, D'Almeida, *Sílvio Romero*, Rio, 1952.

Chapter 2
REALISM-PARNASSIANISM 1880-1910

The New Aristocracy of the Spirit
(Art for Art's Sake)

      A. Poetry
           Alberto de Oliveira
           Raimundo Correia
           Olavo Bilac

      B. Prose Fiction
           Joaquim Maria Machado de Assis

      C. Drama
           Artur Azevedo

      D. Essay
           Euclides da Cunha

      E. Literary Criticism
           José Veríssimo

Chronologically speaking, in Brazil Realism-Parnassianism ran parallel to Naturalism. More than that, Realism-Parnassianism developed directly out of Naturalism, with which it shared a mechanistic and materialistic philosophy of life, a dependence on determination, as well as a liberal political stance. A more refined form of Naturalism, the main difference between them lies in the perspective, the psychological distance, and the ultimate objectives espoused by the Realist-Parnassian. Basically, the Realist-Parnassian author is not *engagé* and is not concerned with reforming the world. As a matter of fact, he often escapes from it into the heroic Greco-Roman past, into the epic days of early Brazilian history, into flights of artful fantasy, or into meticulous soundings of the human condition.

Realism aims to accurately but statically describe life, that is to say, man and his relation to his fellow man and to his environment. Thus, Realism is an attempt to see the world as it really is, to photograph it with all objectivity, as it were, in such a neutral and impartial fashion as to preclude the investigator's personal preferences and reactions. Parnassianism can best be described as a kind of neo-Neoclassicism. Then again, it can properly be called something of a refined, amoral, dispassionate, and impartial Naturalism that continued the Second Romantic Generation's search for elegance. We note, among other things, that writers and poets belonging to this literary current pursued eternal standards of beauty; urged a cold, clinical reserve; advised moderation in everything; viewed reality at a distance with a hearty, aristocratic mien; eschewed action in favor of scene; described reality in terms of successive static frames, or all at once in the three-dimensional synthesis of sculpture. Inspiration was often sought in the life and literature of ancient Greece and Rome.

Realism-Parnassianism is highly visually oriented and emphasizes elegance, form and color at the expense of inspiration, movement and musicality. The traditional character and "correctness" of grammar are stressed in language, as well as in strophes and verses, particularly those hallowed by time like the sonnet. Imagery is directed quite superficially to surface qualities: the palapable and the visual. Scenes are like color slides of life. The colors are mainly primary. Everywhere prevails the will to organize, shape, chisel, heighten, and polish forms. The desire to fix or "freeze" reality in manageable, malleable units promotes miniaturization, a tendency which is evident not only in the shape poems take, but also with respect to the scenes and objects described. The themes are of a relatively narrow range. Both the psychological distance inherent in the perspective and the vocabulary belong to the plastic arts. Poetry goes so far as to assume the role of sculpture. We should note, nevertheless, that most Parnassian poets are not so neatly circumscribed as our definition might indicate; indeed, their later works give clear evidence of their acceptance of the introspection and doubt that will characterize the Symbolists.

If in general terms poetry reigns supreme and quality is emphasized over quantity, the desire to polish and enhance form and delve into the intricacies of the human spirit produced giant strides in other genres, even though the number of outstanding exponents was relatively small. The novel had as its champion Machado de Assis and the essay had Euclides da Cunha; each singlehandedly dominated his respective field. The theater was the principal entertainment medium of the increasingly affluent end-of-century society and it attained a level of popularity never again to be equalled. Emphasizing the comedy of customs, it linked the tradition of Martins Pena with other inspiration garnered in Europe, especially in France. In neither case was this theater strong on originality. Its role was to chronicle the society of the day and comment on the same themes treated in fiction. Basically, however, it aimed to amuse. Numbers of writers essayed the genre and a considerable body of works was produced. The Parnassian thrust is particularly evident in the stress on wit, on the reappearance (although infrequent) of verse as the medium of expression, in line with the general emphasis on the visual, as well as the stress on the adoption of a variety of "artistic" genres with less verbal dependency, such as vaudeville, operetta, comic operetta, burlesque, and musical reviews.

Alberto de Oliveira
(1859-1937)

The most long-lived and perhaps most representative of the Brazilian Parnassian poets, Antônio Mariano Alberto de Oliveira, was born in Palmital de Saguarema, Rio Province, April 28, 1859. After studying humanities in Niterói, and graduating in pharmacy in 1884, he began the study of medicine, only to abandon it in 1887 to take up journalism and teaching. In the latter field he taught poetry and history of the Portuguese language in the Pedagogium, and Portuguese and Brazilian literature, and world history in the Escola Normal and the Escola Dramática. He first received public notice in 1892 and in that same year was appointed an inspector of secondary education, as well as to the cabinet of the governor of Rio State. From the following year until 1898, he was Director General of Public Instruction for that state. One of the founders of the Brazilian Academy of Letters, he occupied chair Eight. Among the honors accorded him were a degree of Doctor of Philosophy in Letters from the University of Buenos Aires, and corresponding memberships in the Academy of Sciences of Lisbon and in the Hispanic Society of America. In 1924 he was elected "Prince of Brazilian Poets." His death came in Niterói, January 19, 1937.

Critical Commentary:

Alberto de Oliveira was early recognized as a master of language and versification and the leading Parnassian poet, and so he is regarded today. His Parnassianism is largely an emphasis on form and on the mechanics of composition. His wide ranging themes and feeling toward reality tended toward subjectivity. Therefore, aside from several poems inspired by the plastic arts, most of his work, sensitive and subdued in tone, deals with the poet's intimate world. Attentive toward all forms of life, including nature, the poet sees in everything good and beauty. Love, one of his principal themes, is always a tender emotion that merits every consideration and never betrays any feverish excitement.

In some respects, the poet might be thought of as an ultra-Romantic with a penchant for polished and precise versification and a fondness for sculptural and chromatic effects, but the traits that would suggest that become more and more manifest as time went on until his preoccupation with man's uncertain place in the universe, the shortness and ugliness of life, and the anguish of imminent death, for example, made clear that his Parnassian formal virtuosity was accumulating a thoroughly Symbolist burden. His companions, Raimundo Correia and Olavo Bilac, would suffer the same influence in their later work.

Although Alberto de Oliveira was a consummate sonneteer, many other verse forms are represented in his work. Not a little of his poetry is either in dialogue form, implies a dialogue, or is narrative in character. As a matter of fact, along with Artur Azevedo, Vicente de Carvalho, Olavo Bilac and others, Oliveira revived an earlier Romantic interest in the short story in verse. Especially striking are Oliveira's rich, traditionally inclined language, and the markedly rhythmic, sentimental and vaguely reticent tone of his suave, elegant but sincere poems.

Suggested Reading and Other Texts:

"Afrodite," "À que se foi," "Aspiração," "Flores azuis, e tão azuis! Aquelas..." "Flor santa," "Fonte oculta," "O muro," "Nuvens, III," "Palmeiras e bambus," "Sob um salgueiro," "Taça de coral," "Última deusa," "Vagalume," "Vaso grego," "Velhice," Bandeira, *Fase parnasiana* 65-126; *Apresentação*, 269-272; Bandeira e Cavalheiro, 127-129; Cândido e Castelo, II, 227-234; Coutinho, *Antologia*, II, 96-101; Lins e Holanda, II, 602-606; Lisboa, *Antologia*, 57-58, 168-169; Magalhães Júnior, *O conto*, 311-316; Martins, Mário R., II, 229-230; Moisés, *Textos*, 218-223; Murici, *Panorama*, III, 225-227; Orico, 68; Peixoto, Afrânio, *Panorama*, 524-526; Ramos, 51-76; Ramos in Coutinho, *A literatura*, II, 313-317; Romero, *História*, V, 299-300.

Principal Works:

Canções românticas, Rio, 1878.
Meridionais (introduction by Machado de Assis), Rio, 1884.
Sonetos e poemas, Rio, 1885.
Versos e rimas, Rio, 1895.
Poesias completas (incomplete), Rio, 1900.
Poesias, 2a série, Rio, 1905 (Rio, 1912, more complete).
Poesias, 1a série, Rio, 1912.
Poesias, 3a série, Rio, 1913.
"O culto da forma na poesia brasileira" (discurso pronunciado em S. Paulo em 1915), *Conferências,* 1916.
Fagundes Varela (conferência), S. Paulo, 1917.
Ramo de árvore, Rio, 1922.
Poesias, 4a série, Rio, 1929.
Poesias escolhidas, Rio, 1933.
Póstuma, Rio, 1944.

AFRODITE

I

Móvel, festivo, trépido, arrolando,
A clara voz, talvez da turba iriada
De sereias de cauda prateada,
Que vão com o vento os carmes concertando,

O mar,—turquesa enorme, iluminada,
Era, ao clamor das águas, murmurando,
Como um bosque pagão de deuses, quando
Rompeu no Oriente o pálio da alvorada.

As estrelas clarearam repentinas,
E logo as vagas são no verde plano
Tocadas de ouro e irradiação divinas;

O oceano estremece, abrem-se as brumas,
E ela aparece nua, à flor de oceano,
Coroada de um círculo de espumas.

II

Cabelo errante e louro, a pedraria
Do olhar faiscando, o mármore luzindo
Alvi-róseo do peito,—nua e fria,
Ela é a filha do mar, que vem sorrindo.

Embalaram-na as vagas, retinindo,
Ressoantes de pérolas,—sorria
Ao vê-la o golfo, se ela adormecia
Das grutas de âmbar no recesso infindo.

Vêde-a: veio do abismo! Em roda, em pêlo
Nas águas, cavalgando onda por onda
Todo o mar, surge um povo estranho e belo;

Vêm a saudá-la todos, revoando,
Golfinhos, e tritões, em larga ronda,
Pelos retorsos búzios assoprando.

III

Clítia, quando tu vens e a mão nervosa,
Fino alabastro, as roupas te desata,
E nua surges e entras n'água, ansiosa,
Dando às vagas o colo que arrebata;

Não sei, mulher, que amor que abrasa e mata
É este, ao ver-te a forma primorosa,
Que em suas linhas nítidas retrata
Mármor polido de pagã formosa.

Mas quando o corpo escultural, perfeito,
Molhas na vaga e a coma te flutua,
Como em doudo pulsar me estala o peito!

Tremo de zelos e o meu ser recua,
Vendo-te, e vendo o mar que vem desfeito
Lavar-te em beijos, Afrodite nua.

[*Poesias*, 1a série, Rio, Garnier,
1912. 92-94]

VASO GREGO

Esta de áureos relevos, trabalhada
De divas mãos, brilhante copa, um dia,
Já de aos deuses servir como cansada,
Vinda do Olimpo, a um novo deus servia.

Era o poeta de Teos que a suspendia
Então, e, ora repleta ora esvasada,
A taça amiga aos dedos seus tinia,
Toda de roxas pétalas colmada.

Depois . . . Mas o lavor da taça admira,
Toca-a, e do ouvido aproximando-a, às bordas
Finas hás-de lhe ouvir, canora e doce,

Ignota voz, qual se da antiga lira
Fosse a encantada música das cordas,
Qual se essa voz de Anacreonte fosse.

[*Poesias,* 1a série, Rio, Garnier,
1912. 168]

ÚLTIMA DEUSA

Foram-se os deuses, foram-se, em verdade;
Mas das deusas alguma existe, alguma
Que tem teu ar, a tua majestade,
Teu porte e aspecto, que és tu mesma, em suma.

Ao ver-te com esse andar de divindade,
Como cercada de invisível bruma,
A gente à crença antiga se costuma,
E do Olimpo se lembra com saudade.

De lá trouxeste o olhar sereno e garço,
O alvo colo onde, em quedas de ouro tinto,
Rútilo rola o teu cabelo esparso...

Pisas alheia terra... Essa tristeza
Que possuis é de estátua que ora extinto
Sente o culto da forma e da beleza.

[*Poesias,* 1a série, Rio, Garnier,
1912. 192]

ASPIRAÇÃO

Ser palmeira! existir num píncaro azulado,
Vendo as nuvens mais perto e as estrelas em bando;
Dar ao sopro do mar o seio perfumado,
Ora os leques abrindo, ora os leques fechando;

Só de meu cimo, só de meu trono, os rumores
Do dia ouvir, nascendo o primeiro arrebol,
E no azul dialogar com o espírito das flores,
Que invisível ascende e vai falar ao sol;

Sentir romper do vale e a meus pés, rumorosa,
Dilatar-se e cantar a alma sonora e quente
Das árvores, que em flor abre a manhã cheirosa,
Dos rios, onde luz todo o esplendor do Oriente;

E juntando a essa voz o glorioso murmúrio
De minha fronde e abrindo ao largo espaço os véus,
Ir com ela através do horizonte purpúreo
   E penetrar nos céus;

Ser palmeira, depois de homem ter sido! est'alma
Que vibra em mim, sentir que novamente vibra,
E eu a espalmo a tremer nas folhas, palma a palma,
E a distendo, a subir num caule, fibra a fibra;

E à noite, enquanto o luar sobre os meus leques treme,
E estranho sentimento, ou pena ou mágoa ou dó,
Tudo tem, e na sombra, ora ou soluça ou geme,
E, como um pavilhão, velo lá em cima eu só;

Que bom dizer então bem alto ao firmamento
O que outrora jamais—homem—dizer não pude,
Da menor sensação ao máximo tormento
Quanto passa através minha existência rude!

E, esfolhando-me ao vento, indômita e selvagem,
Quando aos arrancos vem bufando o temporal,
—Poeta—bramir então à noturna bafagem
    Meu canto triunfal!

E isto que aqui não digo então dizer:—que te amo,
Mãe natureza! mas de modo tal que o entendas,
Como entendes a voz do pássaro no ramo
E o eco que têm no oceano as borrascas tremendas;

E pedir que, ou no sol, a cuja luz referves,
Ou no verme do chão ou na flor que sorri,
Mais tarde, em qualquer tempo, a minh'alma conserves.
Para que eternamente eu me lembre de ti!

                              [*Poesias*, 1a série, Rio, Garnier,
                                           1912. 263-264]

FLOR SANTA

Entre as ruinas de um convento,
De uma coluna quebrada
Sobre os destroços, ao vento
Vive uma flor isolada.

Através de férrea grade
Espiando ao longe e em redor,
Que olhar de amor e saudade
No cálix daquela flor!

Diz uma lenda que outrora
Dentre as freiras a mais bela,
Morta ao despontar da aurora,
Fora achada em sua cela.

Ao irem em terra fria
O frio corpo depor,
Sobre coluna que havia
A um lado, nascera a flor.

E a lenda refere ainda:
Assim que o luar aparece,
Da flor animada e linda
No cálix se ouve uma prece.

Reza . . . E medrosa, e encolhida
A um canto, pálida a cor,
Toda no céu embebida,
Vendo-o, talvez, pobre flor!

Parece, tão branca e pura,
Tão franzina e desmaiada,
Uma freira em miniatura
Nas pedras ajoelhada.

[*Poesias,* 2a série, Rio, Garnier, 1912, 17]

O MURO

É um velho paredão, todo gretado,
Roto e negro, a que o tempo uma oferenda
Deixou num cacto em flor ensangüentado
E num pouco de musgo em cada fenda.

Serve há muito de encerro a uma vivenda;
Protegê-la e guardá-la é seu cuidado;
Talvez consigo esta missão compreenda,
Sempre em seu posto, firme e alevantado.

Horas mortas, a lua o véu desata,
E em cheio brilha; a solidão se estrela
Toda de um vago cintilar de prata;

E o velho muro, alta a parede nua,
Olha em redor, espreita a sombra, e vela,
Entre os beijos e lágrimas da lua.

[*Poesias*, 2a série, Rio, Garnier, 1912, 123]

A QUE SE FOI

I

Foi para melhores climas,
Que o médico em voz austera:
—"É já levá-la", dissera,
"Para as montanhas de Minas".

II

Ficou deserta a casinha,
Inda a lembrar tristemente
O vulto esguio da doente
E o longo adeus que lhe ouvira.

III

O noivo, que mal sabia
Da noiva a sorte funesta,
Com o coração todo em festa,
De longe a abraçá-la vinha.

IV

Dão-lhe a nova da partida,
E ao verem que lhe rebentam
As lágrimas, acrescentam:
—"Foi para melhores climas!"

V

Lá vai às serras de Minas,
Lá vai da noiva em procura;
Ora achá-la conjetura
Morta, e ora risonha e viva.

VI

Depois de horas de aflitiva
Impaciência e pena estranha,
Vê, montanha por montanha
Longe as montanhas de Minas.

VII

Às palmeiras que lá em cima
Segredam com a imensidade,
Pergunta em louca ansiedade:
—"Ela está morta ou está viva?"

VIII

E as palmeiras no alto erguidas
Respondem-lhe, balouçando,
E o azul do céu apontando;
—"Foi para melhores climas!"

[*Poesias*, 2a série, Rio, Garnier, 1912, 135-137]

FONTE OCULTA

Entre umas pedras metida,
Rolando clara e modesta,
No coração da floresta
Vive uma fonte escondida.

Receosa de ser ouvida,
Talvez abafando um ai,
Quase sem queixa ou murmúrio
    Fluindo vai;

E de ser vista receosa,
O vivo fio adelgaça;
E assim ignorada passa,
Passa ligeira e medrosa.

Tal em alma desditosa
Que já não ama nem crê,
Se escoa um fio de lágrimas
Que ninguém vê...

[*Poesias,* 2a série, Rio, Garnier, 1912, 348]

NUVENS

III

Nuvens, por menos força que haja o vento,
E mal vos sopre, vós passais. Escura
A cor, ou clara, andando pela altura,
Ou mais baixas, no eterno movimento,

Passais—como na vida, a lento e lento,
Ou depressa, se vai toda a ventura,
E a própria vida, sonho, amor, loucura!
Pois tudo é nuvem, tudo é passamento.

Chorais lá em cima, como aqui choramos;
Passais, e em marcha o vosso incerto passo
É o mesmo incerto passo com que vamos.

Brilhantes de ouro, embora, no ar profundo,
Passais, sem lhe deixar sequer um traço,
Como não o deixamos neste mundo.

[*Poesias,* 3a série, Rio. F. Alves, 1913, 106]

VELHICE

Velhice! —"Amigo, diz-me um amigo,
    Diz, e é verdade:
Sabe que a boa idade é a última idade,
E és bem feliz de envelhecer comigo.
Poucos vingam o cimo em que ora estamos;
Árvores altas, não nos toca os ramos
O sopro mal que aí em baixo as mais agita.
    Bendita e rebendita

A idade austera e nobre a que chegamos."
    Diz, e é verdade...
    Mas que saudade
Das horas loucas da mocidade!

Velhice! —"Amigo, diz inda o amigo,
    Diz, e é verdade:
Há nada igual a esta serenidade?
Fora de nós o amor tredo e inimigo,
Vemos que longe indômita rebenta
E rola em mar de nuvens a tormenta.
Tudo aqui em cima é paz, calma infinita...
Bendita e rebendita
Seja a velhice de paixões isenta! "
    Diz, e é verdade...
    Mas que saudade
Daquelas nuvens de tempestade!

    [*Poesias*, 4a série, Rio, F. Alves, 1928, 107-108]

VAGALUME

Como te vais, noctâmbulo vivente,
Errando a medo e a sós pela espessura,
Vou também por minha selva escura,
Que mal de em torno a vista me consente.

Guia-te externa luz fosforescente,
Interna luz a mim, tranqüila e pura;
Tudo um bem, que antevês, vais à procura
Em pós de um que perdi, vou igualmente.

Peço e pede comigo que serenas
Horas, propício sempre, o céu nos traga
Passem longe infortúnio e ventania.

Em meio à escuridão e a tantas penas,
  Ai! de ti, se a lanterna se te apaga!
  Ai! de mim, se a razão não me alumia!

    [*Poesias*, 4a série, Rio, F. Alves, 1928, 220]

Alberto de Oliveira

O LÍRIO INTANGÍVEL

Vi-me em sonho a nadar por um pântano escuro,
      Inteiramente escuro.
A água era grossa e infecta, o ar adensado e impuro;
E eu, agitado e aflito, a submergir-me todo,
      A conspurcar-me todo
No pútrido marnel de esverdinhado lodo.
No alto, enoitado azul as estrelas brilhavam,
      Fantásticas brilhavam;
Estriges e visões, roçando-me, passavam.
E eu seguia a bracear pelo pântano escuro,
      Inteiramente escuro.
A água era grossa e infecta, o ar adensado e impuro.
Flutuava à minha frente um grande lírio branco,
      Um lírio muito branco.
Eu tentava colhê-lo, em convulsivo arranco,
Estendia-lhe a mão, —o lírio me fugia,
      Fugia, refugia,
A boiar, a boiar na água estanque e sombria.
E uma voz escutei que me dizia: —"A vida
      É este pântano, a vida;
Alma, feliz serás se em lodo vil metida,
Alcançares a flor de ideal que tens em frente."
      E o lírio à minha frente,
Muito branco, a sorrir, quase resplandecente,
Ia sempre a fugir, o grande lírio branco;
E eu buscava alcançá-lo em convulsivo arranco.
      E da noite no escuro
Debatia-me em vão pelo pântano escuro.
E a água era grossa e infecta, e o ar adensado e impuro...

[*Poesias,* 4a série, Rio, F. Alves, 1928, 59-60]

References:

Albuquerque, Medeiros e, *Homens e cousas*, 263-270.
   ———, *Quando eu era vivo*, 239-241.
Alencar, 92-101.
Almeida, A. Figueira de, "Poetas fluminenses," in: Federação das Academias de Letras, *Conferências*, 216-233.
Araripe Júnior, Tristão de, "Entusiasmo e ternura," preface to: *Poesias completas*, Rio, Garnier, 1900, 191-196.

Arruda, Breno, *Ramo de flor: ensaio sobre a poesia de Alberto de Oliveira,* Rio, Jornal do Comércio, 1928.
Assis, Machado de, *Obras completas, XXIX: Crítica literária,* Rio, Jackson, 1937, 332-336.
Autores e Livros, 2:8 (6 mar 1942).
Azeredo, 241-258.
Bandeira, *Apresentação,* 3rd ed., 93-96.
Bastos, Francisco José Teixeira, *Poetas brasileiros,* Porto, Lelo, 1895, 29-39.
Bilac, Olavo, *Últimas conferências e discursos,* Rio, 1927, 20-27.
Brandão, Júlio, "Alberto de Oliveira," *Primeiro de Janeiro,* Lisboa, 24 fev 1937.
Câmara, Jaime Adour da, "Alberto de Oliveira," *Dom Casmurro,* 2 set 1937.
Campos, Geir, *Alberto de Oliveira: antologia crítica,* Rio, Agir, 1957.
──────── , "Apresentação," in: *Poesia,* Rio, Agir, 1959, 5-15.
Carvalho, Ronald de, *Pequena história,* 5th ed., 298-305.
Castro, Aloísio de, 190-224.
──────── , *Palavras de um dia e de outro,* 2a. série, Rio 1929.
Cavalcanti, Valdemar, 135-137.
Cunha, Tristão da, 225-230.
Dantas, Júlio, "A mulher na obra de Alberto de Oliveira," *Atlântico,* Lisboa, 2 (1942) 185-190.
Freire, Sampaio, *Ensaios críticos: Raul Pompéia e Alberto de Oliveira,* Campinas, Tipogr. Casa Genoud, 1915, 44-73.
Gomes, Eugênio, *Visões,* 87-110.
Grieco, *Evolução da poesia,* 3rd ed., 81-83.
Guimarães, Tomé, "Alberto de Oliveira," *Revista da Academia Fluminense de Letras,* I (out 1949) 155-163.
Jobim, Jorge, "Alberto de Oliveira," *Revista Americana,* 7:1 (out 1917) 86-91.
Letras e Artes, II, 8.
Lima, Alceu de Amoroso, "Discurso," *Revista da Academia Brasileira de Letras,* LIII (jan-jul 1937).
Luso, 160-170.
Martins, Mário R., *A evolução,* II, 225-231.
Melo, Nóbrega, "O rimário de Alberto de Oliveira," *Revista do Livro,* 4:13 (mar 1959) 27-45.
Milano, Dante, "O grande cantor da natureza," *Autores e Livros,* 8 mar 1942.
Montalegre, Duarte de, *Ensaio sobre o parnasianismo brasileiro,* Coimbra, Coimbra Editora, 1945, 43-44, 71-72.
Mota, Artur, "Alberto de Oliveira," *Revista da Academia Brasileira de Letras,* (jun 1928) 178-197; 79 (jul 1928) 313-345.
──────── , *Vultos,* 273-282.
Murat, Luís, "Os nossos poetas: Alberto de Oliveira," *A Vida Moderna,* nos. 3 e 4 (24 e 28 jul 1886).
Pessoa, 165-171.
Ramos, Péricles da Silva, in: Coutinho, *A literatura* II, 311-317.
──────── , *Panorama,* 49-76.
Romero, *História,* V, 298-300.

Sales, Antônio, "Alberto de Oliveira," *Aspectos*, 1:5 (jan 1938) 11-17.
Serpa, Fócion, *Alberto de Oliveira (1857-1957): ensaio bibliográfico*, Rio, São José, 1957.
Schmidt, Augusto Frederico, "Alberto de Oliveira," *Revista do Brasil*, 3a fase, 1:6 (dez 1938) 559-565.
Veríssimo, José, *Estudos de literatura*, II, 279-296; VI, 135-147.
————, *Letras*, 65-71.
Viana, Francisco José Oliveira, *Pequenos estudos de psicologia social*, S. Paulo, Nacional, 1942, 234-294.
Vítor, *Crítica*, 173-197.

Raimundo Correia
(1859-1911)

Raimundo da Mota de Azevedo Correia was born on board the Brazilian ship "São Luís" as it lay anchored in Mangunça Bay, Maranhão, on May 13, 1859. Both his father, José da Mota de Azevedo Correia, and his mother, Maria Clara Viera, were natives of Maranhão. After graduating from the Colégio Pedro II in 1876, which he had attended free, he entered the Law School in São Paulo. Among his schoolmates were Eduardo Prado, Teófilo Dias, Raul Pompéia, and Augusto de Lima. While still a law student he launched his first book of poetry, *Primeiros sonhos*, 1879. Upon graduation in 1882 (he then published his second book of poetry, *Sinfonias*, which has an introduction by Machado de Assis), he was first a district attorney in São João da Barra and São João do Príncipe, Rio Province. Then from 1884 to 1888 he was a judge in Vassouras in the same province. It was there he married (December 21, 1884) and there he published a considerable number of his poems in the local newspaper, *O Vassourense*, for which Olavo Bilac, Coelho Neto, Alberto de Oliveira, Lúcio de Mendonça, Vicente Magalhães, Luís Murat and Alphonsus de Guimaraens also wrote. As Dom Pedo II had wanted to meet the poet, in 1887 a banquet was given in his honor at which Artur Azevedo toasted him with a sonnet. After the founding of the Republic, Raimundo Correia was a judge in Santa Isabel, Minas Gerais. In 1891 he went to Rio for his health and there published *Aleluias*. The following year, after appointment as director of the Secretariat of Finances of Minas Gerais, he moved to Ouro Preto, where, in 1893, he was one of the founders and first professors of the Law School in that city, and wrote for the *Revista*. During the presidency of Prudente de Morais, he served for a short time under his friend Assis Brasil as second secretary of the Legation in Portugal. The poet was a founding member of the Brazilian Academy of Letters, chair Five, whose patron is Bernardo Guimarães. In 1898 the poet gathered his verse under the title *Poesias* which, published in Lisbon, was to have three editions during his lifetime. As of 1899 he was a teacher and director of the Ginásio Fluminense in

Niterói. The following year he became a judge in Rio de Janeiro. On September 13, 1911, he died in Paris of a kidney ailment. The Brazilian Academy of Letters brought his remains back to Brazil in 1920. His bust was placed in the Passeio Público, Rio de Janeiro, in 1944.

Critical Commentary:

One of the three great stars in the Brazilian Parnassian firmament, Raimundo Correia started out in *Primeiros sonhos* (1879) as a melodically inspired but form-conscious Romantic poet. He was soon won over to the Parnassian obsession with form, and he began to devote himself to heightening the plastic effects of his already sculpted verses (the sonnet was early one of his favorite poetic modes) in *Sinfonias* (1882) and *Versos e versões* (1887). As he became less engrossed with the sound, the sight and the feel of things, *Aleluias* (1891) shows that he acquired greater interest in the contemplation of the puzzle of life. What happened was that he acquired the Parnassian technique and the will to organize in polished form. That he did not lose. But his early, sentimental Romanticism finally coalesced at a third stage with the profound wonderment and gnawing doubt of Symbolism. In much of his work his topics and his attitude toward reality remained largely constant: adolescent love, nocturnal and often vaguely mysterious scenes, nightmarish aspects of dreams, a propensity towards the story and the drama in verse. Correia's early stance, indicative of a happy, sensual, tender interest in life and love, turned to skepticism and later to deep pessimism. The latter was increased by man's selfishness and the sobering thought that all is transitory and vain, and that the world is a place where love's own purpose is merely the perpetuation of pain. The only release is in death, except for that achieved through art. The more the poet became troubled about the scheme of things, the more irregular became his rhythms, the less restricting the strophes he chose, and the greater the frequency of overflow from one verse to another. What sets him apart are his verbal restraints, his sense of detachment, and the artistry of his versification set, as it is, in delicate, subdued tones.

Suggested Reading and Other Texts:

"Banzo," "Beijos do céu," "A cavalgada," "Chuva e sol," "Job," "O juramento," "Ondas," "Peregrina," "As pombas," "O vinho de Hebe," Bandeira, *Fase parnasiana*, 148-178; *Apresentação*, 275-277; Bandeira e Cavalheiro, 138-142; Cândido e Castelo, II, 235-243; Coutinho, *Antologia*, II, 102-105; Lins e Holanda, II, 611-614; Lisboa, *Antologia*, 58-59; Martins, Mário R., II, 259-260; Moisés, *Textos*, 212-218; Orico, 62; Peixoto, Afrânio, *Panorama*, 481-482; Ramos 78-93; Ramos in Coutinho, *A literatura*, II, 321; Romero, *A história*, V, 294-295.

Principal Works:

Poetry:
Primeiros sonhos, S. Paulo, 1879.
Sinfonias (introduction by Machado de Assis), Rio, 1882.
Versos e versões, Rio, 1887.
Aleluias, Rio, 1891.
Poesias, Lisboa, 1898.
Poesias completas, S. Paulo, 2 vols., 1948.
Poesia completa e prosa, Rio, José Aguilar, 1961.

Prose:
"Amor que passa" (conto), *Opinião Mineira,* 1894.
"Flor de lotus" (conto), *Revista Brasileira,* set. de 1895.
Lucindo Filho—Biografia e estudo crítico, Lisboa, 1898.

AS POMBAS

Vai-se a primeira pomba despertada . . .
Vai-se outra mais . . . mais outra . . . enfim dezenas
De pombas vão-se dos pombais, apenas
Raia sanguínea e fresca a madrugada . . .

E à tarde, quando a rígida nortada
Sopra, aos pombais de novo elas, serenas,
Ruflando as asas, sacudindo as penas,
Voltam todas em bando e em revoada . . .

Também dos corações onde abotoam,
Os sonhos, um por um céleres voam,
Como voam as pombas dos pombais;

No azul da adolescência as asas soltam,
Fogem . . . Mas aos pombais as pombas voltam,
E eles aos corações não voltam mais . . .

[*Poesias completas,* S. Paulo, Nacional, 1948, I, 38]

O VINHO DE HEBE

Quando do Olimpo nos festins surgia
Hebe risonha, os deuses majestosos
Os copos estendiam-lhe, ruidosos,
E ela, passando, os copos lhes enchia...

A Mocidade, assim, na rubra orgia
Da vida, alegre e pródiga de gozos,
Passa por nós, e nós também, sequiosos,
Nossa taça estendemos-lhe, vazia...

E o vinho do prazer em nossa taça
Verte-nos ela, verte-nos e passa...
Passa, e não torna atrás o seu caminho.

Nós chamamo-la em vão; em nossos lábios
Restam apenas tímidos ressábios,
Como recordações daquele vinho.

[*Poesias completas,* S. Paulo, Nacional, 1948, I, 40]

O JURAMENTO

—Cavaleiro, o juramento
São frases rotas ao vento...
Ai de quem der cumprimento
A tudo o que assim jurar!
    —Mas como há-de ao juramento
    Um cavaleiro faltar?!

—Jura então que do ciúme
Jamais virá o azedume,
O amor, que mal se resume
Em beijos, afelear.
    —Ai de mim, que o meu ciúme
    Eu não no posso domar!

—Jura mais, que hás-de ao primeiro
Que suspeite de ligeiro
Meu coração, cavaleiro,
A tua luva atirar.
    —Ai de mim! Fui o primeiro
    Que disso ousou suspeitar!

—Jura enfim, que hás-de, essa espada
Vibrando, a mulher amada
Por tal suspeita afrontada,
Com sangue desafrontar,
   —Ai de mim, que hei-de esta espada
Contra mim mesmo voltar!

[*Poesias completas*, S. Paulo, Nacional,
1948, I, 51-52]

BEIJOS DO CÉU

Sonhei-te assim, ó minha amante, um dia:
—Vi-te no céu; e, enamoradamente,
De beijos, a falange resplendente
Dos serafins, teu corpo inteiro ungia . . .

Santos e anjos beijavam-te . . . Eu bem via
Beijavam todos o teu lábio ardente;
E, beijando-te, o próprio Onipotente,
O próprio Deus nos braços te cingia!

Nisto, o ciúme—fera que eu não domo—
Despertou-me do sonho, repentino
Vi-te a dormir tão plácida a meu lado . . .

E beijei-te também, beijei-te . . . e, ai! como
Achei doce o teu lábio purpurino.
Tantas vezes assim no céu beijado!

[*Poesias completas*, S. Paulo, Nacional, 1948, I, 69-70]

CHUVA E SOL

Agrada à vista e à fantasia agrada
Ver-te, através do prisma de diamantes
Da chuva, assim ferida e atravessada
Do sol pelos venábulos radiantes . . .

Vais e molhas-te, embora os pés levantes:
—Par de pombos, que a ponta delicada
Dos bicos metem nágua e, doidejantes,
Bebem nos regos cheios da calçada . . .

Vais, e, apesar do guarda-chuva aberto,
Borrifando-te, colmam-te as goteiras
De pérolas o manto mal coberto;

E estrelas mil cravejam-te, fagueiras,
Estrelas falsas, mas que assim de perto,
Rutilam tanto, como as verdadeiras...

[*Poesias completas,* S. Paulo, Nacional, 1948, I, 109]

A CAVALGADA

A lua banha a solitária estrada...
Silêncio!... Mas além, confuso e brando,
O som longínquo vem-se aproximando
Do galopar de estranha cavalgada.

São fidalgos que voltam da caçada;
Vêm alegres, vêm rindo, vêm cantando.
E as trompas a soar vão agitando
O remanso da noite embalsamada...

E o bosque estala, move-se, estremece...
Da cavalgada o estrépito que aumenta
Perde-se após no centro da montanha...

E o silêncio outra vez soturno desce...
E límpida, sem mácula, alvacenta
A lua a estrada solitária banha...

[*Poesias completas,* S. Paulo, Nacional, 1948, I, 124]

PEREGRINA

I

Zagais do monte que um lindo
Rebanho estais a guardar,
—Essa em pós da qual vou indo,
Acaso a vistes passar?

Fonte entre seixos filtrada,
—Não veio ela aqui beber?
Florinhas que orlais a estrada,
—Não vos veio ela colher?

E vós, peregrino bando
De andorinhas a emigrar,
—Essa em cujo encalço eu ando,
Não na vistes vós passar?

II

Sem responderem, lá se iam
As andorinhas pelo ar;
E as florinhas não sabiam
Resposta nenhuma dar;

E a água corrente da fonte
Corria sem responder;
E os pobres zagais do monte
Nada sabiam dizer.

Mas, no fim da estrada, havia
Uma pedra tumular:
Esta, aí! sim, responderia,
Caso pudesse falar.

[*Poesias completas,* S. Paulo, Nacional, 1948, I, 146]

PLENILÚNIO

Além nos ares, tremulamente,
Que visão branca das nuvens sai!
Luz entre as franças, fria e silente;
Assim nos ares, tremulamente,
Balão aceso subindo vai...

Há tantos olhos nela arroubados,
No magnetismo do seu fulgor!
Lua dos tristes e enamorados,
Golfão de cismas fascinador!

Astro dos loucos, sol da demência,
Vaga, noctâmbula aparição!
Quantos, bebendo-te a refulgência,
Quantos por isso, sol da demência,
Lua dos loucos, loucos estão!

Quantos à noite, de alva sereia
O falaz canto na febre a ouvir,
No argênteo fluxo da lua cheia,
Alucinados se deixam ir . . .

Também outrora, num mar de lua,
Voguei na esteira de um louco ideal;
Exposta aos euros a fronte nua,
Dei-me ao relento, num mar de lua,
Banhos de lua que fazem mal.

Ah! quantas vezes, absorto nela,
Por horas mortas postar-me vim
Cogitabundo, triste, à janela,
Tardas vigílias passando assim!

E assim, fitando-a noites inteiras,
Seu disco argênteo n'alma imprimi;
Olhos pisados, fundas olheiras,
Passei fitando-a noites inteiras,
Fitei-a tanto, que enlouqueci!

Tantos serenos tão doentios,
Friagens tantas padeci eu;
Chuva de raios de prata frios
A fronte em brasa me arrefeceu!

Lunárias flores, ao feral lume,
—Caçoilas de ópio, de embriaguez—
Evaporavam letal perfume . . .
E os lençóis d'água, do feral lume
Se amortalhavam na lividez . . .

Fúlgida névoa vem-me ofuscante
De um pesadelo de luz encher,
E a tudo em roda, desde esse instante,
Da cor da lua começo a ver.

E erguem por vias enluaradas
Minhas sandálias chispas a flux . . .
Há pó de estrelas pelas estradas . . .
E por estradas enluaradas
Eu sigo às tontas, cego de luz . . .

Um luar amplo me inunda, e eu ando
Em visionário luz a nadar,
Por toda a parte, louco arrastando
O largo manto do meu luar . . .

[*Poesias completas,* S. Paulo, Nacional, 1948, I, 156-157]

BANZO

Visões que n'alma o céu do exílio incuba,
Mortais visões! Fuzila o azul infando . . .
Colea, basilisco de ouro, ondeando
O Níger . . . Bramem leões de fulva juba . . .

Uivam chacais . . . Ressoa a fera tuba
Dos cafres, pelas grotas retumbando,
E a estralada das árvores, que um bando
De paquidermes colossais derruba . . .

Como o guaraz nas rubras penas dorme,
Dorme em nimbos de sangue o sol oculto . . .
Fuma o saibro africano incandescente . . .

Vai co'a sombra crescendo o vulto enorme
Do baobá . . . E cresce n'alma o vulto
De uma tristeza, imensa, imensamente . . .

[*Poesias completas,* S. Paulo, Nacional, 1948, I, 189]

JÓ

Quem vai passando, sinta
Nojo embora, ali pára. Ao princípio era um só;
Depois dez, vinte, trinta
Mulheres e homens . . . tudo a contemplar o Jó.

Qual fixa boquiaberto;
Qual à distância vê; qual se aproxima altivo.
Para olhar mais de perto
Esse pântano humano, esse monturo vivo.

Grossa turba o rodeia...
E o que mais horroriza é vê-lo a mendigar,
　　E ninguém ter a idéia
De um só vintém às mãos roídas lhe atirar!

　　Não! Nem ver que a indigência
Em pasto o muda já de vermes; e lhe impera,
　　Na imunda florescência
Do corpo, a podridão em plena primavera;

　　Nem ver sobre ele, em bando,
Os moscardos cruéis de ríspidos ferrões,
　　Incômodos, cantando
A música feral das decomposições:

　　Nem ver que, entre os destroços
De seus membros, a Morte, em blasfêmias e pragas.
　　Descarnando-lhe os ossos,
Os dentes mostra a rir, pelas bocas das chagas;

　　Nem ver que só o escasso
Roto andrajo, onde a lepra horrível que lhe prue.
　　Mal se encobre, e o pedaço
De telha, com que a raspa, o mísero possui;

　　Nem do vento às tajadas
Ver-lhe os farrapos vis da roupa flutuante,
　　Voando—desfraldadas
Bandeiras da miséria imensa e triunfante!

　　Nem ver... Jó agoniza!
Embora; isso não é o que horroriza mais.
　　—O que mais horroriza
São a falsa piedade, os fementidos ais;

　　São os consolos fúteis
Da turba que o rodeia, e as palavras fingidas,
　　Mais baixas, mais inúteis
Do que a língua dos cães, lambendo-lhe as feridas;

　　Da turba que se, odienta,
Com a pata brutal do seu orgulho vão
　　Não nos magoa, inventa,
Para nos magoar, a sua compaixão!

Se há, entre a luz e a treva,
Um termo médio, e em tudo há um ponto mediano,
É triste que não deva
Haver isso também no coração humano!

Porque n'alma não há-de
Um meio termo haver dessa gente também,
Entre a inveja e a piedade?
Pois tem piedade só, quando inveja não tem!

[*Poesias completas,* S. Paulo, Nacional, 1948, I, 194-195]

ONDAS...

Ilha de atrozes degredos!
Cinge um muro de rochedos
Seus flancos. Grosso a espumar
Contra a dura penedia,
Bate, arrebenta, assobia,
Retumba, estrondeia o mar.

Em circuito, o Horror impera;
No centro, abrindo a cratera
Flagrante, arroja um vulcão
Ígnea blasfêmia às alturas...
E, nas ínvias espessuras,
Brame o tigre, urra o leão.

Aqui chora, aqui, proscrita,
Clama e desespera afilita
A alma, de si mesma algoz,
Buscando na imensa plaga,
Entre mil vagas, a vaga,
Que neste exílio a depôs.

Se a vida a prende à matéria,
Fora desta, a alma, sidérea,
Radia em pleno candor;
O corpo, escravo dos vícios,
É que teme os precipícios,
Que este mar cava em redor.

No azul eterno ela busca,
No azul, cujo brilho a ofusca,
Pairar, incendida ao sol,
Despindo a crusta vil, onde
Se esconde, como se esconde
A lesma em seu caracol.

Contempla o infinito ... Um bando
De gerifaltos voando
Passou, desapareceu
No éter azul, na água verde ...
E onde esse bando se perde,
Seu longo olhar se perdeu ...

Contempla o mar, silenciosa:
Ora mansa, ora raivosa,
Vai e vem a onda minaz,
E, entre as pontas do arrecife,
Às vezes leva um esquife,
Às vezes um berço traz.

Contempla, de olhos magoados,
Tudo ... Muitos degredados
Findo o seu degrêdo têm;
Vão-se na onda entumecida
Da Morte; mas, na da Vida,
Novos degredados vêm.

Ó alma contemplativa!
Vem já, decúmana e altiva,
Entre essas ondas, talvez,
A que, no supremo esforço
Da Morte, em seu frio dorso,
Te leve ao largo, outra vez.

Quanto esplendor! São aquelas
As regiões de luz, que anelas.
Rompe os rígidos grilhões,
Com que à Carne te agrilhoa
O instinto vital! E voa,
E voa àquelas regiões! ...

[*Poesias completas,* S. Paulo, Nacional, 1948, I, 252-254]

References:

Albuquerque, Medeiros e, *Crônicas contemporâneas*, Rio, Leuzinger, 1918, 115-125.
—————, *Quando eu era vivo*, 229-231.
Albuquerque, Mateus de, 115-125.
Alves, Constâncio, *Figuras*, Rio, Anuário do Brasil, 1921, 50-59.
Amaral, Amadeu, *Letras floridas*, Rio, Leite Ribeiro e Maurilo, 1920, 7-40.
—————, "Raimundo Correia," in: Sociedade de Cultura Artística, *Conferências*, 3-41.
Autores e Livros, I (14 set 1941).
Azeredo, 249.
Azevedo, Aluízio, "A propósito de Raimundo Correia, autor das *Sinfonias*," *A Folha Nova*, 24 fev 1883.
Azevedo, Artur, "*Versos e versões*," *Novidades*, 30 jun 1887.
Bandeira, 104-108.
Bastos, 17-27.
Câmara, João da, preface to: *Poesias*, Lisboa, Antônio Maria Pereira, 1898, 5-11.
Câmara Jr., Joaquim Matoso, *Contribuição à estilística portuguesa*, 2nd ed., Rio, Organização Simões, 1953.
Carvalho, Ronald de, *Pequena história*, 5th ed., 294-298.
Constantino, Antônio, "Raimundo Correia: notas de biografia e estudo," *Dom Casmurro*, 24 fev; 2, 9, 16, 30 mar; 6, 13, 20, 27 abr 1940.
Cruz, Osvaldo, "Elogio de Raimundo Correia," *Discursos Acadêmicos*, Rio, Civilização Brasileira, 1935, II, 271-290.
—————, *Revista da Academia Brasileira de Letras*, no. 11.
Cunha, Tristão da, 189-192.
Esteves, Albino, *Estética dos sons, cores, ritmos e imagens*, Rio, Renato Americano, 1933, 63-69, 136-139, 179.
Faria, Alberto, "Um soneto de Raimundo Correia," *Revista Americana*, 5:1 (1917) 18-24.
Freire, Ezequiel, "*Versos e versões*, de Raimundo Correia," *A Semana*, 6 ago 1887; also in: *Livro póstumo*, S. Paulo, Weissflog, 1910, 133-139.
Gomes, Eugênio, *Visões*, 111-118.
Grieco, *Evolução da poesia*, 3rd ed., 55-57.
—————, "A propósito de Raimundo Correia," *O Jornal*, Rio, 15 fev; 1, 15 mar 1945.
Ivo, Lêdo, "Apresentação," in: *Poesia*, Rio, Agir, 1958, 5-14.
Jobim, Jorge, "Três poetas," *Revista Americana*, 6:4 (jan 1917) 89-99.
Leão, *Ensaios contemporâneos*, 139-156.
—————, preface to: *Obras completas de Raimundo Correia*, S. Paulo, Nacional, 1948, I, 5-33.

Linhares, Augusto, *Raimundo Correia: carta de guia de letrados indispensável à leitura e melhor compreensão da novíssima Edição Virgulina das Poesias completas*, Rio, Jornal do Comércio, 1949.
Magalhães, *Escritores*, 43-74.
Maia, Saul, "A filosofia de um poeta," *O Estado de São Paulo*, 16 set 1916.
Martins, Mário R., II, 247-261.
Mendonça, Lúcio de, "*Versos e versões*," *A Semana*, 16 jul 1887.
Milano, Atílio, *Literatura dissipada*, Rio, José Olímpio, 1954.
Moniz, 111-119.
Mota, 119-132.
Peixoto, Afrânio, *Poeira*, 104-134.
Penafort, Onestaldo de, "A tautologia na poesia de Raimundo Correia," *Autores e Livros*, 14 set 1941.
Pinheiro, Xavier, "Raimundo Correia," *Jornal do Comércio*, Rio, 16, 19, 22, 23 maio 1926.
Pujol, Alfredo, "Carta a Valentim Magalhães sobre Raimundo Correia," *A Semana*, 9 jul 1887.
Raimundo, Jacques, "*Raimundo Correia*," *Revista da Academia de Letras*, Rio, LXXI (1957) 126-150.
Ramos, Péricles Eugênio da Silva, in: Coutinho, *A literatura*, II, 317-323.
Ribeiro, João, *Notas de um estudante*, S. Paulo, Monteiro Lobato, 1921, 43-50.
_____, "Raimundo Correia," *Jornal do Brasil*, 15 dez 1929.
Rio, João do, 316.
Rio Branco, 135-145.
Romero, V, 293-295.
Sequeira, F. M. Bueno de, *Raimundo Correia*, Rio, ABL, 1942.
Sodré, *História*, 185.
Val, Waldir Ribeiro do, *Raimundo Correia Estudante*, Rio, Ministério da Educação, 1955, 101-114.
_____, *Vida e obra de Raimundo Correia*, Rio, INL, 1960.
Veríssimo, José, *Estudos*, II, 174-176.
_____, *História*, 346-369.
Vítor, Nestor, *A crítica*, 83-84, 313.

Olavo Bilac
(1865-1918)

One of the most published Brazilian poets of all time, Olavo Bras Martins dos Guimarães Bilac was born in Rio de Janeiro on December 16, 1865. His parents were Dr. Bras Martins dos Guimarães Bilac and Delvina de Paula dos Guimarães Bilac. Upon completion of his humanities studies in Rio de Janeiro, he studied law in São Paulo for one year, then medicine in Rio de Janeiro through the fourth year. In 1888 his first book of poetry appeared, *Poesias*, which he amplified as time went by. It was to be followed by numerous works: sketches, novelettes, criticism, lectures, as well as several historical episodes and textbooks for school children. After Abolition, Bilac became a republican. During the first years of the Republic he was particularly attracted by journalism and wrote in *Cidade do Rio, Gazeta de Notícias, Notícia* and many others. 1891 found him a civil servant in the Secretariat of the Interior of the State of Rio de Janeiro, as well as a teacher in the Pedagogium. For six months in 1893 he was a prisoner in Lage Fort due to his criticism of Marechal Floriano. A founding member of the Brazilian Academy of Letters, the patron of his chair (Fifteen) is Gonçalves Dias. In 1898 he became inspector of schools in the Federal District and he held that post until his death. In 1902 he accompanied President Campos Sales to Buenos Aires on a state visit. Four years later he was secretary to the Rio de Janeiro Pan American Conference. In 1907 he became secretary to the Prefect of the Federal District, in 1908 he founded the *Jornal de Exposição*, and in 1910 he was a delegate to the Pan American Conference in Buenos Aires. One of the leaders of a nationalistic trend in Brazil, he wrote the words to the "Hino à Bandeira," which was put to music by Francisco Braga, inspired the passing of the obligatory military service law in 1915, was a member of the Liga de Defesa Nacional, and founded the Agência Americana. A great believer in education for all, he advocated the "barracks school" concept, and was active in the preparation of school materials. In addition to being a talented poet, he was well known as a public speaker. Olavo Bilac never married. He died in Rio de Janeiro on December 18, 1918.

Critical commentary:

Olavo Bilac can be distinguished from his fellow Parnassians particularly by the fullness of tone and range of his poetical participation. Also, perhaps, more than his contemporaries he was concerned with the past as a positive value, something to be proud of and look upon as a worthy part of one's cultural heritage. But for him, as with other Parnassians, the past is not just his own, but belongs to mankind. Evoked, for example, are the times of the Old Testament, of ancient Greece and, closer to home, the deeds of the *bandeirantes*. Recalled, too, are literary figures of other periods.

Bilac ranges from the epic-type narrative to the sensousness and intimacy of love poetry, from the restrictive sonnet to the more free types of traditional verse forms. As he sings to great poets, artists and historical figures he sculpts medallion-like *bas-reliefs*, or he becomes contemplative and composes thoughtful pieces on poetry, the rôle of the poet, or on the significance of life. If in his earlier compositions foremost is his desire to be objective and place special emphasis on externals, as he became more involved in life, he began to be more concerned with his own relationships with reality, to become more subjective and, thus, to give more attention to what he himself wanted to communicate. Needless to say, the poetry of his early years, characterized by his fascination with all forms of perception and, therefore, with the form of his expression, includes numbers of sonnets.

Bilac made two important concessions to Romanticism. One was his high regard for love, which he considered a prime motive force in the universe and one through which man could become divine. The second is his urge to tell stories in verse, to face his reader, rather than disdain him or ignore him as the Parnassian was wont to do so often, treating reality with psychological detachment.

It must be noted that the poet, who should be remembered also as a competent short story writer, a newspaper columnist and much applauded lecturer, equated beauty with truth, and truth with simplicity. He assiduously pursued clarity and that attitude toward his art made him readily accessible and doubtlessly has enhanced his great popularity among readers of all levels.

Selected Reading and Other Texts:

"Profissão de fé" (first 13 strophes), "A morte de Tapir," "A Gonçalves Dias," "O sonho de Marco-Antônio," "Sonhei que me esperavas. E, sonhando...," "–Ora (direis) ouvir estrelas! Certo...," "Por estas noites frias e brumosas...," "Quando cantas, minh'alma desprezando...," "Longe de ti, se escuto, porventura...," "Quando advinha que vou vê-la, e à escada...," "O julgamento de Frinéia," "Na Tebaida," "Milagre," "Numa concha," "Súplica," "Canção," "Santania," "Vestígios," "De volta do baile," "Nel mezzo del camin," "Inania verba," "Vanitas," "Tercetos," "Dentro da noite," "Surdina," "O Brasil," "O caçador de esmeraldas, III, IV," "Música brasileira," "Os rios," "As estrelas," "As nuvens," "Microcosmo," "Dualismo," "Defesa," "A Yara,"

"No tronco de Gôa," "A um poeta," "Fogo fátuo," "Remorso," "O cometa," "Estuário," "Eutanásia," "Introito," "Fructidoro," "Sinfonia," Bandeira, *Fase parnasiana*, 187-234; *Apresentação*, 278-283; Bandeira e Cavalheiro, 153-156; Cândido e Castelo, II, 224-258; Coutinho, *Antologia*, 111-115; Lins e Holanda, II, 648-658; Lisboa, *Antologia*, 59-60, 164-186; Moisés, *Textos*, 203-212; Orico, 56; Peixoto, Afrânio, *Panorama*, 497-499; Ramos, III, 115-158; Ramos in Coutinho, *A literatura*, II, 324-329.

Principal Works:
  Poetry:
    Poesias, S. Paulo, 1888, (23a ed., 1949).
    Sagres, 1898
    Poesias infantis, Rio, 1904
    Tarde, Rio, 1919

  Prose:
    Crônicas e novelas, Rio, 1894
    Crítica e fantasia, Lisboa, 1904
    Conferências literárias, Rio, 1912
    Ironia e piedade, Rio, 1916
    Últimas conferências e discursos, Rio, 1924

In Collaboration:
  Contos pátrios
  Livro de leitura
  Teatro infantil
  A pátria brasileira
  Tratado de versificação
  Livro de composição
  Através do Brasil

A MORTE DE TAPIR

I

Uma coluna de ouro e púrpuras ondeantes
Subia o firmamento. Acesos véus, radiantes
Rubras nuvens, do sol à viva luz, do poente
Vinham, soltas, correr o espaço resplendente.
Foi a essa hora,—às mãos o arco possante, à cinta
Do leve enduape a tanga em várias cores tinta,
A aiucara ao pescoço, o canitar à testa,—
Que Tapir penetrou o seio da floresta.
Era de vê-lo assim, com o vulto enorme ao peso

Dos anos acurvado, o olhar faiscando aceso,
Firme o passo apesar da extreme idade, e forte.
Ninguém, como ele, em face, altivo e hercúleo, a morte
Tantas vezes fitou ... Ninguém, como ele, o braço
Erguendo, a lança aguda atirava no espaço.
Quanta vez, do uapi ao rouco troar, ligeiro
Como a corça, ao rugir do estrépito guerreiro
O tacape brutal rodando no ar, terrível,
Incólume, vibrando os golpes,—insensível
Às preces, ao clamor dos gritos, surdo ao pranto
Das vítimas,—passou, como um tufão, o espanto,
O extermínio, o terror atrás de si deixando!
Quanta vez do inimigo o embate rechaçando,
Por si só, foi seu peito uma muralha erguida,
Em que vinha bater e quebrar-se vencida
De uma tribo contrária a onda medonha e bruta!
Onde um pulso que, tal como seu pulso, à luta
Costumado, um por um, ao chão arremessasse
Dez combatentes? Onde um arco, que atirasse
Mais célere, a zunir, a fina flecha ervada?
Quanta vez, a vagar na floresta cerrada,
Peito a peito lutou com as fulvas onças bravas,
E as onças a seus pés tombaram, como escravas,
Nadando em sangue quente, e, em roda, o eco infinito
Despertando, ao morrer, com o derradeiro grito! ...
Quanta vez! E hoje velho, hoje abatido!

II

E o dia

Entre os sangüíneos tons do ocaso decaia ...
E era tudo em silêncio, adormecido e quedo ...
De súbito um tremor correu todo o arvoredo:
E o que há pouco era calma, agora é movimento,
Treme, agita-se, acorda, e se lastima ... O vento
Fala: "Tapir! Tapir! É finda a tua raça!"
E em tudo a mesma voz misteriosa passa;
As árvores e o chão despertam, repetindo:
"Tapir! Tapir! Tapir! O teu poder é findo!"

E, a essa hora, ao fulgor do derradeiro raio
Do sol, que o disco de ouro, em lúcido desmaio,
Quase no extremo céu de todo mergulhava,
Aquela estranha voz pela floresta ecoava

Num confuso rumor entrecortado, insano...
Como que em cada tronco havia um peito humano
Que se queixava... E o velho, úmido o olhar, seguia.
E, a cada passo assim dado na mata, via
Surgir de cada canto uma lembrança... Fora
Desta imensa ramada à sombra protetora
Que um dia repousara... Além, a árvore anosa,
Em cujos galhos, no ar erguidos, a formosa,
A doce Juraci a rede suspendera,
—A rede que, com as mãos finíssimas, tecera
Para ele, seu senhor e seu guerreiro amado!
Ali... —Contai-o vós, contai-o, embalsamado
Retiro, ninhos no ar suspensos, aves, flores!...
Contai-o, o poema ideal dos primeiros amores,
Os corpos um ao outro estreitamente unidos,
Os abraços sem conta, os beijos, os gemidos,
E o rumor do noivado, estremecendo a mata,
Sob o plácido olhar das estrelas de prata...

. . . .

Juraci! Juraci! virgem morena e pura!
Tu também! tu também desceste à sepultura!...

. . . .

III

E Tapir caminhava... Ante ele agora um rio
Corria; e a água também, ao crebro murmúrio
Da corrente, a rolar, gemia ansiosa e clara:
—"Tapir! Tapir! Tapir! Que é da veloz igara,
Que é dos remos dos teus? Não mais as redes finas
Vêm na pesca sondar-me as águas cristalinas...
Ai! não mais beijarei os corpos luxuriantes,
Os curvos seios nus, as formas palpitantes
Das morenas gentis de tua tribo extinta!
Não mais! Depois dos teus de brônzea pele tinta
Com os sucos do urucu, de pele branca vieram
Outros, que a ti e aos teus nas selvas sucederam...
Ai! Tapir! ai! Tapir! A tua raça é morta! —"
E o índio, trêmulo, ouvindo aquilo tudo, absorta
A alma em cismas, seguiu curvada a fronte ao peito...

Agora da floresta o chão não mais direito
E plano se estendia: era um declive; e quando
Pelo tortuoso anfracto, a custo, caminhando
Ao crepúsculo, pôde o velho, passo a passo,
A montanha alcançar, viu que a noite no espaço
Vinha a negra legião das sombras espargindo...
Crescia a treva. A medo, entre as nuvens luzindo,
No alto, a primeira estrela o cálix de ouro abria...
Outra após cintilou na esfera imensa e fria...
Outras vieram... e, em breve, o ceu, de lado a lado,
Foi como um cofre real de pérolas coalhado.

IV

Então, Tapir, de pé, no arco apoiado, a fronte
Ergueu, e o olhar passeou no infinito horizonte:
Acima o abismo, abaixo o abismo, o abismo adiante.
E, clara, no negror da noite, viu, distante,
Alvejando no vale a taba do estrangeiro...
Tudo extinto!... era ele o último guerreiro!
E do vale, do céu, do rio, da montanha,
De tudo que o cercava, ao mesmo tempo, estranha,
Rouca, extrema, rompeu a mesma voz:

"É finda"
Toda a raça dos teus: só tu és vivo ainda!
Tapir! Tapir! Tapir! morre também com ela!
Já não fala Tupã no ulular da procela...
As batalhas de outrora, os arcos e os tacapes,
As florestas sem fim de flechas e acanguapes,
Tudo passou! Não mais a fera inúbia à boca
Dos guerreiros, Tapir, soa medonha e rouca.
É mudo o maracá. A tribo exterminada
Dorme agora feliz na montanha Sagrada...
Nem uma rede o vento entre os galhos agita!
Não mais o vivo som de alegre dança, e a grita
Dos Pagés, ao luar, por baixo das folhagens,
rompe os ares... Não mais! As poracés selvagens,
As guerras e os festins, tudo passou! É finda
Toda a raça dos teus... Só tu és vivo ainda!"

V

E num longo soluço a voz misteriosa
Expirou... Caminhava a noite silenciosa.

E era tranqüilo o céu, era tranqüila em roda,
Imersa em plúmbeo sono, a natureza toda.

E, no tope do monte, era de ver erguido
O vulto de Tapir . . . Inesperado, um ruído
Seco, surdo soou, e o corpo do guerreiro
De súbito rolou pelo despenhadeiro . . .
E o silêncio outra vez caiu.

       Nesse momento,
Apontava o luar no curvo firmamento.

[*Poesias*, 17a ed., Rio, F. Alves, 1938, 13-18]

O JULGAMENTO DE FRINÉIA

Mnezarete, a divina, a pálida Frinéia,
Comparece ante a austera e rígida assembléia
Do Areópago supremo. A Grécia inteira admira
Aquela formousura original, que inspira
E dá vida ao genial cinzel de Praxíteles,
De Hipérides à voz e à palheta de Apeles.

Quando os vinhos, na orgia, os convivas exaltam
E das roupas, enfim, livres os corpos saltam,
Nenhuma hetera sabe a primorosa taça,
Transbordante de Cós, erguer com maior graça,
Nem mostrar, a sorrir, com mais gentil meneio,
Mais formoso quadril, nem mais nevado seio.

Estremecem no altar, ao contemplá-la, os deuses,
Nua, entre aclamações, nos festivais de Eleusis . . .
Basta um rápido olhar provocante e lascivo:
Quem na fronte o sentiu curva a fronte, cativo . . .
Nada iguala o poder de suas mãos pequenas:
Basta um gesto,—e a seus pés roja-se humilde Atenas . . .

Vai ser julgada. Um véu tornando inda mais bela
Sua oculta nudez, mal os encantos vela,
Mal a nudez oculta e sensual disfarça.
Cai-lhe, espáduas abaixo, a cabeleira esparsa . . .
Queda-se a multidão. Ergue-se Eutias. Fala,
E incita o tribunal severo a condená-la:

"Eleusis profanou! É falsa e dissoluta,
Leva ao lar a cizânia e as famílias enluta!
Dos deuses zomba! É impia! é má! " (E o pranto ardente
Corre nas faces dela em fios, lentamente . . .)
"Por onde os passos move a corrução se espraia,
E estende-se a discórdia! Heliostes! condenai-a!"

Vacila o tribunal, ouvindo a voz que o doma . . .
Mas, de pronto, entre a turba Hipérides assoma,
Defende-lhe a inocência, exclama, exora, pede,
Suplica, ordena, exige . . . O Areópago não cede.
"Pois condenai-a agora! " E à ré, que treme, a branca
Túnica despedaça, e o véu, que a encobre, arranca . . .

Pasmam subitamente os juízes deslumbrados,
—Leões pelo calmo olhar de um domador curvados:
Nua e branca, de pé, patente à luz do dia
Todo o corpo ideal, Frinéia aparecia
Diante da multidão atônita e surpresa,
No triunfo imortal da Carne e da Beleza.

[*Poesias*, 17a ed., Rio, F. Alves, 1938, 81-82]

VANITAS

Cego, em febre a cabeça, a mão nervosa e fria,
Trabalha. A alma lhe sai da pena, alucinada,
E enche-lhe, a palpitar, a estrofe iluminada
De gritos de triunfo e gritos de agonia.

Prende a idéia fugaz; doma a rima bravia;
Trabalha . . . E a obra, por fim, resplandece acabada:
"Mundo, que as minhas mãos arrancaram do nada!
"Filha do meu trabalho! ergue-te à luz do dia!

"Cheia da minha febre e da minha alma cheia,
"Arranquei-te da vida ao adito profundo,
"Arranquei-te do amor à mina ampla e secreta!

"Posso agora morrer, porque vives! " E o Poeta
Pensa que vai cair, exausto, ao pé de um mundo,
E cai—vaidade humana! —ao pé de um grão de areia . . .

[*Poesias*, 17a ed., Rio, F. Alves, 1938, 170]

O CAÇADOR DE ESMERALDAS

III

Fernão Dias Pais Leme agoniza. Um lamento
Chora longo, a rolar na longa voz do vento.
Mugem soturnamente as águas. O céu arde.
Trasmonta fulvo o sol. E a natureza assiste,
Na mesma solidão e na mesma hora triste,
À agonia do herói e à agonia da tarde.

Piam perto, na sombra, as aves agoireiras.
Silvam as cobras. Longe, as feras carniceiras
Uivam nas lapas. Desce a noite, como um veu ...
Pálido, no palor da luz, o sertanejo
Estorce-se no crebro e derradeiro arquejo.
—Fernão Dias Pais Leme agoniza, e olha o céu.

Oh! esse último olhar ao firmamento! A vida
Em surtos de paixão e febre repartida,
Toda, num só olhar, devorando as estrelas!
Esse olhar, que sai como um beijo da pupila,
—Que as implora, que bebe a sua luz tranqüila,
Que morre ... e nunca mais, nunca mais há-de vê-las!

Ei-las todas, enchendo o céu, de canto a canto ...
Nunca assim se espalhou, resplandecendo tanto,
Tanta constelação pela planície azul!
Nunca Vênus assim fulgiu! Nunca tão perto.
Nunca com tanto amor sobre o sertão deserto
Pairou tremulamente o Cruzeiro do Sul!

Noites de outrora! ... Enquanto a bandeira dormia
Exausta, e áspero o vento em derredor zunia,
E a voz do noitibó soava como um agouro,
—Quantas vezes Fernão, do cabeço de um monte,
Via lenta subir do fundo do horizonte
A clara procissão dessas bandeiras de ouro!

Adeus, astros da noite! Adeus, frescas ramagens
Que a aurora desmanchava em perfumes selvagens!
Ninhos cantando no ar! suspensos gineceus
Resoantes de amor! outonos bemfeitores!
Nuvens e aves, adeus! adeus, feras e flores!
Fernão Dias Pais Leme espera a morte ... Adeus!

O Sertanista ousado agoniza, sozinho...
Empasta-lhe o suor a barba em desalinho;
E com a roupa de couro em farrapos, deitado,
Com a garganta afogada em uivos, ululante,
Entre os troncos da brenha hirsuta,—o Bandeirante
Jaz por terra, à feição de um tronco derribado...

E o delírio começa. A mão, que a febre agita,
Ergue-se, treme no ar, sobe, descamba aflita,
Crispa os dedos, e sonda a terra, e escarva o chão:
Sangra as unhas, revolve as raízes, acerta,
Agarra o saco, e apalpa-o, e contra o peito o aperta,
Como para o enterrar dentro do coração.

Ah! mísero demente! o teu tesouro é falso!
Tu caminhaste em vão, por sete anos, no encalço
De uma nuvem falaz, de um sonho malfazejo!
Enganou-te a ambição! Mais pobre que um mendigo,
Agonizas, sem luz, sem amor, sem amigo,
Sem ter quem te conceda a extrema-unção de um beijo!

E foi para morrer de cansaço e de fome,
Sem ter quem, murmurando em lágrimas teu nome,
Te dê uma oração e um punhado de cal,
—Que tantos corações calcaste sob os passos,
E na alma da mulher que te estendia os braços
Sem piedade lançaste um veneno mortal!

E ei-la, a morte! e ei-lo, o fim! A palidez aumenta;
Fernão Dias se esvai, numa síncope lenta...
Mas, agora, um clarão ilumina-lhe a face:
E essa face cavada e magra, que a tortura
Da fome e as privações maceraram,—fulgura,
Como se a asa ideal de um arcanjo a roçasse.

IV

Adoça-se-lhe o olhar, num fulgor indeciso;
Leve, na boca aflante, esvoaça-lhe um sorriso...
—E adelgaça-se o véu das sombras. O luar
Abre no horror da noite uma verde clareira.
Como para abraçar a natureza inteira,
Fernão Dias Pais Leme estira os braços no ar...

Verdes, os astros no alto abrem-se em verdes chamas;
Verdes, na verde mata, embalançam-se as ramas;

E flores verdes no ar brandamente se movem;
Chispam verdes fuzis riscando o céu sombrio;
Em esmeraldas flue a água verde do rio
E do céu, todo verde, as esmeraldas chovem . . .

E é uma ressurreição! O corpo se levanta:
Nos olhos, já sem luz, a vida exsurge e canta!
E esse destroço humano, esse pouco de pó
Contra a destruição se aferra à vida, e luta,
E treme, e cresce, e brilha, e afia o ouvido, e escuta
A voz, que na soidão só êle escuta,—só:

"Morre! morrem-te às mãos as pedras desejadas,
"Desfeitas como um sonho, e em lodo desmanchadas . . .
"Que importa? dorme em paz, que o teu labor é findo!
"Nos campos, no pendor das montanhas fragosas,
"Como um grande colar de esmeraldas gloriosas,
"As tuas povoações se estenderão fulgindo!

"Quando do acampamento o bando peregrino
"Saía, ante manhã, ao sabor do destino,
"Em busca, ao norte e ao sul, de jazida melhor,
"—No cômoro de terra, em que teu pé poisara,
"Os colmados de palha aprumavam-se, e clara
"A luz de uma clareira espancava o arredor.

"Nesse louco vagar, nessa marcha perdida,
"Tu foste, como o sol, uma fonte de vida:
"Cada passada tua era um caminho aberto!
"Cada pouso mudado, uma nova conquista!
"E enquanto ias, sonhando o teu sonho egoísta,
"Teu pé, como o de um deus, fecundava o deserto!

"Morre! tu viverás nas estradas que abriste!
"Teu nome rolará no largo choro triste
"Da água do Guaiculi . . . Morre, Conquistador!
"Viverás quando, feito em seiva o sangue, aos ares
"Subires, e, nutrindo uma árvore, cantares
"Numa ramada verde entre um ninho e uma flor!

"Morre! germinarão as sagradas sementes
"Das gotas de suor, das lágrimas ardentes!
"Hão-de frutificar as fomes e as vigílias!
"E um dia, povoada a terra em que te deitas,
"Quando, aos beijos do sol, sobrarem as colheitas,
"Quando, aos beijos do amor, crescerem as famílias,

"Tu cantarás na voz dos sinos, nas charruas,
"No esto da multidão, no tumultuar das ruas,
"No clamor do trabalho e nos hinos da paz!
"E subjugando o olvido, através das idades,
"Violador de sertões, plantador de cidades,
"Dentro do coração da pátria viverás! "

. . . . .

Cala-se a estranha voz. Dorme de novo tudo.
Agora, a deslizar pelo arvoredo mudo,
Como um choro de prata algente o luar escorre.
E sereno, feliz, no maternal regaço
Da terra, sob a paz estrelada do espaço,
Fernão Dias Pais Leme os olhos cerra. E morre.

[*Poesias*, 17a ed., Rio, F. Alves, 1938, 270-275]

AS ESTRELAS

Desenrola-se a sombra no regaço
Da morna tarde, no esmaiado anil;
Dorme, no ofego do calor febril,
A natureza, mole de cansaço.

Vagarosas estrelas! passo a passo,
O aprisco desertando, e às mil,
Vindes do ignoto seio do redil
Num compacto rebanho, e encheis o espaço . . .

E enquanto, lentas, sobre a paz terrena,
Vos tresmalhais tremulamente a flux,
—Uma divina música serena

Desce rolando pela vossa luz:
Cuida-se ouvir, ovelhas do ouro! a avena
Do invisível pastor que vos conduz . . .

[*Poesias,* 17a ed., Rio, F. Alves, 1938, 301]

MICROCOSMO

Pensando e amando, em turbilhões fecundos
És tudo: oceanos, rios e florestas;
Vidas brotando em solidões funestas:
Primaveras de invernos moribundos:

A Terra: e terras de ouro em céus profundos,
Cheias de raças e cidades, estas
Em luto, aquelas em raiar de festas:
Outras almas vibrando em outros mundos:

E outras formas de línguas e de povos:
E as nebulosas, gêneses imensas,
Fervendo em sementeiras de astros novos;

E todo o cosmos em perpétuas flamas...
—Homem! és o universo, porque pensas,
E, pequenino e fraco és Deus, porque amas!

[*Poesias*, 17a ed., Rio, F. Alves, 1938, 309]

DEFESA

Cada alma é um mundo à parte em cada peito...
Nem se conhecem, no auge do transporte,
Os jungidos do vínculo mais forte,
Almas e corpos num casal perfeito:

Dormindo no calor do mesmo leito,
Votando os corações à mesma sorte,
Consigo levam à velhice e à morte
Um recato de orgulho e de respeito...

Ficam, por toda a vida, as duas vidas
Na mais profunda comunhão estranhas,
No mais completo amor desconhecidas.

E os dois seres, sentindo-se tão perto,
Até num beijo, são duas montanhas
Separadas por léguas de deserto...

[*Poesias*, 17a ed., Rio, F. Alves, 1938, 311]

REMORSO

Às vezes, uma dor me desespera...
Nestas ânsias e dúvidas em que ando,
cismo e padeço, neste outono, quando
Calculo o que perdi na primavera.

Versos e amores sufoquei calando,
Sem os gozar numa explosão sincera...
Ah! mais cem vidas! com que ardor quisera
Mais viver, mais penar e amar cantando!

Sinto o que esperdicei na juventude;
Choro, neste começo de velhice,
Mártir da hipocrisia ou da virtude,

Os beijos que não tive por tolice,
Por timidez o que sofrer não pude,
E por pudor os versos que não disse!

[*Poesias*, 17a ed., Rio, F. Alves, 1938, 345]

O COMETA

Um cometa passava... Em luz, na penedia,
Na erva, no inseto, em tudo uma alma rebrilhava;
Entregava-se ao sol a terra, como escrava;
Ferviam sangue e seiva. E o cometa fugia...

Assolavam a terra o terremoto, a lava.
A água, o ciclone, a guerra, a fome, a epidemia;
Mas renascia o amor, o orgulho revivia,
Passavam religiões... E o cometa passava.

E fugia, riçando a ígnea cauda flava...
Fenecia uma raça: a solidão bravia
Povoava-se outra vez. E o cometa voltava...

Escoava-se o tropel das eras, dia a dia:
E tudo, desde a pedra ao homem, proclamava
A sua eternidade! E o cometa sorria...

[*Poesias*, 17a ed., Rio, F. Alves, 1837, 365]

ESTUÁRIO

Viverei! Nos meus dias descontentes,
Não sofro só por mim... Sofro, a sangrar,
Todo o infinito universal pesar,
A tristeza das cousas e dos entes.

Alheios prantos, em cachões ardentes,
Vêm ao meu coração e ao meu olhar:
—Tal, num estuário imenso, acolhe o mar
Todas as águas vivas das vertentes.

Morre o infeliz, que unicamente encerra
A própria dor, estrangulada em si . . .
Mas vive a Vida que em meus versos erra;

Vive o consolo que deixei aqui:
Vive a piedade que espalhei na terra . . .
Assim, não morrerei, porque sofri!

[*Poesias*, 17a ed., Rio, F. Alves, 1938, 373]

FRUCTIDORO

Fruto, depois de ser semente humilde e flor,
Na alta árvore nutriz da Vida amadureço.
Gozei, sofri,—vivi! Tenho no mesmo apreço
O que o gozo me deu e o que me deu a dor.

Venha o inverno, depois do outono bemfeitor!
Feliz porque nasci, feliz porque envelheço,
Hei-de ter no meu fim a glória do começo:
Não me verão chorar no dia em que me for.

Não me amedrontas, Morte! o teu apelo escuto,
Conto sem mágoa os sóis que me acercam de ti,
E sem tremer à porta ouço o teu passo astuto.

Leva-me! Após a luta, o sono me sorri:
Cairei, beijando o galho em que fui flor e fruto,
Bendizendo a sazão em que amadureci!

[*Poesias*, 17a ed., Rio, F. Alves, 1938, 381]

References:

Albuquerque, Mateus de, 33-63.
Albuquerque, Medeiros e, *Quando eu era vivo,* 231-239.
Almeida, Renato, "Revisão de valores: Olavo Bilac," *Movimento Brasileiro,* 1:8 (agô 1929).
Amaral, Amadeu, *Elogio da mediocridade,* S. Paulo, Nova Era, 1924, 79-112.
─────, "Elogio de Olavo Bilac," *Discursos Acadêmicos,* Rio, Civilização, Brasileira, 1936, IV, 201-233.

_____, *Um soneto de Bilac*, S. Paulo, Jaú Club, 1920.
Bandeira, *Apresentação* , 108-113.
Barros, João de, *Olavo Bilac e Euclides da Cunha*, Paris-Lisboa, Aillaud e Bertrand, 1923.
_____, *Presença do Brasil*, Lisboa, Dois Mundos, 1946, 151-176.
Bittencourt, Liberato, *Olavo Bilac, ou singular teorema de psicologia literária*, Rio, Oficina Ginásio 28 de Setembro, 1937.
Caminha, 185-192.
Campos, Humberto de, *Carvalhos*, 9-18.
Campos, Paulo Mendes, "Olavo Bilac," *O Jornal*, Rio, 6 jun 1948.
Canabrava, Eurialo, "Crítica e julgamento estético," *Revista Brasileira de Poesia*, São Paulo, junho de 1953.
Cândido, Antônio, *O observador*, 17-22.
Carvalho, Afonso de, *Bilac*, 2nd ed., Rio, José Olímpio, 1945.
_____, *Poética de Olavo Bilac*, Rio, Civilização Brasileira, 1934.
Carvalho, Maria Amália Vaz de, *No meu cantinho*, Lisboa, Antônia Maria Pereira, 1909, 222-225.
Carvalho, Ronald de, *Pequena história*, 305-309.
Castelo Branco, Cristino "Bilac," *Revista da Academia Piauiense de Letras*, 11:13 (nov 1928) 3-15.
Cavalcanti, Oscar de Holanda, *O artista de forma e da beleza; estudos sobre a vida e a obra de Olavo Bilac*, P. Alegre, Tipogr. Escola de Engenharia, 1925.
Constantino, Antônio, "Subjetivismo de arte em Olavo Bilac," *Gazeta Magazine*, São Paulo, 27 abr 1941.
Costa, Fernandes, *Elogio acadêmico de Olavo Bilac*, Lisboa, Aillaud e Bertrand, 1919.
Delgado, Luís, "Evocação de Bilac," *Nordeste*, Recife, 2:7 (jun 1947).
Delpech, Adrien, "Olavo Bilac: son nativisme et son cosmopolitisme littéraire," *Anuário do Colégio D. Pedro II*, IV (1919) 105-142.
Esteves, Albino, *Estética dos sons, cores, rítmos e imagens*, Rio, Renato Americano, 1933, 175-178, 199-226.
Figueredo, Jackson de, *Afirmações*, Rio, Centro D. Vital, 1924.
Franco, Afonso Arinos de Melo, *Idéia*, 5-17.
Giffoni, 126-153.
Goldberg, 188-209.
Gomes, Eugênio, "Dois poemas de Olavo Bilac," *Autores e Livros*, 8 mar 1942.
_____, "Uma fonte de Bilac," *Visões*, 126-133.
_____, *Prata*, 61-64.
Grieco, *Evolução da poesia*, 3rd ed., 58-60.
Guerra, Álvaro, *Olavo Bilac*, S. Paulo, Melhoramentos, 1923.
Jobim, Jorge, "Olavo Bilac," *Revista Americana*, 7:1 (out 1917) 84-86.
Jorge, Fernando, *Vida e poesia de Olavo Bilac*, S. Paulo, Exposição do Livro, 1963.
Leão, Múcio, "Um noivado de Olavo Bilac," *Letras e Artes*, I, 29; VI, 12.
Leite, Gomes, *Olavo Bilac*, Rio, Brasil Editôra, 1919.
Lima, Alceu Amoroso, preface to: *Poesia*, Rio, Agir, 1957, 5-13.

——————, *Primeiros estudos*, Rio, Agir, 1948, 81-92.
Lima, Benjamim de Araújo, "Fragmentos de um ensaio," *O País*, Rio, 22 ago 1927.
Lima, Heitor, "Tarde: Últimas poesias de Olavo Bilac," *Revista Americana*, 8:7 (abr 1919) 139-150.
Magalhães Neto, Couto de, "Bilac, poeta universal," *Dom Casmurro*, 7 e 14 de jan 1939.
Manacorda, Telmo, "Olavo Bilac," *Revista Americana*, 10:5-6 (1919) 142-150.
Mendonça, Henrique Lopes de, "Parecer acerca da candidatura do Sr. Olavo Bilac a sócio correspondente," *Boletim da 2a. Classe da Academia das Ciências de Lisboa*, IX (1914-1915) 303-307.
Milliet, *Diário*, II, 139-145.
Montalegre, 75-104.
Monteiro, Exupério, "Olavo Bilac," *Dom Casmurro*, 30 set 1947.
——————, *Trío*, Aracaju, Imprensa Oficial, 1937, 51-67.
Monteiro, Mário, *Bilac e Portugal*, Lisboa, Agência Editorial Brasileira, 1936.
Montelo, Josué, *Uma palavra*, 103-106.
Mota, Artur, "Olavo Bilac," *Revista da Academia Brasileira de Letras*, 90 (jun 1929) 198-214.
Nóbrega, Melo, *Olavo Bilac*, Rio, Coeditora, 1939.
Oliveira, Alberto d', *Na outra banda de Portugal*, Lisboa, Portugal-Brasil, 1920, 115-129.
Orciuoli, Henrique, *Bilac: vida e obra*, Curitiba, Guaíra, 1941.
Rodríguez, José Pereira, *La poesía de Olavo Bilac*, Montevideo, Instituto de Cultura Uruguayo-Brasileño, 1943.
Pinto, Manoel de Sousa, "O testamento poético de Bilac," *Biblos*, Coimbra, 4:9-10 (1928) 6-24.
Pontes, Elói, *A vida exuberante de Olavo Bilac*, 2 vols., Rio, José Olímpio, 1944.
Ramos, Péricles Eugênio da Silva, in: Coutinho, *A literatura*, II, 323-329.
Ribeiro, João, "Olavo Bilac," *Jornal do Brasil*, 31 dez 1925.
Silva, João Pinto da, *Vultos*, II, 144-154.
Veríssimo, José, *Estudos de literatura*, V, 1-14.
Vieira, Celso, *O gênio e a graça*, Pôrto, Lello, 1951, 215-295.
Vítor, Nestor, *A crítica*, 81-88.

Machado de Assis
(1839-1908)

Brazil's most revered man of letters was born Joaquim Maria Machado de Assis on Livramento Hill, in the city of Rio de Janeiro, on June 21, 1839. His father, Francisco José de Assis, also from the capital, earned his living as a house painter. His mother, Maria Leopoldina Machado de Assis, was from the Portuguese island of São Miguel. When he was ten years of age, his mother died. His father, by then a small merchant, remarried and died in 1851. At twelve the young lad left his stepmother, Maria José Barroso Pereira, and began to make his own way. He spent a good deal of time at the bookstore owned by Paula Brito, who befriended him. In 1856 he got a job as an apprentice printer in the Tipografia Nacional, managed at that time by Manuel Antônio de Almeida. But typesetting was not his forte, so he became a proofreader for Paula Brito. Although the plays have long since disappeared, as early as 1857 he appears to have begun writing for the theater. From Paula Brito's book publishing company he moved to the *Correio Mercantil* as a proofreader. There he got to know the famous publicist, Francisco Otaviano. In 1859 his first theater criticism appeared in *O Espelho*. During that period he published some verses and articles in the magazine *A Marmota*, published by Paula Brito, and in it also appeared his novelette *Madalena* in 1860. That same year Quintino Bocaiúva got him on the editorial staff of *Diário do Rio de Janeiro*, a republican paper. By then Machado de Assis was making quite a name for himself in literary criticsm, in the theater (he also did translations from the French), as well as for his short stories and chronicles. In 1862 he was one of the censors for the Conservatório Dramático Brasileiro. On November 12, 1869, he married Carolina Augusta, sister of the recently deceased Portuguese poet, Faustino Xavier de Novais. 1867 found him the assistant to the director of the *Diário Oficial*, a post which he held until 1874. Meanwhile, in 1872 he was named secretary to the Technological Dictionary Committee of the Navy, and the following year he was made First Officer of the Ministry of Agriculture. In 1876, he became Section Chief of the Ministry of Agriculture and its Director General in 1889. In 1893, the ministry changed its name to Industry, Transportation and Public Works, and he became the Director General of Transportation, but later lost that position because of a bureaucratic shuffle (in 1897 he was classed as an aide). When the Brazilian Academy of Letters was founded in 1897, Machado de Assis was acclaimed its first president, a post he held until his death, which took place in Rio on September 29, 1908, preceding by a month the publication of his last novel, *Memorial de Aires*.

Critical Commentary:

Machado de Assis, as his lengthy bibliography will attest, is the most discussed writer Brazil has produced; certainly he is the most "classic." This is mainly due to the detachment and sureness with which he writes, to his total lack of any need to adorn his prose (so careful is it that it often reminds one of the sharp, clear language frequently the mark of the educated foreigner), as well as to the high degree of structuring so reminiscent of the theater that he adored.

In his early work he was a Romantic and believed in the perfectibility of man. Later he abandoned his benevolence and optimism, seeing man to be unalterable and fair game in a capricious world. Although this cynicism leads him to proclaim the relativity of things and the notion that all ends in naught, he is not a misanthrope. But he did generate considerable low-toned-melancholy humor predicated on his ironical view of man's petty stumblings. Far from proclaiming struggle useless, he advocated an honest striving to the end of life—if for no other reason than to see where life leads; he agreed with many in different ages before and since that man, whom he viewed with a certain tenderness, is not complete until the moment of his death. Anxious about life, he looked death straight in the eye to see it for what it is. Indeed, there is something curiously Quevedoesque and quite un-Brazilian in his philosophy, in the way his characters keep death in mind as they struggle through life. They act not unlike the bull-fighter who turns his back on the bull and walks disdainfully away without a backward look, while secretly filled with the beast's awesome and fatal presence.

Machado's characters are ordinary people. The men have serious character faults, while the women are usually superior beings and consummate dissemblers. He is concerned with human nature, and he focusses upon universal man, pure homo sapiens. The result is often a profound and subtle analysis of the way man thinks and acts. His concern was the human condition, not the individual, so his characters were as much types as were those of the Romantics. In his best works, which appeared after 1880, he views them from an aristocratically distant vantage point of the Parnassian that he is esthetically and the Determinist he is philosophically. The characters do not usually reveal themselves; they are described from the outside, and except for the protagonist, normally all at once. The reader gets to know their way of thinking through the author's description of actions and traits. But Machado de Assis cannot keep himself out of his fiction. He is arrogant and aristocratic. He leads the reader by the hand, talks to him directly, and, indeed, becomes one of the characters himself. The proximity of the author, with his condescending attitude toward the reader and characteristic superior smile flirting at the corners of his mouth, the intentional misleading of the reader, the copious explanations and the minimal suspensefulness all join to demand constant reader participation and produce something of an uncomfortable feeling in the reader. Humor (for his fellow countrymen even today it is perhaps the most important characteristic of his prose fiction) is based on subtle irony and on his readers' ready approval of the *cafajeste*, and of the latter's cleverness in putting something over on someone else, by duping him and getting ahead at his expense.

Machado's plots are thin in terms of action, for his purpose is to plumb the depths of the individual's relationship to life and to his fellow man. Men's foibles are the target. He is faithful to his period and to his own middle class, and presents an accurate if fleeting picture of society during the Second Empire. In his early works, the characters represent basic emotions, while in the later ones they are more evolved and show relativity of moral character. In these mature novels which, because of the nature and function of the dialogs, the scene-like short chapters, the cuts, and the spatial movement of the characters suggest the techniques of the theater, he accepts reality as it is and does not elaborate on it. Indeed, for him, life is a tragic dream, a play in which we are mere actors impelled by primitive (selfish) emotions, governed by heredity and environment, and victimized by trivia. For all the fine craftsmanship of his poetry and theater, prose—especially the novel—is his forte.

Selected Reading and Other Texts:

Dom Casmurro; "Uns braços."

Poetry: Bandeira, *Fase parnasiana*, 33-42; Bandeira e Cavalheiro, 88-92; Cavalheiro, *Panorama*, 203-206; Coutinho, *Antologia*, II, 66-79; Lins e Holanda, II, 514-518; Lisboa, *Antologia*, 173-174; Moisés, *Textos* 255-272; Peixoto, Afrânio, *Panorama*, 464-470; Ramos, III, 9-16.

Prose: Cândido e Castelo, II, 134-167; Coutinho, *Antologia*, I, 71-79, 181-205; III, 114-129, 248-249, 289-300; Lins e Holanda, II, 499-513; Magalhães Júnior, *O conto*, 21-28; Peixoto, Afrânio, *Panorama*, 460-464; Romero, *História*, V, 126-128, Scott-Buccleuch and Oliveira, 140-153.

Theater: Pontes, Joel, *Machado de Assis: teatro*, Rio, Agir, 1960. 32-117.

Criticism: Castello, José Aderaldo, *Machado de Assis: crítica,* Rio, Agir, 1959, 17-100; Pontes, Joel, *Machado de Assis: teatro*, Rio, Agir, 1960. 22-31.

Principal Works:

Madalena (novela), 1860.
Desencantos (fantasia dramática), 1861.
Queda que as mulheres têm para os tolos, 1861.
Teatro, I, 1863.

Crisálidas (poesias), 1864.
Quase ministro (comédia), 1864.
Os deuses de casaca, 1866.
Falenas (poesias), 1870.
Contos fluminenses, 1870.
Ressurreição (romance), 1872.
Histórias da meia noite, 1873.
A mão e a luva (romance), 1874.
Americanas (poesias), 1875.
Helena (romance), 1876.
Iaiá Garcia (romance), 1878.
Memórias póstumas de Bras Cubas (romance), 1881.
Tu, só tu, puro amor, 1881.
Papéis avulsos (contos), 1882.
Histórias sem data, 1884.
Quincas Borba (romance), 1891.
Várias histórias, 1896.
Páginas recolhidas (contos, ensaios, crônicas), 1899.
Dom Casmurro (romance), 1900.
Poesias completas, 1901.
Esaú e Jacó (romance), 1904.
Relíquias da casa velha (contos, crônicas, comédias), 1906.
Memorial de Aires (romance), 1908.

Posthumous Works:

Outras relíquias, 1910.
Crítica, 1910.
Teatro, 1910.
A semana, 1910.
Novas relíquias, 1922.
Correspondência, 1932.
Obras completas (31 vols.), 1936.
Casa velha, 1944.
Idéias e conceitos de Machado de Assis, 1956.
Poesia e prosa, 1957.

UNS BRAÇOS

    Inácio estremeceu, ouvindo os gritos do solicitador, recebeu o prato que este lhe apresentava e tratou de comer, debaixo de uma trovoada de nomes, malandro, cabeça de vento, estúpido, maluco.
    —Onde anda que nunca ouve o que lhe digo? Hei de contar tudo a seu pai; para que lhe sacuda a preguiça do corpo com uma boa vara de marmelo, ou um pau; sim, ainda pode apanhar, não pense que não. Estúpido! maluco!

—Olhe que lá fora é isto mesmo que você vê aqui, continou, voltando-se para D. Severina, senhora que vivia com ele maritalmente, há anos. Confunde-me os papéis todos, erra as casas, vai a um escrivão em vez de ir a outro, troca os advogados: é o diabo! É o tal sono pesado e contínuo. De manhã é o que se vê; primeiro que acorde é preciso quebrar-lhe os ossos ... Deixe; amanhã hei-de acordá-lo a pau de vassoura!

D. Severina tocou-lhe no pé, como pedindo que acabasse. Borges espeitorou ainda alguns impropérios, e ficou em paz com Deus e os homens.

Não digo que ficou em paz com os meninos, porque o nosso Inácio não era propriamente menino. Tinha quinze anos feitos e bem feitos. Cabeça inculta, mas bela, olhos de rapaz que sonha, que adivinha, que indaga, que quer saber e não acaba de saber nada. Tudo isso posto sobre um corpo não destituído de graça, ainda que mal vestido. O pai é barbeiro na Cidade Nova, e pô-lo de agente, escrevente, ou que quer que era, do solicitador Borges, com esperança de vê-lo no foro, porque lhe parecia que os procuradores de causas ganhavam muito. Passava-se isto na Rua da Lapa, em 1870.

Durante alguns minutos não se ouviu mais que o tinir dos talheres e o ruído da mastigação. Borges abarrotava-se de alface e vaca; interrompia-se para virgular a oração com um gole de vinho e continuava logo calado.

Inácio ia comendo devagarinho, não ousando levantar os olhos do prato, nem para colocá-los onde eles estavam no momento em que o terrível Borges o descompôs. Verdade é que seria agora muito arriscado. Nunca ele pôs os olhos nos braços de D. Severina que se não esquecesse de si e de tudo.

Também a culpa era antes de D. Severina em trazê-los assim nus, constantemente. Usava mangas curtas em todos os vestidos de casa, meio palmo abaixo do ombro; dali em diante ficavam-lhe os braços à mostra. Na verdade, eram belos e cheios, em harmonia com a dona, que era antes grossa que fina, e não perdiam a cor nem a maciez por viverem ao ar; mas é justo explicar que ela os não trazia assim por faceira, senão porque já gastara todos os vestidos de mangas compridas. De pé, era muito vistosa; andando, tinha meneios engraçados; ele, entretanto, quase que só a via à mesa, onde, além dos braços, mal poderia mirar-lhe o busto. Não se pode dizer que era bonita; mas também não era feia. Nenhum adorno; o próprio penteado consta de mui pouco; alisou os cabelos, apanhou-os, atou-os e fixou-os no alto da cabeça com o pente de tartaruga que a mãe lhe deixou. Ao pescoço, um lenço escuro; nas orelhas, nada. Tudo isso com vinte e sete anos floridos e sólidos.

Acabaram de jantar. Borges, vindo o café, tirou quatro charutos da algibeira, comparou-os, apertou-os entre os dedos, escolheu um e guardou os restantes. Aceso o charuto, fincou os cotovelos na mesa e falou a D. Severina de trinta mil cousas que não interessavam nada ao nosso Inácio; mas enquanto falava, não o descompunha e ele podia devanear à larga.

Inácio demorou o café o mais que pôde. Entre um e outro gole, alisava a toalha, arrancava dos dedos pedacinhos de pele imaginários, ou passava os olhos pelos quadros da sala de jantar, que eram dois, um S. Pedro e um S. João, registros trazidos de festas e encaixilhados em casa. Vá que disfarçasse com S. João, cuja cabeça moça alegra as imaginações católicas; mas como o austero S.

Pedro era demais. A única defesa do moço Inácio é que ele não via nem um nem outro; passava os olhos por ali como por nada. Via só os braços de D. Severina,—ou porque sorrateiramente olhasse para eles, ou porque andasse com eles impressos na memória.

—Homem, você não acaba mais? bradou de repente o solicitador.

Não havia remédio; Inácio bebeu a última gota, já fria, e retirou-se, como de costume, para o seu quarto, nos fundos da casa. Entretanto, fez um gesto de zanga e desespero e foi depois encostar-se a uma duas janelas que davam para o mar. Cinco minutos depois, a vista das águas próximas e das montanhas ao longe restituía-lhe o sentimento confuso, vago, inquieto, que lhe doía e fazia bem, alguma cousa que deve sentir a planta, quando abotoa a primeira flor. Tinha vontade de ir embora e de ficar. Havia cinco semanas que ali morava, e a vida era sempre a mesma, sair de manhã com o Borges, andar por audiências e cartórios correndo, levando papéis ao selo, ao distribuidor, aos escrivãos, aos oficiais de justiça. Voltava à tarde, jantava e recolhia-se ao quarto, até a hora da ceia; ceava e ia dormir. Borges não lhe dava intimidade na família, que se compunha apenas de D. Severina, nem Inácio a via mais de três vezes por dia, durante as refeições. Cinco semanas de solidão, de trabalho sem gosto, longe da mãe e das irmãs; cinco semanas de silêncio, porque ele só falava uma ou outra vez na rua; em casa, nada.

"Deixe estar,—pensou ele um dia—fujo daqui e não volto mais".

Não foi; sentiu-se agarrado e acorrentado pelos braços de D. Severina. Nunca vira outros tão bonitos e tão frescos. A educação que tivera não lhe permitia encará-los logo abertamente, parece até que a princípio afastava os olhos vexado. Encarou-os pouco a pouco, ao ver que eles não tinham outras mangas e assim os foi descobrindo, mirando e amando. No fim de três semanas eram eles, moralmente falando, as suas tendas de repouso. Agüentava toda a trabalheira de fora, toda a melancolia da solidão e do silêncio, tôda a grosseria do patrão, pela única paga de ver, três vezes por dia, o famoso par de braços.

Naquele dia, enquanto a noite ia caindo e Inácio estirava-se na rede (não tinha ali outra cama), D. Severina, na sala da frente, recapitulava o episódio do jantar e, pela primeira vez, desconfiou alguma cousa. Rejeitou a idéia logo, uma criança! Mas há idéias que são da família das moscas teimosas: por mais que a gente as sacuda, elas tornam e pousam. Criança? Tinha quinze anos; e ela advertiu que entre o nariz e a boca do rapaz havia um princípio de rascunho de buço. Que admira que começasse a amar? E não era ela bonita? Esta outra idéia não foi rejeitada, antes afagada e beijada. E recordou então os modos dele, os esquecimentos, as distrações, e mais um incidente, e mais outro tudo eram sintomas e concluiu que sim.

—Que é que você tem? disse-lhe o solicitador, estirado no canapé, ao cabo de alguns minutos de pausa.

—Não tenho nada.

—Nada? Parece que cá em casa anda tudo dormindo! Deixem estar que eu sei de um bom remédio para tirar o sono aos dorminhocos...

E foi por ali, no mesmo tom zangado, fuzilando ameaças, mas realmente incapaz de as cumprir, pois era antes grosseiro que mau. D. Severina interrompia-o que não, que era engano, não estava dormindo, estava pensando na comadre Fortunata. Não a visitavam desde o Natal; por que não iriam lá uma daquelas noite? Borges redargüiu que andava cansado, trabalhava como um negro, não estava para visitas de parola; e descompôs a comadre, descompôs o compadre, descompôs o afilhado, que não ia ao colégio, com dez anos! Ele Borges com dez anos, já sabia ler, escrever e contar não muito bem, é certo, mas sabia. Dez anos! Havia de ter um bonito fim:—vadio, e o côvado e meio nas costas. A tarimba é que viria ensiná-lo.

D. Severina apaziguava-o com desculpas, a pobreza da comadre, o caiporismo do compadre, e fazia-lhe carinhos, a medo, que eles podiam irritá-lo mais. A noite caíra de todo; ela ouviu o *tlic* do lampião do gás da rua, que acabavam de acender, e viu o clarão dele nas janelas da casa fronteira. Borges, cansado do dia, pois era realmente um trabalhador de primeira ordem, foi fechando os olhos e pegando no sono, e deixou-a só na sala, às escuras, consigo e com a descoberta que acabara de fazer.

Tudo parecia dizer à dama que era verdade; mas essa verdade, desfeita a impressão do assombro, trouxe-lhe uma complicação moral, que ela só conheceu pelos efeitos, não achando meio de discernir o que era. Não podia entender-se nem equilibrar-se, chegou a pensar em dizer tudo ao solicitador, e ele que mandasse embora o fedelho. Mas que era tudo? Aqui estacou: realmente, não havia mais que suposição, coincidência e possivelmente ilusão. Não, não, ilusão era. E logo recolhia os indícios vagos, as atitudes do mocinho, o acanhamento, as distrações, para rejeitar a idéia de estar enganada. Daí a pouco (copiosa natureza!), refletindo que seria mau acusá-lo sem fundamento, admitiu que se iludisse, para o único fim de observá-lo melhor e averiguar bem a realidade das cousas.

Já nessa noite, D. Severina mirava por baixo dos olhos os gestos de Inácio; não chegou a achar nada, porque o tempo do chá era curto e o rapazinho não tirou os olhos da xícara. No dia seguinte pôde observar melhor, e nos outros otimamente. Percebeu que sim, que era amada e temida, amor adolescente e virgem, retido pelos liames sociais e por um sentimento de inferioridade que o impedia de reconhecer-se a si mesmo. D. Severina compreendeu que não havia recear nenhum desacato, e concluiu que o melhor era não dizer nada ao solicitador; poupava-lhe um desgosto, e outro à pobre criança. Já se persuadia bem que ele era criança, e assentou de o tratar tão secamente como até ali, ou ainda mais. E assim fez; Inácio começou a sentir que ela fugia com os olhos, ou falava áspero, quase tanto como o próprio Borges. De outras vezes, é verdade que o tom da voz saía brando e até meigo, muito meigo; assim como o olhar, geralmente esquivo, tanto errava por outras partes que, para descansar, vinha pousar na cabeça dele; mas tudo isso era curto.

—Vou-me embora, repetia ele na rua como nos primeiros dias.

Chegava a casa e não se ia embora. Os braços de D. Severina fechavam-lhe um parêntesis no meio do longo e fastidioso período da vida que levava, e essa oração intercalada trazia uma idéia original e profunda, inventada pelo céu unicamente para ele. Deixava-se estar e ia andando. Afinal, porém, teve de sair e para nunca mais; eis aqui como e porquê.

D. Severina tratava-o desde alguns dias com benignidade. A rudeza da voz parecia acabada, e havia mais do que brandura, havia desvelo e carinho. Um dia recomendava-lhe que não apanhasse ar, outro que não bebesse água fria depois do café quente, conselhos, lembranças, cuidados de amiga e mãe, que lhe lançaram na alma ainda maior inquietação e confusão. Inácio chegou ao extremo de confiança de rir um dia à mesa, cousa que jamais fizera; e o solicitador não o tratou mal dessa vez, porque era ele que contava um caso engraçado, e ninguém pune outro pelo aplauso que recebe. Foi então que D. Severina viu que a boca do mocinho, graciosa estando calada, não o era menos quando ria.

A agitação de Inácio ia crescendo, sem que ele pudesse acalmar-se nem entender-se. Não estava bem em parte nenhuma. Acordava de noite, pensando em D. Severina. Na rua, trocava de esquinas, errava as portas, muito mais que dantes, e não via mulher, ao longe ou ao perto, que lha não trouxesse à memória. Ao entrar no corredor da casa, voltando do trabalho, sentia sempre algum alvoroço, às vezes grande, quando dava com ela no topo da escada, olhando através das grades de pau de cancela, como tendo acudido ver quem era.

Um domingo,—nunca ele esqueceu esse domingo,—estava só no quarto, à janela, virado para o mar, que lhe falava a mesma linguagem obscura e nova de D. Severina. Divertia-se em olhar para as gaivotas, que faziam grandes giros no ar, ou pairavam em cima d'água, ou avoaçavam somente. O dia estava lindíssimo. Não era só um domingo cristão; era um imenso domingo universal.

Inácio passava-os todos ali no quarto ou à janela, ou relendo um dos três folhetos que trouxera consigo, contos de outros tempos, comprados a tostão, debaixo do passadiço do Largo do Paço. Eram duas horas da tarde. Estava cansado, dormira mal a noite, depois de haver andado muito na véspera; estirou-se na rede, pegou em um dos folhetos, a *Princesa Magalona*, e começou a ler. Nunca pôde entender por que é que todas as heroínas dessas velhas histórias tinham a mesma cara e talhe de D. Severina, mas a verdade é que os tinham. Ao cabo de meia hora, deixou cair o folheto e pôs os olhos na parede, donde, cinco minutos depois, viu sair a dama dos seus cuidados. O natural era que se espantasse; mas não se espantou. Embora com as pálpebras cerradas viu-a desprender-se de todo, parar, sorrir e andar para a rede, era ela mesma; eram os seus mesmos braços.

É certo, porém, que D. Severina, tanto não podia sair da parede, dado que houvesse ali porta ou rasgão, que estava justamente na sala da frente ouvindo os passos do solicitador que descia as escadas. Ouviu-o descer; foi à janela vê-lo sair e só se recolheu quando ele se perdeu ao longe, no caminho da Rua das Mangueiras. Então entrou e foi sentar-se no canapé. Parecia fora do natural, inquieta, quase maluca; levantando-se, foi pegar na jarra que estava em cima do aparador e deixou-a no mesmo lugar; depois caminhou até à porta, deteve-se e voltou, ao que parece, sem plano. Sentou-se outra vez, cinco ou dez minutos. De repente, lembrou-se que Inácio comera pouco ao almoço e tinha o ar abatido, e advertiu que podia estar doente; podia ser até que estivesse muito mal.

Saiu da sala, atravessou rasgadamente o corredor e foi até o quarto do mocinho, cuja porta achou escancarada. D. Severina parou, espiou, deu com ele na rede, dormindo, com o braço para fora e o folheto caído no chão. A cabeça inclinava-se um pouco do lado da porta, deixando ver os olhos fechados, os cabelos revoltos e um grande ar de riso e de beatitude.

D. Severina sentiu bater-lhe o coração com veemência e recuou. Sonhara de noite com ele; pode ser que ele estivesse sonhando com ela. Desde madrugada que a figura do mocinho andava-lhe diante dos olhos como uma tentação diabólica. Recuou ainda, depois voltou, olhou dois, três, cinco minutos, ou mais. Parece que o sono dava à adolescência de Inácio uma expressão mais acentuada, quase feminina, quase pueril. "Uma criança! " disse ela a si mesma, naquela língua sem palavras que todos trazemos conosco. E esta idéia abateu-lhe o alvoroço do sangue e dissipou-lhe em parte a turvação dos sentidos.

"Uma criança! "

E mirou-o lentamente, fartou-se de vê-lo, com a cabeça inclinada, o braço caído; mas, ao mesmo tempo que o achava criança, achava-o bonito, muito mais bonito que acordado, e uma dessas idéias corrigia ou corrompia a outra. De repente estremeceu e recuou assustada: ouvira um ruído ao pé, na saleta do engomado; foi ver, era um gato que deitara uma tigela ao chão. Voltando devagarinho a espiá-lo, viu que dormia profundamente. Tinha o sono duro a criança! O rumor que a abalara tanto, não o fez sequer mudar de posição. E ela continuou a vê-lo dormir,—dormir e talvez sonhar.

Que não possamos ver os sonhos uns dos outros! D. Severina ter-se-ia visto a si mesma na imaginação do rapaz; ter-se-ia visto diante da rede, risonha e parada; depois inclinar-se, pegar-lhe nas mãos, levá-las ao peito, cruzando ali os braços, os famosos braços. Inácio, namorado deles, ainda assim ouvia as palavras dela, que eram lindas, cálidas, principalmente novas,—ou, pelo menos, pertenciam a algum idioma que ele não conhecia, posto que o entendesse. Duas, três e quatro vezes a figura esvaía-se, para tornar logo, vindo do mar ou de outra parte, entre gaivotas, ou atravessando o corredor, com toda a graça robusta de que era capaz. E tornando, inclinava-se, pegava-lhe outra vez das mãos e cruzava ao peito os braços, até que, inclinando-se, ainda mais, muito mais, abrochou os lábios e deixou-lhe um beijo na boca.

Aqui o sonho coincidiu com a realidade, e as mesmas bocas uniram-se na imaginação e fora dela. A diferença é que a visão não recuou, e a pessoa real tão depressa cumprira o gesto, como fugiu até à porta, vexada e medrosa. Dali passou à sala da frente, aturdida do que fizera, sem olhar fixamente para nada. Afiava o ouvido, ia até o fim do corredor, a ver se escutava algum rumor que lhe dissesse que ele acordara, e só depois de muito tempo é que o medo foi passando. Na verdade, a criança tinha o sono duro; nada lhe abria os olhos, nem os fracassos contíguos, nem os beijos de verdade. Mas, se o medo foi passando, o vexame ficou e cresceu. D. Severina não acabava de crer que fizesse aquilo; parece que embrulhara os seus desejos na idéia de que era uma criança namorada que ali estava sem consciência nem imputação; e, meia mãe, mei amiga, inclinara-se e beijara-o. Fosse como fosse, estava confusa, irritada, aborrecida, mal consigo e mal com ele. O medo de que ele podia estar fingindo que dormia apontou-lhe na alma e deu-lhe um calefrio.

Mas a verdade é que dormiu ainda muito, e só acordou para jantar. Sentou-se à mesa lépido. Conquanto achasse D. Severina calada e severa e o solicitador tão ríspido como nos outros dias, nem a rispidez de um, nem a severidade da outra podiam dissipar-lhe a visão graciosa que ainda trazia consigo, ou amortecer-lhe a sensação do beijo. Não reparou que D. Severina tinha um xale que lhe cobria os braços; reparou depois, na segunda-feira, e na têrça-feira, também, e até sábado, que foi o dia em que Borges mandou dizer ao pai que não podia ficar com ele; e não o fez zangado, porque o tratou relativamente bem e ainda lhe disse à saída:

—Quando precisar de mim para alguma cousa, procure-me.

—Sim, senhor. A Sra. D. Severina . . .

—Está lá para o quarto, com muita dor de cabeça. Venha amanhã ou depois despedir-se dela.

Inácio saiu sem entender nada. Não entendia a despedida, nem a completa mudança de D. Severina, em relação a ele, nem o xale, nem nada. Estava tão bem! falava-lhe com tanta amizade! Como é que, de repente . . . Tanto pensou que acabou supondo de sua parte algum olhar indiscreto, alguma distração que a ofendera; não era outra cousa; e daqui a cara fechada e o xale que cobria os braços tão bonitos . . . Não importa; levava consigo o sabor do sonho. E através dos anos, por meio de outros amores, mais efetivos e longos, nenhuma sensação achou nunca igual à daquele domingo, na Rua da Lapa, quando ele tinha quinze anos. Ele mesmo exclama às vezes, sem saber que se engana:

—E foi um sonho! um simples sonho!

[*Seus 30 melhores contos*, Rio, José Aguilar, 1961, 323-334]

References:

Abreu, Capistrano de, "As *Memórias póstumas de Brás Cubas* são um romance?" *Gazeta de Notícias*, Rio, 30 jan e 1 fev 1881.

Abreu, Luíz Leopoldo Brício de "Machado de Assis: 50 anos depois," *O Cruzeiro*, Rio, 30:51 (out 4 1958) 126-130, 146.

Abreu, Modesto de, *Biógrafos e críticos de Machado de Assis*, Rio, Academia Carioca de Letras, 1939.

————, "Infância e adolescência de Machado de Assis," in: Federação das Academias de Letras, *Conferências*, Rio, Briguiet, 1939, 9-33.

————, *Machado de Assis*, Rio, Ed. Norte, 1938.

————, "A obra-prima do humorismo machadiano: *Memórias póstumas de Braz Cubas*," *Aspectos*, 21-23 (jun-out 1939) 11-15.

————, "O Rio de Janeiro na obra de Machado de Assis," *Jornal do Brasil*, Rio, 23 jan 1938.

————, "O teatro de Machado de Assis," *Jornal do Comércio*, Rio, 5 ago 1934.

————, "Três perspectivas sobre Machado de Assis," *Revista das Academias de Letras*, 4:11 (jun 1939) 151-158.

Albuquerque, Medeiros e, 205-210.

————, *Quando eu era vivo*, 218-220.

Alencar, 28-53; 54-65; 66-79.

Almeida, Fernando Mendes de, "O teatro e a poesia de Machado de Assis," *Roteiro*, S. Paulo, 21 jun 1939.
Almeida, Heloísa Lentz de, *A vida amorosa de Machado de Assis*, Rio, s. e., 1939.
Almeida, Renato, "Machado de Assis," *Revista Americana*, 6:6 (1918) 73-89.
Alpi, Giuseppe, preface to Italian edition of *Memórias póstumas de Bras Cubas*, Lanciano, R. Carabba, 1929.
Alves, Constâncio, *Figuras*, Rio, Anuário do Brasil, 1922, 38-46.
Amador Sánchez, Luis, "Machado de Assis: poeta," *La Nueva democracia*, New York, 39:1 (enero 1959) 47-49.
Amaral, Amadeu, *O elogio da mediocridade*, S. Paulo, Nova Era, 1924, 113-132; 133-147.
Andrade, Almir de, "Machado de Assis: o romancista," *Revista do Brasil*, 3a. fase, 2:12 (jun 1939), 34-41. Special number dedicated to Machado de Assis.
Andrade, Mário de, *Aspectos,* 89-108.
Ângelo, Hersílio, "Análise literária: 'A Carolina,' " *Revista do Livro*, 3:11 (set 1958) 115-119.
Aranha, José de Graça, *Machado de Assis e Joaquim Nabuco: comentários e notas à correspondência entre estes dois escritores*, S. Paulo, Monteiro Lobato, 1923.
Araripe Júnior, Tristão de, "Idéias e sandices do iguaro Rubião," *Obra Crítica*, II, 307-309.
_____ , "Machado de Assis," *Jornal do Comércio*, Rio, 4 out 1908.
_____ , "Machado de Assis," *Revista Brasileira*, 1:1 (1 jan 1895) 22-28.
_____ , "Quincas Borba," *Gazeta de Notícias*, 12 jan 1892; also in: *Obra Crítica*, II, 291-296.
Araújo, Hugo Bressane de, *O aspecto religioso da obra de Machado de Assis*, Rio, Cruzada da Boa Imprensa, 1939.
Arnulfo, Irmão Marista, "A arte velada de Machado de Assis," *Veritas*, P. Alegre, 3:3, 4 (jul-dez 1958) 264-285.
Ataíde, Austregésilo de, "Religião e política na obra de Machado de Assis," *Revista Brasileira*, Rio, (jun-set 1946) 27-42.
Autores e Livros, 1:7 (28 set 1941).
Azeredo, 177-188, 189-223.
_____ , *"Quincas Borba," O Estado de São Paulo*, 19 abr 1892.
Bandeira, João Carneiro de Sousa, *Páginas literárias*, Rio, Francisco Alves, 1917, 82-88.
Bandeira, 92-95.
_____ , "Machado de Assis: poeta," *Revista do Brasil*, 3a. fase, 2:12 (jun 1939) 28-33.
Barbosa, Francisco de Assis, "Machado de Assis e o mito de Apolo," *Revista Brasileira*, Rio, 9:23-24 (mar 1959) 81-101.
Barbosa, Rui, "Machado de Assis," *O Momento,* Rio, jan 1946, 15.
Barreiros, Artur, "Biografia de Machado de Assis," *Galeria Contemporânea do Brasil, literária, artística, científica, política, agrícola, industrial e comercial*, la. série, Rio, Lombaerts & Cia., 1884.

Barreto Filho, José, "Machado de Assis," *Revista do Brasil,* 3a. fase, 4:35 (maio 1941) 97-130; also in: Aurélio Buarque de Holanda, *O romance,* 115-150.
_____, in: Coutinho, *A literatura,* II, 77-106.
_____, *Introdução a Machado de Assis,* Rio, Agir, 1947.
Barreto, Plínio, 79-103.
Barrow, Leo L., "Ingratitude in the works of Machado de Assis," *Hispania,* 49:2 (May 1966) 211-217.
Barsy, Kalman Jorge, "Notas sobre la estructura de *Memórias de Brás Cubas,*" *Revista Iberoamericana,* 38:80 (jul-sep 1972) 463-476.
Bastide, Roger, "Machado de Assis: paisagista," *Revista do Brasil,* 3a. fase, 3:29 (nov 1940) 1-14.
Belo, José Maria, *Inteligência,* 15-63.
_____, *Retrato de Machado de Assis,* Rio, A Noite, 1952.
Besouchet, y Freitas, *Literatura,* 74-88.
Bilac, *Últimas conferências,* 15-19.
Bittencourt, Liberato, *Machado de Assis ou desrespeito ao ídolo acadêmico,* Rio, Ofic. Ginásio 28 de setembro, 1939.
Borba, Osório, "As viúvas de Machado de Assis," *Diário da Manhã,* Recife, 24 set 1939.
Brandão, Octávio, "Literatura sem ideologia," *Revista brasiliense,* S. Paulo, XXVIII (mar-abr 1960) 79-107.
_____, *O niilista Machado de Assis,* Rio, Simões, 1958.
Broca, Brito, "A literatura de guerra no Brasil," *Cultura Política,* 3:31 (agô 1943) 310-317.
_____, *Machado de Assis e a política e outros estudos,* Rio, Simões, 1957, 7-11.
_____, "Na década modernista: Machado de Assis 'au dessus de la mêlée'," *Revista do Livro,* 3:11 (set 1958) 37-44.
_____, "A política na obra de Machado de Assis," *A Manhã,* Rio, 18 e 25 set, 2 e 7 out 1949.
Caldwell, Helen, *The Brazilian Othello of Machado de Assis: A Study of "Dom Casmurro,"* Berkeley-Los Angeles, The University of California Press, 1960.
_____, *Machado de Assis: The Brazilian Master and his novels,* Berkeley, University of California Press, 1970.
Callan, Richard J., "Notes on Bras Cubas," *Hispania,* 47:3 (sep 1964) 530-533.
Câmara Júnior, J. Matoso, " 'Cão e 'cachorro' no *Quincas Borba* de Machado de Assis," *Revista de Cultura,* Rio, 39 (1941) 298-302; 30 (1941) 72-76.
_____, "O estilo indireto livre em Machado de Assis," *Correio da Manhã,* Rio, 27 maio, 5 ago 1951; also see: *Miscelânea de estudos em honra de Atmor Nascentes,* Rio, s.e., 1941, 19-30.
_____, "Machado de Assis e o corvo de Egard Pöe", *Revista do Livro,* 3:11 (set 1959) 101-109.
_____, "Quincas Borba e o humanitarismo," *Diário de Notícias,* Rio, 15 mar 1953.
Campos, Humberto de, "O menino do morro," *Correio da Manhã,* Rio, 29 set 1933.

Cardim, Elmano, *Na minha seara*, Rio, Tipogr. Jornal do Comércio, 1949, 201-214.
Cardoso, Wilton, "Os olhos de Capitu: ensaio de interpretação estilística," *Kriterion*, Belo Horizonte, 2 (out-dez 1947) 186-209.
_____, *Tempo e memória em Machado de Assis*, Belo Horizonte, Estabelcimentos Gráficos Santa Maria, 1958.
Carpeaux, Oto Maria, "Uma fonte filosófica de Machando de Assis," *A Manhã*, Rio, 4 abr 1948.
Carvalho, Afonso de, "Machado de Assis: conferência," *Revista da Academia Brasileira de Letras*, 88 (abr 1929) 371-393.
Carvalho Filho, Aloísio de, "O crime e os criminosos na obra de Machado de Assis," *Jornal do Comércio*, Rio, 25 jun 1939; also in: *Província de São Pedro*, P. Alegre, XVI (dez 1951) 29-35.
_____, "Machado de Assis e o problema penal," *Província de São Pedro*, P. Alegre, XX (1955) 105-106.
Carvalho, *Pequena história*, 5th ed., 289-291, 312-317.
Casasanta, Mário, "Os escravos na obra de Machado de Assis," *O Estado de Minas*, Belo Horizonte, 15 jun 1939.
_____, "Os estrangeiros na obra de Machado de Assis," *O Jornal*, Rio, 25 jun 1939.
_____, "A formação de Machado de Assis," *O Estado de Minas*, Belo Horizonte, 20 jun 1939.
_____, *Machado de Assis e o tédio à controvérsia*, Belo Horizonte, Os Amigos do livro, 1934.
_____, "Machado de Assis: escritor nacional," in: Federação das Academias de Letras: Machado de Assis, *Conferências*, 115-203.
_____, *Minas e os mineiros na obra de Machado de Assis*, Belo Horizonte, Os Amigos do Livro, 1938.
Castelo, José Aderaldo, "Ideário crítico de Machado de Assis," *Revista de história*, S. Paulo, 5:11 (jul-set 1952) 93-128.
_____, "Lição de Machado de Assis," *Anhembi*, S. Paulo, 32:96 (nov 1958) 459-467.
_____, *Machado de Assis: crítica*, Rio, Agir, 1959.
_____, *Realidade e ilusão em Machado de Assis*, S. Paulo, Nacional, 1969.
Cavalheiro, Edgard, "A crítica na obra de Machado de Assis," *Roteiro*, S. Paulo, 21 jun 1939.
_____, "Machado de Assis e o teatro," *Folha da Manhã*, S. Paulo, 18 jun, 1939.
César, Guilhermino, "Gente do Rio Grande na obra de Machado de Assis, *Diário de S. Paulo,* 15 jun 1958.
Chiacchio, Carlos, "Machado de Assis: gênio da minúcia," *A Tarde,* Bahia, 11 jul e 28 ago 1939.
Condes, Hermínio de Brito, *A tragédia ocular de Machado de Assis,* Rio, A Noite, 1942.
Corção, Gustavo, "O duplo Machado," "Ainda a duplicidade de Machado de

Assis," "De *Iaiá Garcia* a *Brás Cubas*," *Diário de Notícias,* Rio, 15 e 29 jun e 6 jul 1958.

———, *Machado de Assis: romance*, Rio, Agir, 1959.

Costa, Benedito, 83-121.

Costa, Dante, "Machado de Assis e o conto," *Dom Casmurro*, 20 maio 1939.

Costa, Otón, *Conceitos e afirmações*, Rio, Pongetti, 1939, 65-94.

Coutinho, Afrânio, *A crítica e os críticos*, Rio, Simões, 1969, 195-200.

———, *A filosofia de Machado de Assis*, Rio, Vecchi, 1940.

———, *A filosofia de Machado de Assis e outros ensaios*, Rio, São José, 1959.

———, "Machado de Assis e o problema do mestiço," *Revista do Brasil*, 3a. fase, 3:20 (fev 1940) 22-29.

———, *Machado de Assis na literatura brasileira*, Rio, São José, 1960.

Couto, Pedro do, *Páginas de crítica*, Lisboa, A. M. Teixeira, 1906.

Cunha, Ciro Vieira da, "A correspondência de Machado de Assis," in: Federação das Academias de Letras, *Machado de Assis: Estudos e ensaios,* 167-209.

———, *"Da doença e constituição de Machado de Assis:* livro de Peregrino Júnior," *Aspectos*, Rio, 2:16 (dez 1938-jan 1939) 89-99.

Cunha, Tristão da, "Contos de Machado de Assis," *Revista do Brasil*, 3a. fase. 2:12 (jun 1939) 23-27.

———, *Cousas do tempo*, 171-174.

Dantas, Júlio, *Machado de Assis*, Separata das *Memórias da Academia das Ciências de Lisboa*, 1940.

Decker, Donald M., "Machado de Assis: short story craftsman," *Hispania*, 48:1 (jan 1965) 76-81.

Delpechi, Adrien, preface to: *Quelques contes de Machado de Assis*, Paris, Garnier, 1910, v-xxix.

Domingues, Garcia, *A concepção hereditária no "Dom Casmurro,"* Rio, Alba, 1941.

Dutra, Lia Correia, "Algumas mulheres de Machado de Assis." *Revista do Brasil*, 3a. fase, 2:12 (jun 1939) 74-85.

Eça, Raul d', "Machado de Assis: Brazilian novelist," *Bulletin of the Pan American Union*, LXXIII (Aug. 1939) 475-477.

Ellis, Keith, "Technique and ambiguity in Dom Casmurro," *Hispania*, 45:3 (Sept 1962) 436-440.

Elvo, Clemente, "A obra crítica de Machado de Assis," *Veritas*, P. Alegre 4:1 (mar 1959) 44-49.

Escorel, Lauro, "Sobre Machado de Assis," *O Jornal*, Rio, 30 jul 1939.

Etchegoyen, Felix, "El humorismo brasileno—Machado de Assis," *Cuadernos Brasileros*, Buenos Aires, 1 set 1954, 16-26.

Exposição Machado de Assis: centenário do nascimento de Machado de Assis, 1839-1939, Rio, MES, 1939.

Federação das Academias de Letras, *Machado de Assis: conferências*, Rio, Briguiet, 1939. Contains studies by Modesto de Abreu, Cândido Mota Filho, Benjamin Lima, Mário Casasanta and Martim Gomes.

———, *Machado de Assis: estudos e ensaios*, Rio, Briguiet, 1940. Contains studies by José de Mesquita, O. Martins Gomes, Phocion Serpa, Lindolfo Gomes, Ciro Vieira da Cunha, Ari Martins and Caio Tácito.

Fernandes, 69-88.

Figueiredo, Fidelino de, "Atualidade de Machado de Assis," *O Jornal*, Rio, 23 out 1939.

Filgueiras, Caetano, preface to: *Crisálidas*, Rio, Garnier, 1864, 7-20.

Fonseca, Gondim da, *Machado de Assis e o hipopótamo: biografia e análise,* São Paulo, Fulgor, 1960.

Fonseca, Herculano Borges da, "A poesia de Machado de Assis," *Correio da Manhã*, Rio, 20 nov 1938.

Fragoso, Augusto, "Achegas à bibliografia machadiana," *Revista do Livro*, 3:11 (set 1958) 137-139.

―――― , Os sonetos de Machado de Assis a Camões," *Ilustração Brasileira*, Rio, 64:218 (jun 1953) 10-11, 42.

Frank, Waldo, Intro. to English edition of: *Dom Casmurro*, New York, Noonday, 1953.

Freitas, Bezerra de, 129-237.

Freitas, Luís Paula, *Perfil de Machado de Assis*, Rio, O Globo, 1939.

Frieiro, Eduardo, "Duas notas a propósito de Machado de Assis: 1. O Tonel de Diógenes, 2. A gaguice e a timidez de dom Casmurro," *Kriterion*, XII, 47-48 (jan-jun 1959) 145-154.

―――― , *Letras mineiras*, Belo Horizonte, Os Amigos do Livro, 1937, 138-145.

Giese, Wilhem, "Machado de Assis," *Ibérica*, Hamburg, no. 4 (März 1927). Portuguese translation by João Ribeiro in: *Revista da Academia Brasileira de Letras*, 69 (set 1927) 46-56.

Giffoni, 75-99.

Goldberg, 142-164.

Gomes, Alfredo, "História literária," *Dicionário histórico, geográfico e etnográfico do Brasil, comemoração do 1o Centenário da Independência*, Rio, Imprensa Nacional, 1922, II, ii, 1442-1445.

Gomes, Eugênio, *Aspectos*, 77-110.

―――― , "Dickens e Machado de Assis," *Revista brasileira*, Rio, set 1941, 14-30.

―――― , *O enigma de Capitu*, Rio, J. Olímpio, 1967.

―――― , *Espelho*, 11-117.

―――― , "Uma fonte de Machado de Assis," *Cultura*, Rio, 1:2 (jan-abr 1949) 169-185.

―――― , *Influências inglesas em Machado de Assis*, Bahia, Tip. Regina, 1939.

―――― , *Machado de Assis*, Rio, São José, 1958.

―――― , *Machado de Assis: contos*, 2nd ed., Rio, Agir, 1967.

―――― , *Machado de Assis: crônicas,* Rio, Agir, 1963.

―――― , "O microrrealismo de Machado de Assis," *Revista do Livro*, 3:11 (set 1958) 31-36.

―――― , "Peça inédita de Machado de Assis," *Correio da Manhã*, Rio, 28 fev 1953.

———, *Prata*, 77-108.

———, "O testamento estético de Machado de Assis," *Revista brasileira*, Rio, 9: 21-22 (jan-jun 1958) 3-42.

———, "Voltaire e Machado de Assis," *Correio da Manhã*, Rio, 22 jul 1951.

Gomes, Lindolfo, "Nótulas sobre Machado de Assis," *Diário Mercantil*, Juiz de Fora, 16 e 18 fev 1938.

———, "Vocabulário de Machado de Assis," in: Federação das Academias de Letras, *Machado de Assis: estudos e ensaios, 119-165*.

Gomes, Martim, "Machado de Assis: estudos de caracterologia, *Correio do Povo*, P. Alegre, 12, 15 e 19 fev e 5 mar 1939.

———, "A obra de Machado de Assis e seus efeitos na educação moral e cívica," in: Federação das Academias de Letras, *Machado de Assis: conferências*, 205-221.

Gomes, O. Martins, "Machado de Assis: apreciação resumida de sua vida e de sua obra," in: Federação das Academias de Letras, *Machado de Assis: estudos e ensaios*, 31-75.

Graça, Lídia de Alencastro, "Machado de Assis," *Boletim do Ariel*, 6:6 (mar 1937) 180-181.

Grieco, *Evolução da poesia*, 3rd ed., 46-67.

———, *Evolução da prosa*, 51-58.

———, *Machado de Assis*, Rio, José Olímpio, 1959.

———, *Poetas e prosadores*, 118-124.

———, *Viagem em torno de Machado de Assis*, S. Paulo, 1969.

Grossman, William L., Intro. to *Epitaph of a Small Winner (Memórias póstumas de Brás Cubas)*, New York, Noonday Press, 1951.

———, "The irony of Machado de Assis," *Commonweal*, New York, 59:21 (Feb. 26, 1954) 517-520.

———, "Master of irony: Machado de Assis, Brazil's great novelist," *Américas*, Washington, D.C., 7:4 (Apr 1955) 6-12.

Guerra, Álvaro, *Machado de Assis: sua vida e suas obras*, S. Paulo, Melhoramentos, 1923.

Hersílio, Ângelo, "Análise literária de 'A Carolina,'" *Revista do Livro*, 3:11 (set 1958) 115-119.

Holanda, Aurélio Buarque de, "Linguagem e estilo de Machado de Assis," *Revista do Brasil*, 3a. fase, 2:13 (jul 1939) 54-70; 2:14 (ago 1939) 17-34.

Holanda, Sérgio Buarque de, *Cobra de vidro*, 44-51.

Ivo, Lêdo, "O mar e o pirilampo," *Revista do Livro*, 3:11 (set 1958) 131-139.

Jacobbi, Ruggero, "Machado de Assis e o teatro," *O espectador apaixonado*, P. Alegre, Faculdade de Filosofia, 1962, 51-60.

Jobim, Jorge, "Machado de Assis," in: Alberto de Oliveria e Jorge Jobim, *Machado de Assis*, Rio, Garnier, 1921, 1-19.

Juca Filho, Cândido, *O pensamento e a expressão em Machado de Assis*, Rio, L. Fernandes, 1939.

Kayser, Wolfgang, *Nachwort* to German translation of: *Memórias póstumas de Brás Cubas*, Zurich, Manesse, 1950, 421-445.

———, *Fundamentos da interpretação e da análise literária*, Coimbra, Armênio Amado, 1948. 301-307.

Kopke, Carlos Burlamaqui, "*Quincas Borba* ou o poema de fidelidade," *Jornal da Manhã*, S. Paulo, 25 jun 1939.
Korrodi, Eduard, "*Dom Casmurro*," *Züricher Zeitung*, Zurich, 14 nov 1951.
Lacerda, Virgínia Côrtes de, *Leitores e Livros*, Rio, 29 (jan 1958).
Lalou, René, "Mémoires d'outre-tombe de Braz Cubas, par Machado de Assis," *Nouvelles Littéraires*, Paris, 24 fév 1949.
Lambert, Levindo, "A infância e a escola na obra de Machado de Assis," *Revista do Brasil*, 3a fase, 5:51 (set 1942) 49-58.
Leal, César, "Machado de Assis: poeta," *Os cavaleiros de Júpiter*, Recife, Universidade Federal de Pernambuco, 1969.
Leão, Múcio, "O conto de Machado de Assis," *Jornal do Comércio*, Rio, 26 ago 1956.
———, *Ensaios contemporâneos*, 125-136.
Leite Filho, Barreto, "O jornalista que houve em Machado do Assis," *Revista do Brasil*, 3a fase, 2:12 (jun 1939) 48-54.
Lessa, Pedro, *Discurso, saudando Alfredo Pujol na Academia Brasileira de Letras*, S. Paulo, O Livro, 1919.
Lima, Alceu Amoroso, *Três ensaios sobre Machado de Assis*, Belo Horizonte, Paulo Bluhm, 1941.
Lima, Benjamim, "O heroismo da ironia em Machado de Assis," in: Federação das Academias de Letras, *Machado de Assis: conferências*, 85-114.
Lima, Carlos Da Veiga, "Machado de Assis ou o fim do eterno," *A Nação*, Rio, 14 out 1934.
Lima, Hermes, "O cético Machado e o turbulento Tobias," *Idéias e figuras*, 80-84.
Lima, José Augusto de, "Elogio de Machado de Assis," *Cadernos da Hora Presente*, 5 (out 1939) 64-98.
Lima, Manuel de Oliveira, "Machado de Assis et son oeuvre littéraire," in: *Machado de Assis et son oeuvre litteraire*, Paris, Louis Michaud, 1901, 19-85.
Lins, Álvaro, I, 171-179.
Lobato, Monteiro, "Machado de Assis," *La Prensa*, Buenos Aires, 1939; also in: *Urupês, outros contos e coisas*, 2nd ed., S. Paulo, Nacional, 1945, 574-580.
Machado, José Betencourt, *Machado of Brasil: The Life and Times of Machado de Assis*, New York, Bramérica, 1953.
———, "Profile of Machado de Assis," *Brazil*, New York, 23:3 (mar 1949) 14-16.
Machado de Assis e a Itália, S. Paulo, Instituto Cultural Italo—Brasileiro, s. d.
Machado de Assis et son oeuvre littéraire, Préface d'Anatole France, Paris, Louis Michaud, 1909. Contains studies by Manuel de Oliveira Lima and Victor Orban.
Magaldi, 116-129.
Magalhães, Almeida, "O pensamento político de Machado de Assis," *O Estado de São Paulo*, 2 e 16 ago 1939.
Magalhães Júnior, Raimundo, preface to: *Contos esquecidos*, Rio, Civilização Brasileira, 1956, 1-12.
———, *Idéias e imagens de Machado de Assis*, Rio, 1956.

——————, *Machado de Assis desconhecido*, Rio, Civilização Brasileira, 1955.
——————, "Machado de Assis e La Fontaine," *Correio da Manhã*, Rio, 7 set 1958.
——————, "Machado de Assis e Charles Lamb," *Revista do Livro*, III 11 (set 1958) 121-129.
——————, "Machado de Assis e sua pretendida indiferença política," *Planalto*, S. Paulo, 1:10 (1 out 1941) 1-6.
——————, *Machado de Assis: funcionário público (No império e na República)*, Rio, Ministério da Viação e Obras Públicas, 1958.
——————, *Ao redor de Machado de Assis*, Rio, Civilização Brasileira, 1958.
Magalhães, Valentim, "*Histórias sem data*," *Gazeta de Notícias*, Rio, 2 set 1884.
Malpique, Cruz, "Para um possível perfil de Machado de Assis," *Brasília*, Coimbra, III (1946) 83-107.
Mangabeira, Otávio, *Machado de Assis: seus contos e romances em ponto pequeno*, Rio, Civilização Brasileira, 1954, 17-64.
Marchiori, Laura, intro. to the Italian translation of *Braz Cubas, Memorie dall'aldila*, Milano, Rizzoli, 1953, 5-10.
Marinho, Henrique, *O teatro brasileiro*, Paris-Rio, H. Garnier, 1904.
Marques, Xavier, *Ensaios*, Rio, ABL, 1944, I, 95-98.
Martins, Ari, "Machado de Assis, teatrólogo," in: Federação das Academias de Letras, *Machado de Assis: estudos e ensaios*, 211-218.
Martins, Mário R., II, 107-122.
Massa, Jean-Michel, "La bibliothèque de Machado de Assis," *Revista do Livro*, 6:21-22 (mar-jun 1961) 195-237.
——————, *Jeunesse de Machado de Assis: essai de biographie intellectuelle (1839-1870)*, Rennes, Centre d'Etudes Luso-Brésiliennes.
——————, *Machado de Assis traducteur*, 2 vols., Rennes, Centre d'Etudes Luso-Brésiliennes.
Matos, Mário, *Machado de Assis: o homem e a obra*, S. Paulo, Nacional, 1939.
Maurois, André, "Machado de Assis," *Nouvelles Littéraires*, Paris, 22 juillet 1948.
Maya, Alcides, "Machado de Assis," *O País*, Rio, 8 out 1904.
——————, *Machado de Assis: algumas notas sobre o humor*, Rio, Jacinto Silva, 1912; 2nd ed., Rio, ABL, 1942.
Mello, Thiago de, "Machado de Assis," *O Cruzeiro*, Rio, 30:51 (out 4, 1958) 78-85.
Mendes, Oscar, "Machado de Assis e os mineiros," *Boletim do Ariel*, 2:4 (jan 1933) 86-87.
Mendonça, Renato de, "Machado de Assis," *Retratos*, 110-118.
——————, *O ramo*, 99-130.
Mennucci, Sud, "O humorismo de Machado de Assis," *Revista da Academia Paulista de Letras*, 2:7 (set 1939) 84-113.
Mercier, Vivian, "Witty gloom," *Commonweal*, New York, 16 jul 1954.
Mesquita, José de, "De Lívia a Dona Carmo, as mulheres na obra de Machado de Assis," in: Federação das Academias de Letras, *Machado de Assis: Estudos e ensaios*, 7-30.

Meyer, Augusto, *A chave*, 159-189.
———, "O delírio de Brás Cubas," *Diário Carioca*, Rio, 22 jul 1951.
———, *A forma*, 49-56.
———, "De Machadinho a Brás Cubas," *Revista do Livro*, 3:11 (set 1958) 9-18.
———, "Os galos vão cantar," *Revista do Brasil*, 3a fase, 2:12 (jun 1939) 69-73.
———, *Machado de Assis*, Porto Alegre, Globo, 1935.
———, *Machado de Assis, 1835-1958*, Rio, São José, 1958, 95-124, 159-170, 207-215, 216-231.
———, *À sombra*, 35-102.
Moisés, Massaud, "Machado de Assis e o realismo," *Anhembi*, S. Paulo, 35:105 (agô 1959) 469-479.
———, "O romance de Machado de Assis," *Revista Brasileira*, S. Paulo, 26 (nov-dez 1959) 94-106.
Montalegre, Duarte de, *Ensaio sobre o parnasianismo brasileiro*, Coimbra, Coimbra Editora, 1945, 68-69.
Montelo, Josué, *Caminho*, 279-291.
———, *Estampas*, 120-127.
———, *História*, 143-158.
———, *Uma palavra*, 15-44, 159-160.
———, *O presidente Machado de Assis*, São Paulo, Martins, 1961.
Montenegro, Olívio, 105-121.
Moog, Viana, *Heróis da decadência*, Rio, Guanabara, 1934, 167-229.
Morais, Carlos Dante de, *Tristão de Ataíde*, 109-117.
Morais, Raimundo de, *Machado de Assis*, Belém, Instituto Lauro Sodré, 1939.
Morais Neto, Prudente de, 24-28.
Moreira, Thiers Martins, *Quincas Borba ou o pessimismo irônico: diálogo entre o filósofo Bras Cubas*, Rio, São José, 1964.
Mota, Artur, "Machado de Assis," *Revista da Academia Brasileira de Letras*, 147 (mar 1934) 320-352.
Mota Filho, Cândido, *O Caminho*, 64-207.
———, "O estilo de Machado de Assis," *Folha da Manhã*, S. Paulo, 1 set 1939.
———, "Machado de Assis e o enigma da vida," in: Federação das Academias de Letras, *Machado de Assis: Conferências*, 53-84.
Moura, Emílio, "Machado de Assis," *Revista do Brasil*, 2a. fase, 1:3 (15 out 1926) 46-47.
Murat, Luis, "Machado de Assis e Joaquim Nabuco," *Revista da Academia Brasileira de Letras*, 54 (jun 1926) 143-148; 55 (jul 1926) 231-236; 56 (ago 1926) 381-324; 57 (set 1926) 74-80; 58 (out 1926) 152-158.
Muret, Maruice, "Un roman brésilien: *Dom Casmurro*," *Journal des Débats*, Paris, 13 janvier 1937.
Navarro, Raúl, "Machado de Assis y su desesperanza," *Nosotros*, Buenos Aires, maio-junio, 1939, 62-66.

Neto, Paulino, "Machado de Assis: alguns dos seus aspectos," *Revista da Academia Fluminense de Letras*, II (maio 1950) 93-104.

Oiticica, José, "Machado de Assis," *Euclides*, Rio, 1:1 (15 out 1939) 49-50, 64.

Oliveira, Franklin de, "O artista em sua narração—a fortuna crítica de Machado de Assis: 1912-1958," *Revista do Livro*, 3:11 (set 1958) 61-69.

—————, *A fantasia exata*, 273-299.

Oliveira, José Osório de, *Enquanto é possível*, Lisboa, Universo, 1942, 151-126.

—————, "Explicação de Machado de Assis e do *Dom Casmurro*," *Atlântico*, Lisboa, 3a. série, 3 (mar 25, 1950) 26-31.

Orban, Victor, "Machado de Assis: romancier, conteur et poete," in: *Machado de Assis et son oeuvre littéraire*, Paris, Louis Michaud, 1909, 91-157.

Otávio Filho, *Velhos amigos*, 117-131.

Pádua, Ciro, T. de, "Machado de Assis: crítico," *Revista do Brasil*, 3a. fase, 2:12 (jun 1939) 136-141.

Paleólogo, Constantino, *Machado, Poe e Dostoiewski*, Rio, Revista Branca, 1950, 99-151.

Param, Charles, "The case for Quincas Borba as confession," *Hispania*, 50:3 (Sept. 1967) 430-441.

—————, "Jealousy in the novels of Machado de Assis," *Hispania*, 53:2 (May 1970) 198-206.

—————, "Machado de Assis and Dostoyevsky," *Hispania*, 49:1 (Mar 1966) 81-87.

Paranho, Ulísses, "Os desequilibrados na obra de Machado de Assis," *Revista da Academia Paulista de Letras*, III, 11 (set 1940) 103-138.

Pati, Francisco, *Dicionário de Machado de Assis: história a biografia das personagens*, São Paulo, Rede Latina, 1958.

Peixoto, Afrânio, "*O Alienista* de Machado de Assis," *Revista da Academia Brasileira de Letras*, 66 (1943) 118-120.

—————, *Poeira*, 276-318.

—————, preface to: *Dom Casmurro*, Paris, International de Cooperation Intellectuelle, 1936, 8-12.

Peregrino Júnior, "Biografia de um livro sobre Machado de Assis," *Revista do Livro*, 3:11 (set 1958) 45-59.

—————, *Doença e constituição de Machado de Assis*, Rio, José Olímpio, 1938.

—————, "A timidez de Machado de Assis e a de Amiel," *Revista Brasileira*, Rio, set 1941, 129-139.

Pereira, Astrojildo, "Consciência nacional de Machado de Assis," *Revista do Livro*, 3:11 (set 1958) 71-94.

—————, *Interpretações*, 13-48.

—————, *Machado de Assis*, Rio, São José, 1959.

—————, *Machado de Assis: novelista del segundo reinado*, Buenos Aires, Colección Problemas Americanos, 1942.

—————, "Pensamento dialético e materialista de Machado de Assis," *Estudos sociais*, Rio, 3-4 (set-dez 1958) 302-322.

Pereira, Lafayette Rodrigues (pseud. Labieno), *Vindiciae: o Sr. Sílvio Romero,*

crítico e filósofo, Rio, Cruz Coutinho, 1898; 3rd ed., Rio, José Olímpio, 1940.
Pereira, Lúcia Miguel, "O brasileiro Machado de Assis," *Correio da Manhã*, Rio, 2 nov 1947.
_____, *Machado de Assis, Estudo crítico e biográfico*, S. Paulo, Nacional, 1936.
_____, preface to: *Casa velha*, S. Paulo, Martins, 1944, 5-22.
_____, *Prosa de ficção*, 55-103.
_____, "Relações de família na obra de Machado de Assis," *Revista do Livro*, 3:11 (set 1958) 19-30.
Pessoa, 66-67.
Picanço, Melquíades, "Machado de Assis: as fases de sua evolução literária," *Jornal do Comércio*, Rio, 25 jun 1939.
Pimentel, A. Fonseca, 13-62.
Pimentel, Mesquita, "As três fases literárias de Machado de Assis," *Vozes*, Petrópolis, 52:12 (dez 1958) 881-886.
Pinto, Correa, *Machado de Assis*, Rio, Pongetti, 1958.
Pompeu, A., *Idéias*, 191-199.
Pontes, Elói, *A vida contraditória de Machado de Assis*, Rio, José Olímpio, 1939.
Pontes, Joel, *Machado de Assis e o teatro*, [Rio, Serviço Nacional do Teatro, Campanha Nacional de Teatro, 1960].
_____, *Machado de Assis: teatro*, Rio, Agir, 1960.
Post, H. Houwens, "L'auteur Brésilien Machado de Assis et le mythe de Sisyphe," *Annali dell' Instituto Universitario Orientale, Sezione Romanza*, 2:2 (Iuglio 1960) 1-15.
Prado, A. B. Bueno do, "Machado de Assis na literatura universal," *Boletim da União Panamericana*, Washington, dez 1939, 601-603.
Prado, Décio de Almeida, in: Coutinho, *A literatura*, II, 270-272.
Prata, Edson, *Machado de Assis: o homem e a obra vistos por todos os ângulos*, Rio, 1968.
Proença, M. Cavalcanti, "Duelos y quebrantos," *Revista do Livro*, 3:11 (set 1958) 111-114.
_____, *Estudos*, 184-225.
_____, "Pão seco," *Revista do livro*, Rio, 5:19 (set 1960) 9-18.
Pujol, Alfredo, *Machado de Assis*, S. Paulo, Tipogr. Brasil, 1917; Rio, José Olímpio, 1936.
Putnam, 178-187.
Rabelo, Sílvio, "A vida e a obra de Machado de Assis," *Diário de Pernambuco*, 22 jun 1939.
Ramos, Graciliano, "Os amigos de Machado de Assis," *Revista do Brasil*, 3a. fase, 2:12 (jun 1939) 86-88.
Ramos, Péricles Eugênio da Silva, in: Coutinho, *A literatura*, II, 333-336.
_____, *Machado de Assis: poesia*, Rio, Agir, 1964.
Rego, Costa, "Os políticos de Machado de Assis," *Correio da Manhã*, Rio, 22 jun 1939.

Rego, *Conferências*, 81-105.

———, "Dos novelistas brasilenos: Machado de Assis, Raul Pompeia," *Cursos y conferencias*, Buenos Aires, jul 1947, 321-345.

Revista do Brasil, 3a. fase, 2:12 (jun 1939). Special number dedicated to Machado de Assis; contains studies by Tristão da Cunha, Manuel Bandeira, Almir de Andrade, Barreto Leite Filho, Orris Soares, Augusto Meyer, Lia Correia Dutra, Graciliano Ramos, José Vieira, Antônio Noronha Santos, and Ciro T. de Pádua.

Revista do Livro, Rio, 3:11 (set 1958). Commemorative number containing studies by Augusto Meyer, Lúcia Miguel-Pereira, Eugênio Gomes, Brito Broca, Peregrino Júnior, Franklin de Oliveira, Astrojildo Pereira, Nélson Werneck Sodré, J. Matoso Câmara Jr., M. Cavalcanti Proença, Hersílio Ângelo, R. Magalhães Júnior, Lêdo Ivo, and Augusto Fragoso.

Ribeiro, *Crítica*, 225-238, 242-248, 258-260.

Riedel, Dirce Cortes, *O tempo no romance machadiano*, Rio, São José, 1959.

Rio-Branco, M.P. do, "Great men of Brazil: Machado de Assis," *Latin American World*, London (Dec 1944) 21.

Romero, Sílvio, *Estudos*, 231-242.

———, *História*, V, 109-130.

———, *Machado de Assis: estudo comparativo de literatura brasileira*, Rio, Laemmert, 1897; 2nd ed., Rio, José Olímpio, 1936.

———, *Outros estudos*, 7-12.

———, "A poesia das *Falenas*," *Crença*, Recife, 30 maio 1870.

——— e Ribeiro, Jõao, 329-364.

Rosa, Alberto Machado da, *Eça, discípulo de Machado? Formação de Eça de Queirós (1875-1880)*, Rio, Fundo de Cultura, 1963.

Sales, Antônio, "*José de Alencar e Machado de Assis*," *O Jornal*, Rio, 1 maio 1929.

Salgado, Álvaro P., "Vida e poesia de Machado de Assis," *Cultura Política*, Rio, nov 1943, 302-308.

Santos, Antônio Noronha, "O Rio de Janeiro em 1862 e as primeiras produções literárias de Machado de Assis," *Revista do Brasil*, 3a fase, 2:12 (jun 1939) 95-102.

———, "Quincas Borba: o personagem," *Correio da Manhã*, Rio, 26 jan 1947.

Santos, Hemetério dos, "Machado de Assis," *Almanaque brasileiro Garnier*, 1910, 369-378.

Santos, Maria Dulce dos, "El celoso paranoico en ciertas historias de Machado de Assis," *Revista Iberoamericana*, 95 (abr-jun 1971) 437-445.

Serpa, Phocion, "Machado de Assis," *Correio da Manhã*, Rio, 20 jun 1932.

———, "Machado de Assis, o cronista d'*ASemana*," in: Federação das Academias de Letras, *Machado de Assis: estudos e ensaios*, 77-117.

———, *Variações literárias*, 79-87.

Sesto, Isabel, "Joaquim Maria Machado de Assis: su ideología a través de la novela," *Revista nacional*, Montevideo, 61:182 (feb 1954) 242-264.

Silva, Antônio Joaquim da, "A poesia de Machado de Assis," *Revista da Academia Brasileira de Letras*, LVIII (1939) 71-86.

Silva, H. Pereira da, "Megalomania literária de Machado de Assis," *Sul América*, Rio, 30:116 (jan-jun 1949) 44-46; see also: *A megalomania literária de Machado de Assis*, Rio, Aurora, 1949.

Silva, Júlio César da, *Conceitos e pensamentos de Machado de Assis*, S. Paulo, 1934.

Silva, Lafayette, "O teatro de Machado de Assis," *Revista da Academia Brasileira de Letras*, 120 (dez 1931) 467-471.

Simões, João Gaspar, *Caderno de um romancista*, Lisboa, Francisco Franco, 1942, 109-119, 236-271.

——————, *Liberdade do espírito*, Pôrto, Portugália, 1948, 337-348.

Soares, Maria Lins, *Machado de Assis e a análise da expressão*, Rio, MEC, 1968.

Soares, Orris, "O teatro de Machado de Assis," *Revista do Brasil*, 3a. fase, 2:12 (jun 1939) 55-62.

Soares, Teixeira, *Machado de Assis: ensaio de interpretação*, Rio, Guido, 1936.

Sobrinho, Barbosa Lima, "A timidez de Machado de Assis," *Jornal do Brasil*, Rio, 3 nov 1929.

Sodré, Nélson Werneck, "Posição de Machado de Assis," *Revista do Livro*, 3:11 (set 1958) 95-99.

Sousa, Cláudio de, *O humorismo de Machado de Assis*, Rio, Civilização Brasileira, 1941.

Sousa, J. Galante de, *Bibliografia de Machado de Assis*, Rio, INL, 1955.

——————, "Cronologia de Machado de Assis," *Revista do Livro*, 3:11 (set 1958) 141-181.

——————, *Fontes para o estudo de Machado de Assis*, Rio, INL, 1958.

——————, "Machado de Assis: censor dramático," *Revista do Livro*, 1:3-4 (dez 1956) 83-92.

——————, "Machado de Assis em nova edição," in: *Sales*, Rio, Simões, 1954, 47-66.

——————, "A propósito de um enédito de Machado de Assis," *Correio da Manhã*, Rio, 18 abr 1953.

Souza, Coelho de, "Fascinante inoculador de venenos sutis," *O Jornal*, Rio, 12 jan 1939.

Tácito, Caio, "O riso e o humor: a propósito de Machado de Assis," in: Federação das Academias de Letras, *Machado de Assis: estudos e ensaios*, 219-236.

Táti, Mécio, *O mundo de Machado de Assis: o Rio de Janeiro na obra de Machado de Assis*, Rio, MEC, 1961.

Tavares, José Pereira, "Alguns aspectos da linguagem de Machado de Assis," *Brasília*, Coimbra, I (1942) 39-55.

Vale, Luís Ribeiro do, *A psicologia mórbida na obra de Machado de Assis*, Rio, Jornal do Comércio, 1917.

Valério, Américo, *Machado de Assis e a psicanálise*, Rio, Aurora, H. Santiago, 1930.

Velinho, Moisés, "Histórias mal contadas," *Revista do Livro*, 5:17 (mar 1960) 77-85.

—————, *Letras de Província*, 175-197.

—————, "Motivos de crítica social na obra de Machado de Assis," *Revista brasileira*, Rio, 9:25-26 (jan-jun 1959) 3-22.

Veríssimo, José, *Estudos*, II, 195-207.

—————, *Estudos de literatura*, I, 252-261; III, 33-45; IV, 85-103; VI, 187-197, 215-222.

—————, *História*, 415-435.

—————, *Letras e literatos*, 32-38, 77-84.

Veríssimo, Érico, "Reflexiones sobre un enigma literário: Machado de Assis," *Revista Iberoamericana*, 19:37 (1953) 13-26.

Viana Filho, Luís, *A vida de Machado de Assis*, S. Paulo, Martins, 1965.

Vida literária, Rio, 6 (jul 1939). Number dedicated to Machado de Assis.

Vieira, José, "Machado de Assis: funcionário público," *Revista do Brasil*, 3a. fase, 2:12 (jun 1939) 89-94.

Vilalva, Mário, "Machado de Assis," *Jornal do Comércio*, Rio, 18 jun 1939.

Virgillo, Carmelo, "Love and the *causa secreta* in the tales of Machado de Assis," *Hispania*, 49:4 (Dec 1966) 778-787.

Vítor, Nestor, *A crítica de ontem*, Rio, Leite Ribeiro e Maurílio, 1919, 205-210.

Wilson, Clotilde, intro. to the English translation of *Quincas Borba*, London, 1954, 5-7.

—————, "Machado de Assis: encomiast of lunacy," *Hispania*, Washington, 32:2 (may 1949) 198-201.

Woodbridge, Benjamin Mather, Jr., "Machado de Assis—O encontro do artista com o homem," *Província de São Pedro*, Rio, 18 (1953) 18-25.

Xavier, Lindolfo, *Machado de Assis no tempo e no espaço*, Rio, Coeditora Brasílica, 1940.

Artur Azevedo
(1855-1908)

The second most important literary figure to appear in the nineteenth century Brazilian theater, indeed, its "grand old man," was Artur Nabatino Gonçalves de Azevedo. He was born in São Luís do Maranhão on July 7, 1855. Before finishing his secondary studies, he quit school and went to work in business. However, his inclination toward letters manifested itself early in *Carapuças*, a book of humorous poetry published in 1871, as well as in his managing the magazine *O Domingo*. His turbulent nature denied him a future as clerk in business and soon thereafter also as clerk in the governor's office. In 1873 he moved to Rio de Janeiro, where he taught Portuguese in the Colégio Pinheiro and began working in the Ministry of Agriculture, Industry, Commerce and Public Works. In the latter he rose in rank until, just prior to his death, he attained the post of Director General of Accounting of the Ministry, the position left vacant by the death of his friend and colleague, Machado de Assis. Throughout his life Artur Azevedo dedicated himself to journalism and to the theater; in both fields his activity was prodigious. For many years he was theater critic for different Rio newspapers and regularly wrote short stories for them as well. Although best known for his numerous plays and musical reviews, he was a first-rate short story writer and had four books of poetry published during his lifetime. In 1883 his improved financial situation permitted him to travel to Lisbon, Madrid and Paris. A founding member of the Brazilian Academy of Letters, the patron of his chair (29) was Martins Pena. Novelist Aluísio Azevedo was his brother and they collaborated on several occasions. At the end of his fruitful life he was named Director of the João Caetano Theater in the National Exposition of 1908, which took place on Praia Vermelha, and there he staged a repertoire of fifteen national plays. His death on October 22nd of that year prevented him from witnessing the opening of the Municipal Theater, whose very existence owed so much to him.

Critical Commentary:

The outstanding characteristics of Artur Azevedo, the playwright who was "king" of the Brazilian theater in the final quarter of the nineteenth century, include the marked facility of his versification, his quick recourse to humor (which under some circumstances lapsed into slapstick), the ease and naturalness with which he wrote, the liveliness of the scenes depicted, his seemingly almost total lack of pretensions and the unusually excellent rapport he maintained with his audiences.

In the 1880's, but more particularly in the 1890's, a new aristocracy ruled in Brazil. Its head was filled with cosmopolitan ideas imported from France. Yet it was primarily a middle class whose wealth came from agriculture and commerce. Its strong financial position permitted it to support the theater. Its sense of security, deriving in part from its relatively large numbers, and in part from its self-satisfied feeling of superiority, banished any reticence it might have had about seeing itself made fun of. Then, too, the theater still retained its age-old function as the main public purveyor of mass entertainment, and of day-by-day commentary on the latest happenings; indeed, it played the role of the piquant censor of the rapidly changing, small-town, straightlaced customs then evolving into more free and easy cosmopolitan, or even "decadent" forms. The public was avid for amusement on those terms, and enthusiastically received almost everything the dramatist wrote. What theatergoers wanted was to enjoy something light and witty, to be amused. And that is precisely what he gave them. In addition to his theater of manners in verse, Azevedo is also credited with inaugurating the review on the Brazilian stage, an immensely successful genre that optimumly reflects the light, frivolous moral climate of the time. His more serious attempts were unsuccessful. Often highly artificial, farfetched allegories inspired by a Neoclassical desire to relive the sophistication of the Golden Age of Greek mythology, they were doubly painful: box-office failures and, what is worse, uninspired.

The theatergoing public's lack of rigorous demands on the dramatist was mirrored in a certain flatness of inspiration and paucity of dramatic variation in his plays. That, plus a theater production that runs to about two hundred works most of which he wrote on request, gives a fair indication of why the author did not become the outstanding dramatist his personal dedication to the genre and his professional qualifications promised he might have been. Speed was apparently a part of the problem, as was the public's taste in theater at that juncture.

Azevedo's facility at versification cannot be overemphasized. Despite the fact that his theater is primarily a commentary on manners and, as such, hinges principally on family relationships, including marriage, adultery, and the like, his preferential use of poetry by no means acts as an impediment. That he also wrote short stories in verse is likewise significant. The strong relationship his short stories bear to his theater must be underlined. In both, little attention was given to characterization; it is the situation that is important. His purposes, too, are identical: to amuse, to entertain, to cause his audience or reader to laugh, or at least to smile. His method was to focus attention on vital, dynamic moments, which he would re-create through the use of facile dialog, and spontaneous, graceful action. The twist ending was a favorite of his. As was true, too, with Machado de Assis, a friend and colleague in the ministry, Azevedo appreciated considerable cunning and wiliness in some of his characters. Basically, he was a dramatic poet who worked both in the theater and in the short story—but always with the same tools, techniques and aims. In the final analysis, however, it is Artur Azevedo the short story writer who seems destined to endure.

Suggested Reading and Other Texts:

O dote (peça); *A Marcelina* (conto); Bandeira, Manuel, *Fase parnasiana*, 58-62; Bandeira e Cavalheiro, 125-126; Cândido e Castelo, II, 212-235; Coutinho, *Antologia*, I, 206-212; Lins e Holanda, II, 585-588; Ramos, III, 179-182; Rela, 341-360.

Principal Works:

Theater:

Kellar e Facundes (peça cômica), 1875.
Uma véspera de reis (comédia-opereta), 1875.
A pele do lobo (comédia, written 1875), 1876.
O galo de ouro . . . Amor ao pêlo, 1877.
Amor por anexins (written 1872), 1879.
A jóia (comédia), 1879.
Os noivos (opereta de costumes), 1880.
A princesa dos cajueiros (opereta), 1880.
O liberato (comédia), 1881.
O anjo da vingança (com Urbano Duarte), 1882.
Casa de orates (com Aluísio de Azevedo), 1882.
Um cavaleiro particular, 1882.
A flor de lis, 1882.
A mascote na roça (comédia), 1882.
Mandarim (revista), Rio, 1884.
Uma noite em claro (comédia), 1884.
Cocota (revista, com Moreira Sampaio), 1885.
O Grã-Galeoto (paródia), 1885.
O bilontra (revista, com Moreira Sampaio), 1886.
A donzela Teodora (opereta, written in 1880), 1886.
A terra das maravilhas (com Eduardo Garrido e Ribeiro da Silva), 1886.
O carioca (revista, com Moreira Sampaio), 1887.
Mercúrio (revista fantástica, com Moreira Sampaio), (Dec. 1886), 1887.
A almanjarra (comédia), 1888.
O homem (revista, written 1887), 1888.
Fritzmac (revista, com Aluísio Azevedo, written 1887), 1889.
República (revista), 1889.

Viagem ao Parnaso, 1891.
O tribofe (revista), 1892.
O major (revista), 1895.
A fantasia, 1896.
A capital federal, Rio, 1897.
Confidências, 1898.
O badejo (comédia em verso), 1898.
O jagunço, 1898.
Gavroche, 1899.
A viúva Clark ("burleta"), 1900.
Comeu! (revista), 1902.
O retrato a óleo (comédia), 1902.
A fonte Castália (fantasia), 1904.
Guanabarina (revista, com Gaston Bousquet), 1906.
O dote (comédia), 1907.
Vida e morte (comédia), 1908.
O genro de muitas sogras (comédia, com Moreira Sampaio), 1908.
[Also made numerous translations of French theater; many other theatrical pieces are yet unpublished].

Short Story:
Contos possíveis, Rio, 1889.
Contos fora da moda, Rio, 1894.
Contos efêmeros, Rio, 1897.
Contos em verso, Rio, 1909.
Contos cariocas, Rio, 1928.
Vida alheia, Rio, 1928.

Poetry:
Carapuças, São Luís, 1871.
Na rua do Ouvidor, Rio, 1875.
Sonetos, Rio, 1876.
Um dia de finados, Rio, 1877 (satire).
Rimas de Artur Azevedo, recolhidas dos jornais, revistas e outras publicações, Rio, 1909.

A MARCELINA

I

Naquele tempo (não há necessidade de precisar a época) era o Doutor Pires de Aguiar o melhor freguês da alfaiataria Raunier e uma das figuras obrigadas da Rua do Ouvidor. Como advogado diziam-no de uma competência um pouco duvidosa, o que aliás não obstava que ele ganhasse muito dinheiro,—mas como janota—força é confessá-lo—não havia rapaz tão elegante no Rio de Janeiro.

Quando lhe perguntavam a idade, respondia invariavelmente:—Orço pelos quarenta,—e durante muito tempo não deu outra resposta. Os seus contemporâneos de Academia atribuíam-lhe cinqüenta, bem puxados. As senhoras, essas não lhe davam mais que trinta e cinco.

Ele tinha um fraco pelas mulheres de teatro. Consistia o seu grande luxo em ser publicamente o amante oficial de alguma atriz. Não fazia questão de espírito nem beleza; o indispensável é que ela ocupasse lugar saliente no palco, e fosse aplaudida e festejada pelo público. Não era o amor, era a vaidade que o conduzia à nauseabunda Citera dos bastidores.

Essas ligações depressa se desfaziam; duravam enquanto durava o brilho da estrela; desde que esta começava a ofuscar-se, ele achava um pretexto para afastar-se dela e procurar imediatamente outra. Como era inteligente e generoso—muito mais generoso que inteligente,—nunca ficava mal com o astro caído.

Algumas vezes o rompimento era provocado por elas—pelas de mais espírito,—que facilmente se enfaravam de um indivíduo tão preocupado com a própria pessoa, e tão vaidoso das suas roupas.

II

No tempo em que se passou a ação deste ligeiro conto, a nova conquista do Doutor Pires de Aguiar era uma atriz portuguesa, a Clorinda, que viera de Lisboa apregoada pelas cem trombetas do reclame, e cuja estréia, num dos nossos teatrinhos de opereta, o público esperava ansiosamente.

Uma hora antes de começar o espetáculo de estréia, entrou o advogado triunfantemente na caixa do teatro, levando pelo braço a sua nova amiga, elegantemente envolvida numa soberba capa de pelúcia. Ia fazer-lhe entrega do camarim, cujo arranjo confiara liberalmente ao bom gosto e à perícia dos mais hábeis tapeceiros e estofadores.

Ela ficou encantadíssima, a agradeceu com beijos quentes e sonoros a dedicada solicitude do amante.

Que belo tapete felpudo! que bonitos quadros! que papel bem escolhido! que delicioso divã! que magnífico espelho de três faces, onde o seu vulto airoso se refletia três vezes por inteiro! e que profusão de perfumarias! e que precioso serviço de *toilette!* ...

Nada faltava também sobre a mesinha da maquilagem, intensamente iluminada por dois bicos de gás.

O Doutor Pires de Aguiar tinha longa prática desses arranjos; não podia esquecer-se de nenhum dos ingredientes necessários ao camarim de uma atriz que se respeita; o arsenal estava completo.

Dali a nada ouviu-se um—Dá licença? ,—e o diretor de cena entrou no camarim, acompanhado por uma mulher já idosa, muito pálida, de aspecto doentio, pobremente trajada.

—Dona Clorinda, aqui tem a sua costureira.

A *estrela* não conteve um gesto de despeito. O diretor de cena compreendeu-o, e saiu imediatamente, para não entrar em explicações.

—É doente? perguntou Clorinda à costureira.

—Não, senhora. Tive uma doença grave, mas agora estou boa. Saí há dois dias da Santa Casa.

Clorinda trocou um olhar com o advogado, e este disse-lhe, refestelando-se no divã:

—*Ma chère, il faut se contenter de cette habilleuse; nous ne sommes pas en Europe.*

Ele impingiu a frase em francês, para que não a entendesse a costureira, mas a verdade é que Clorinda também não percebeu, o que aliás não a impediu de responder:—*Oui.*

Despojada da mantilha e da bela capa de pelúcia, Clorinda sentou-se entre os dois bicos de gás, e começou a pintar-se, dizendo:—Vamos a isto!

E dirigindo-se à costureira:

—Sente-se. Por que está de pé?

A pobre mulher sentou-se a medo, como receosa de macular a palhinha doirada da cadeira com o seu miserável vestido de chita.

—Sabe que me disseram bonitas coisas a seu respeito? perguntou a atriz ao advogado, olhando-o pelo espelho.

—Deveras?

—Ao que me parece, você tem sido um gajo!

O Doutor Pires de Aguiar teve um sorriso inexprimível. Aquele gajo entrou-lhe pela vaidade adentro como uma grã-cruz.

—Com que então, a sua especialidade são as atrizes?

—Sou doido pelo teatro.

—E há quanto tempo dura essa doidice?

—Há muito tempo. Estou velho, bem vê. Orço pelos quarenta.

—Ninguém lhe dará mais de trinta e cinco.

—São os seus olhos.

—Qual foi a sua primeira paixão no teatro?

—Ah! isso . . .

O advogado levantou o braço e estalou os dedos.

— . . . isso é pré-histórico; perde-se na noite dos tempos.

—Como se chamava essa colega?

—Chamava-se Marcelina.

—Que fim levou?

Ele encolheu os ombros.

—Sei lá! provavelmente morreu. Nunca mais ouvi falar dela. Há mulheres que desaparecem como os passarinhos que não foram mortos a tiro nem engaiolados: ninguém lhes vê os cadáveres.

—Gostou dela?

—Foi talvez a paixão mais séria da minha vida.

—Nunca mais a procurou?

—Para quê?

—Tinha talento?

—Talento? Não. Tinha habilidade.

E depois de uma pausa:

—Tinha habilidade e era muito boa rapariga.

—Brasileira?

—Sim. Representava ingênuas em dramalhões de capa e espada, ali, no São

Pedro de Alcântara. Um dia—eu já a tinha deixado—um dia patearam-na por motivos que nada tinham que ver com a arte dramática; ela desgostou-se; andou mourejando pelas províncias, e afinal desapareceu. *Requiescat in pace!*

Entrou o cabeleireiro. Enquanto Clorinda lhe confiou a cabeça, o Doutor Pires de Aguiar divagou longamente sobre os méritos da Marcelina; depois falou de outras atrizes, desfiando o interminável rosário das suas mancebias.

Clorinda, a costureira e o cabeleileiro ouviam sem dizer palavra.

Terminado o serviço do cabeleireiro, que logo se retirou, Clorinda ergueu-se:

—Agora, meu doutor, há de me dar licença, sim? Vou vestir-me.

—Até logo, disse o advogado. O seu penteado ficou esplêndido! Vou aplaudi-la. *Bonne chance!*

Deu-lhe um beijo—na testa para não desmanchar a pintura,—e saiu do camarim, cuja porta a costureira discretamente fechou.

Minutos depois, Clorinda estava completamente nua.

—A senhora é muito bem feita de corpo, disse-lhe, num tom adulatório, a costureira, enfiando-lhe pela cabeça uma camisa de seda.

—Acha? perguntou desdenhosamente a atriz.

—Ah! eu também já fui bem feita de corpo, mas... não tive juízo: fiei-me demais nos homens. Se quer aceitar um conselho, filha, preste mais atenção à sua arte do que a todos esses...gajos, que fazem das mulheres um objeto de luxo e nada mais. Só assim a senhora evitará o hospital e a miséria.

—Ora esta! exclamou Clorinda. Quem é você, mulher, para me falar assim?

—Eu sou... a Marcelina.

[*Contos fora da moda*,
Rio, Livraria do Prado, 1955, 205-211]

References

Abreu, Brício de, "Centenário de Artur Azevedo," *O Cruzeiro*, Rio, 22 set 1956.

Abreu, Modesto de, "Artur Azevedo," *Revista das Academias de Letras*, Rio, 56 (mar-abr 1945).

_____, "Popularidade de Artur Azevedo," *Boletim da Sociedade Brasileira de Autores Teatrais*, Rio, 283 (jan-fev 1955).

_____, "A técnica teatral de *O Badejo*," *Revista de Teatro, Sociedade Brasileira de Autores Teatrais*, Rio, 288 (nov-dez 1955).

Algerana, V. de, "Artur Azevedo," *Almanack dos Theatros*, Rio, 1909, 5-8.

Aragão, Pedro Moniz de, "A arte no teatro popular," *Boletim da Sociedade Brasileira de Autores Teatrais*, Rio, 234 (abr 1947).

_____, "Artur Azevedo e a sua paixão pelo teatro," *Boletim da Sociedade Brasileira de Autores Teatrais*, Rio, 259 (jan-fev 1951).

_____, "Artur Azevedo," *Dionysos*, Rio, 2 (jun 1952).

Autores e Livros, Rio, 1:10 (jan 1941).

"A Autoria de *O mambembe*," *Revista de Teatro, Boletim da Sociedade Brasileira de Autores Teatrais*, Rio, 288 (nov-dez 1955).

Azevedo, Artur, "As minhas primeiras peças," *Almanaque Brasileiro*, Garnier, Rio, 1903, 188-191.

Azevedo, Raul de, "Os três Azevedos: Artur, Aluísio e Américo," *Jornal do Comércio*, Rio, 5 out 1952.

Barreto, Plínio, "Um grande homem de teatro," *Revista de Teatro, Boletim da Sociedade Brasileira de Autores Teatrais*, Rio, 288 (nov-dez 1955).

Blake, 338-341.

Braga, Osvaldo de Melo, "À margem da bibliografia teatral de Artur Azevedo," *Dionysos*, Rio, 7 (mar 1956).

Broca, Brito, "Coelho Neto e Artur Azevedo," *Revista do Livro*, 3:12 (dez 1958) 193-194.

Camargo, Joraci, "Artur Azevedo e a realidade brasileira do seu tempo," *Boletim da Sociedade Brasileira de Autores Teatrais*, Rio, 284 (mar-abr 1955).

Caminha, 193-200.

Campos, Humberto de, preface to *Contos cariocas de Artur Azevedo*, Rio, 1927; see also *Crítica*, I, II, III.

Cardoso, Raul, "Artur Azevedo e Moreira Sampaio," *Autores e Livros*, I (19 out 1941) 179.

Catálogo da exposição comemorativa do primeiro centenário de Artur Azevedo, Rio, MEC, 1955.

Carvalho, Jarbas, "Artur Azevedo reclama o seu teatro," *Dionysos*, Rio, 7 (mar 1956).

Coelho, Batista, "Ribaltas e gambiarras," *Jornal do Brasil*, Rio, 19 nov 1908.

Cunha, Ciro Vieira da, *No tempo de Paula Ney*, Saraiva, S. Paulo, 1950, 37-39.

Erse, Armando (João Luso), *Elogios*, Porto, 1916, 53-61.

Fleuiss, Max, "O teatro no Brasil, sua evolução," in: *Dicionário histórico, geográfico e etnográfico do Brasil*, Rio, Imprensa Nacional, 1922, II.

Fragoso, Augusto, "O álbum—o último jornal literário de Artur Azevedo," *Revista do Livro*, 3:12 (dez 1958) 171-176.

————, [e Alexandre Eulálio], "Artur Azevedo e Antoine," *Revisto do Livro*, 3:12 (dez 1958) 233-238.

Gomes, Eugênio, "Artur Azevedo e Xisto Bahia," *Correio da Manhã*, Rio, 9 mar 1957.

Gryphus, 215-217.

Gonçalves, Lopes, "A obra original de Artur Azevedo para teatro," *Revista de Teatro, Boletim da Sociedade Brasileira de Autores Teatrais*, Rio, 295 (jan-fev 1957).

Grieco, *Gente nova, passim*.

L. R., "Teatro: os irmãos Azevedo," "Viagem ao Parnaso," "Outras revistas de Artur Azevedo," "Mais revistas de Artur Azevedo," "Outras revistas de Artur Azevedo," "A última revistas de Artur Azevedo," *A Noite*, Jul 19, 20, 21, 27, 29, 30, 1945.

Leão, Múcio, "Quatro aspectos de um escritor," *Letras Brasileiras*, Rio, 1 (mai 1943).

Letras de Artes, I, 10.

Madureira, Joaquim, *Impressões de theatro*, Lisboa, 1905, 215-218.

Magalhães Júnior, Raimundo, "Ainda a história de *O dote*," *Manchete*, Rio, 1 out 1955.
─────── , *Artur Azevedo e sua época*, Rio, 1953.
Martins, Mário R., II, 173-202.
Meireles, Mário M., *Panorama da literatura maranhense*, S. Luís, 1955.
Montelo, Josué, *Artur Azevedo e a arte do conto*, Rio, São José, 1956.
─────── , *Uma palavra*, 49-54.
Nunes, Mário, I, 19-28.
Paixão, Múcio da, *Espírito alheio*, S. Paulo, 1916, 97-100.
Pinto, Serra, "*A Capital Federal*," *Dionysos*, Rio, 7 (mar 1956).
Prado, Décio de Almeida, in: Coutinho, *A literatura*, II, 267-270.
Redondo, Garcia, "Artur Azevedo," *Conferências*, S. Paulo, Sociedade de Cultura Artística, 1914, 97-148.
Reis, Antônio Simões dos, *Poetas do Brasil*, II, 263-271.
Ribeiro, Joaquim, "Artur Azevedo e o teatro abolicionista," *Dionysos*, Rio, 7 (mar 1956).
Rocha, Sousa (Augusto Fragoso), "A história de *O dote*," *Manchete*, Rio, 10 set 1955.
Rosa, Abadie Faria, "O teatro no Distrito Federal," in: *Aspectos do Distrito Federal: Conferências, Biblioteca da Academia Carioca de Letras*, Rio, Gráfica Sauer, 1943, 208-211.
Sampaio, Moreira, "Artur Azevedo," *A Semana*, Rio, 12 dez 1887; also in: *Autores e Livros*, Rio, I (19 oct 1941) 172.
Santos, Guilherme, "Recordações do Largo do Róssio," *Revista de Teatro, Boletim da Sociedade Brasileira de Autores Teatrais*, Rio, 290 (mar-abr 1956).
Santos, Miguel, "Sobre Artur Azevedo," *Boletim da Sociedade Brasileira de Autores Teatrais*, Rio, 273 (mai-jun 1953).
Seidl, Roberto, *Artur Azevedo: ensaio bio-bibliográfico*, Rio, ABC, 1937.
Silva, Lafayette, 151-161.
Silva, Inocêncio Francisco da, XX, 275-276.
Silva, Oliveira e, "*Escola dos Maridos*," *A Estação*, Rio, 15 mar 1891.
Sousa, Cláudio de, "Discurso de recepção na Academia Brasileira de Letras: O teatro brasileiro," *Revista do Instituto Histórico*, 1935.
Sousa, J. Galante de, *O teatro no Brasil*, II, 74-88.
Velho Sobrinho, I, 577-582.
Verissimo, José, "Bibliografia," *Revista Brazileira*, Rio, III (1895) 125.
Vitorino, Eduardo, *Actores e atrizes*, Rio de Janeiro, 1937, 237-241.

Euclides da Cunha
(1866-1909)

Undoubtedly Brazil's most original writer, Euclides Rodrigues Pimenta da Cunha was born on January 2, 1866, on the Saudade Plantation in Santa Rita do Rio Negro, Province of Rio de Janeiro. He enrolled in the Escola Politécnica in Rio de Janeiro, but on February 20, 1886, he transferred to the Escola Superior de Guerra. Strong republican convictions led him to commit an act of insubordination in the presence of the Minister of War, for which reason he was separated from the service. In São Paulo he began a newspaper career, writing against the regime, but he soon returned to Rio de Janeiro and was accepted to study in the Escola Politécnica. When the Republic was declared on November 15, he was reinstated in the Army, and returned to the Escola Superior de Guerra. Two years after graduation (1891) he took part in the Naval Revolt. Due to his protest in the public press against the government's inhuman intentions toward political prisoners, his superiors lost confidence in him and he was separated from the Army in 1893. For some time he earned his living on public works construction projects in the State of São Paulo. In 1897, his two articles in *O Estado de São Paulo* concerning the Canudos Campaign, titled "A nossa Vendée," attracted attention, and later that year the newspaper sent him to Bahia to cover the military operations. There he gathered materials for the twenty-three articles which appeared in his newspaper, as well as later for writing his most famous work, *Os sertões,* 1902, which he did over a period of three years beginning in 1899 while supervising the construction of a bridge in São José do Rio Pardo. Four years later, the Barão do Rio Branco sent him to reconnoiter the Alto Purus. In 1908 he wrote a revealing introduction to *Poemas e canções,* by Vicente de Carvalho. The following year he was named to teach logic in the Colégio Pedro II. Betrayed and abandoned by his wife, Euclides da Cunha challenged the other man, Colonel Dilermando de Assis, and was shot and killed in the resulting duel on August 15, 1909. This tragedy was duplicated, for some years later Euclides da Cunha's son also challenged the colonel and was likewise killed in a duel.

Critical Commentary:

Euclides da Cunha is unique among Brazilian writers—also one of the greatest, if by greatness we mean freshness of view, erudition, scope and sweep of his accomplishment. If it signifies creation in the fictional sense, the fashioning of characters, of situations, of ambients and the inter-relationship of those characters to each other in a psychological sense and to their reality in a non-causal, essentially unpredictable (human) way, then our judgment must be different, for he had not such intentions. It is only fair to study him and his book in the light of what he sought to do.

Unlike Coelho Neto in *Sertão*, 1897, and Afonso Arinos in *Pelo sertão*, 1898, Euclides da Cunha in *Os sertões*, 1902, is not essentially oriented toward fiction. He has a thesis: to decry the inhumanity of a government that, failing in its duty to educate and otherwise bring civilization to all its citizens, allows itself to lose self-control and in a wild surge of insanity extirpates from its midst a semibarbarous segment of its population simply because it is unable to understand it and redeem it. This, then, is a stifled, rational, and reasoned cry of protest on a humanitarian level. The complaint is lodged by a man with a strong scientific orientation, one who intellectually believed in the philosophy of determinism, but emotionally could not bring himself to accept the ultimate consequences of what his reason told him. And so he held fast to the hope that Man could be redeemed through education, even though, admittedly, that human perfectibility appears discouragingly difficult.

To carry out his plan, the author proceeded scientifically. Moving from the general to the particular, he described the reality and the people with precision, compared the people with those from other areas of the country, showed the relationship of each group to its own reality, studied them all from a psychological point of view, and ended with a profound ecological treatise on the two Brazils he saw: one on the coast, the other in the interior. It should be noted that the author's depiction of reality is not merely photographic; the very relationship of the things involved is profoundly natural, so much so that a feeling of presence is readily transmitted. But all this, of course, is only an instrument to carry the message of outraged humanity, not only because of the horror and cruelty of the Canudos Campaign in a purely local and military sense, but also because of the base attack it represented morally.

Os sertões is difficult, if not impossible, to categorize. The only work of modern times that lends itself to comparison may well be *Civilización y barbarie; la vida de Juan Facundo Quiroga*, 1845, by the Argentine D. F. Sarmiento. If the geology, geography, climate, flora, fauna, of the Bahian interior are portrayed in minute detail, as also are the customs, way of life, culture, psychology and social relationships of the inhabitants, there is only somewhat less attention paid to the history, economics, and political institutions of the region. But above and beyond all that, pure background, the author studied the scope and the implications of the terrible struggle which, very much alive throughout Brazil between the up-to-date coastal civilization and the still feudal and even semibarbarous hinterland, was centered in the stronghold at Canudos.

Equally difficult to determine is the genre of *Os sertões*. If its vividness and swiftness of movement remind one of the novel, the sweep and magnitude of the action recall the epic. Some descriptions are characterized by their high lyrical quality and yet, ever present, are the inquiring eye and measured precision of the investigator and the enveloping theorizing traits of the essayist. To call it a latter-day chronicle would likely come closest to representing the facts.

The tonal qualities of *Os sertões* are as varied as its scope is broad. Noteworthy are the stiring novel-like qualities that alternate with the stark, almost painfully precise language suggesting the report. There is also an oscillation between lyrical and epic poetical qualities, and the reader is impressed by the author's sincerity and uncompromising honesty in laying bare the facts of Brazilian life as he saw them. His gloom at the stupidity of those in power is at once emphasized and momentarily enlivened by the barbs of his bitter irony, which, however, do not lack humor. But despite his despondent tone, he is not completely devoid of hope.

Da Cunha was considerably influenced by Positivism and by the strong-man and strong-nation view derived from Nietzsche. But beyond such influences, he was a poet and scholar at heart. Classic balance is everywhere. He lauds the progress of the natural sciences, and was a real man of science himself. He chose the moderate position both in science and in art. In poetry, for example, he advocated avoidance of the exaggerations implicit in the extreme positions inherent in Parnassianism and Symbolism. In a word, he believed in the whole man, something akin to the Renaissance man, who is at once an artist, poet, scholar and philosopher. We should also add that, for the Republic and against the Monarchy, he intellectually favored democratic procedures, but he was skeptical about the way they were being distorted in practice in Brazil. Moreover, as a staunch supporter of the dignity of man under any and all circumstances, he was, despite his military education, a vigorous anti-militarist.

Suggested Reading and Other Texts:

Prose: Cândido e Castelo, II, 320-330; Coutinho, *Antologia*, III, 38-51; Etienne Filho, João, *Euclides da Cunha; trechos escolhidos*, Rio, Agir, 1961. 18-101; Lins e Holanda, II, 659-670; Moisés, *Textos*, 367-373; Peixoto, Afrânio, *Panorama,* 472-478; Romero, *História,* V, 404-405, 407-410, 414-415, 419-422.

Poetry: *Autores e livros*, Rio (16 de agosto de 1942); Bandeira, Manuel, *Antologia de poetas brasileiros bissextos contemporâneos*, Rio, Zélio Valverde, 1946, 56-57.

Principal Works:

Os sertões, Rio, Laemmert, 1902.
Relatório da Comissão Mista Brasileiro-Peruana de Reconhecimento do Alto Purus, Rio, Imprensa Nacional, 1906.
Peru versus Bolívia, Rio, 1907.

Castro Alves e seu tempo, Rio, Imprensa Nacional, 1907.
Contrastes e confrontos, Porto, Empresa Literária Tipográfica, 1907.
Martim Garcia, 1908.
À margem da história, Porto, Lello, 1909.
Cartas de Euclides da Cunha a Machado de Assis, 1931.
Euclides da Cunha a seus amigos, ed. por Francisco Venâncio Filho, S. Paulo, 1938.
Canudos (diário de uma expedição), Rio, João Olímpio, 1939.

OS SERTÕES

O homem

O sertanjo é, antes de tudo, um forte. Não tem o raquitismo exaustivo dos mestiços neurastênicos do litoral.

A sua aparência, entretanto, ao primeiro lance de vista, revela o contrário. Falta-lhe a plástica impecável, o desempeno, a estrutura corretíssima das organizações atléticas.

É desgracioso, desengonçado, torto. Hércules-Quasimodo, reflete no aspecto a fealdade típica dos fracos. O andar sem firmeza, sem aprumo, quase gingante e sinuoso, aparenta a translação de membros desarticulados. Agrava-o a postura normalmente abatida, num manifestar de displicência que lhe dá um caráter de humilidade deprimente. A pé, quando parado, recosta-se invariavelmente ao primeiro umbral ou parede que encontra; a cavalo, se sofreia o animal para trocar duas palavras com um conhecido, cai logo sobre um dos estribos, descançando sobre a espenda da sela. Caminhando, mesmo a passo rápido, não traça trajectória rectilínea e firme. Avança celeremente, num bambolear caraterístico, de que parecem ser o traço geométrico os meandros das trilhas sertanejas. E se na marcha estaca pelo motivo mais vulgar, para enrolar um cigarro, bater o isqueiro, ou travar ligeira conversa com um amigo, cai logo—cai é o termo—de cócaras, atravessando largo tempo numa posição de equilíbrio instável, em que todo o seu corpo fica suspenso pelos dedos grandes dos pés, sentado sobre os calcanhares, com uma simplicidade a um tempo ridícula e adorável.

É o homem permanentemente fatigado.

Reflete a preguiça invencível, a atonia muscular perene, em tudo: na palavra remorada, no gesto contrafeito, no andar desaprumado, na cadência langorosa das modinhas, na tendência constante à imobilidade e à quietude.

Entretanto, toda esta aparência de cansaço ilude.

Nada é mais surpreendedor do que vê-la desaparecer de improviso. Naquela organização combalida operam-se, em segundos, transmutações completas. Basta o aparecimento de qualquer incidente exigindo-lhe o desencadear das energias adormidas. O homem transfigura-se. Impertiga-se, estadeando novos relevos, novas linhas na estatura e no gesto; e a cabeça firma-se-lhe, alta, sobre os ombros possantes, aclarada pelo olhar desassombrado e forte; e corrigem-se-lhe, prestes, numa descarga nervosa instantânea, todos os efeitos do relaxamento habitual dos órgãos; e da figura vulgar do tabaréu canhestro, reponta, inesperadamente, o aspecto dominador de um titã acobreado e potente, num desdobramento supreendente de força e agilidade extraordinárias.

Este contraste impõe-se ao mais leve exame. Revela-se a todo o momento, em todos os pormenores da vida sertaneja—caraterizado sempre pela intercadência impressionadora entre extremos impulsos e apatias longas.

É impossível idear-se cavaleiro mais chucro e deselegante; sem posição, pernas coladas ao bojo da montaria, tronco pendido para a frente e oscilando à feição da andadura dos pequenos cavalos do sertão, desferrados e maltratados, resistentes e rápidos como poucos. Nesta atitude indolente, acompanhando morosamente, a passo, pelas chapadas, o passo tardo das boiadas, o vaqueiro preguiçoso quase transforma o *campeão* que cavalga na rede amolecedora em que atravessa dous terços da existência.

Mas se uma rês *alevantada* envereda, esquiva, adiante, pela caatinga *garranchenta,* ou se uma ponta de gado, ao longe, se trasmalha, ei-lo em momentos transformado, cravando os acicates de rosetas largas nas ilhargas da montaria e partindo como um dardo, atufando-se velozmente nos dédalos inextricáveis das juremas.

Vimo-lo neste *steeple-chase* bárbaro.

Não há contê-lo, então, no ímpeto. Que se lhe antolhem quebradas, acervos de pedras, coivaras, moutas de espinhos ou barrancas de ribeirões, nada lhe impede encalçar o *garrote* desgarrado, porque *por onde passa o boi passa o vaqueiro com o seu cavalo*...

Colado ao dorso deste, confundindon-se com ele, graças à pressão dos jarretes firmes, realiza a criação bizarra de um centauro bronco: emergindo inopinadamente nas clareiras; mergulhando nas macegas altas; saltando valos e ipueiras; vingando cômoros alçados; rompendo, célere, pelos espinheirães mordentes; precipitando-se, à toda brida, no largo dos taboleiros...

A sua compleição robusta ostenta-se, nesse momento, em toda a plenitude. Como que é o cavaleiro robusto que empresta vigor ao cavalo pequenino e frágil, sustendo-o nas rédeas improvisadas de caruá, suspendendo-o nas esporas, arrojando-o na carreira—estribando curto, pernas encolhidas, joelhos fincados para a frente, torso colado no arção,—*escanchado no rastro* do novilho esquivo: aqui curvando-se agilíssimo, sob um ramalho, que lhe roça quase pela sela; além desmontando, de repente, como um acrobata, agarrado às crinas do animal, para fugir ao embate de um tronco percebido no último momento e galgando, logo depois, num pulo, o selim;—e galopando sempre, através do todos os obstáculos, sopesando à dextra sem a perder nunca, sem a deixar no inextricável dos cipoais, a longa aguilhada de ponta de ferro encastoada em couro, que por si só constituiria, noutras mãos, sérios obstáculos à travessia...

Mas terminada a refrega, restituida ao rebanho a rês dominada, ei-lo, de novo caído sobre o lombilho retovado, outra vez desgracioso e inerte, oscilando à feição da andadura lenta, com a aparência triste de um inválido esmorecido.

O *gaúcho* do sul, ao encontrá-lo nesse instante, sobreolhá-lo-ia comiserado.

O vaqueiro do norte é a sua antítese. Na postura, no gesto, na palavra, na índole e nos hábitos não há equipará-los. O primeiro, filho dos plainos sem fins, afeito às correrias fáceis nos pampas e adaptado a uma natureza carinhosa que o encanta, tem, certo, feição mais cavalheirosa e atraente. A luta pela vida não lhe assume o carácter selvagem da dos sertões do norte. Não conhece os horrores da seca e os combates cruentos com a terra árida e exsicada. Não o entristecem as cenas periódicas da devastação e da miséria, o quadro assombrador da absoluta pobreza do solo calcinado, exaurido pela adustão dos sóis bravios do Equador. Não tem, no meio das horas tranqüilas da felicidade, a preocupação do futuro, que é sempre uma ameaça, tornado aquela instável e fugitiva. Desperta para a vida amando a natureza deslumbrante que o aviventa; e passa pela vida, aventureiro, jovial, diserto, valente e fanfarrão, despreocupado, tendo o trabalho como uma diversão que lhe permite as *disparadas*, domando distâncias, nas pastagens planas, tendo aos ombros, palpitando aos ventos, o pala inseparável, como uma flâmula festivamente desdobrada.

As suas vestes são um traje de festa, ante a vestimenta rústica do vaqueiro. As amplas *bombachas,* adrede talhadas para a movimentação fácil sobre os *baguais,* no galope fechado ou no corcovear raivoso, não se estragam em espinhos diláceradores de caatingas. O seu poncho vistoso jamais fica perdido, embaraçado nos esgalhos das árvores garranchentas. E, rompendo pelas coxilhas, arrebatadamente na marcha do redomão desensofrido, calçando as largas botas russilhonas, em que retinem as rosetas das esporas de prata; lenço de seda, encarnado, ao pescoço; coberto pelo sombreiro de enormes abas flexíveis, e tendo à cinta, rebrilhando, presas pela *guaiaca,* a pistola e a faca—é um vitorioso jovial e forte. O cavalo sócio inseparável desta existência algo romanesca, é quase objeto de luxo. Demonstra-o o arreiamento complicado e espectaculoso. O gaúcho andrajoso sobre um *pingo* bem aperado, está decente, está corretíssimo. Pode atravessar sem vexames os vilarejos em festa.

O vaqueiro, porém, criou-se em condições opostas, em uma intermitência, raro perturbada, de horas felizes e horas cruéis, de abastança e misérias—tendo sobre a cabeça, como ameaça perene, o sol, arrastando de envolta no volver das estações, períodos sucessivos de devastações e desgraças.

Atravessou a mocidade numa intercadência de catástrofes. Fez-se homem, quase sem ter sido criança. Salteou-o, logo, intercalando-lhe agruras nas horas festivas da infância, o espantalho das secas no sertão. Cedo encarou a existência pela sua face tormentosa. É um condenado à vida. Compreendeu-se envolvido em combate sem tréguas, exigindo-lhe imperiosamente a convergência de todas as energias.

Fez-se forte, esperto, resignado e prático.

Aprestou-se, cedo, para a luta.

O seu aspecto recorda, vagamente, à primeira vista, o de guerreiro antigo exausto da refrega. As vestes são uma armadura. Envolto no *gibão* de couro curtido, de bode ou de vaqueta; apertado no colete também de couro; calçando as *perneiras,* de couro curtido ainda, muito justas, cosidas às pernas e subindo até às virilhas, articuladas em *joelheiras* de sola; e resguardados os pés e as mãos pelas *luvas* e *guarda-pés* de pele de veado—é como a forma grosseira de um campeador medieval desgarrado em nosso tempo.

Esta armadura, porém, de um vermelho pardo, como se fosse de bronze flexível, não tem cintilações, não rebrilha ferida pelo sol. É fosca e poenta. Envolve ao combatente de uma batalha sem vitórias . . .

A sela da montaria, feita por ele mesmo, imita o lombilho rio-grandense, mas é mais curta e cavada, sem os apetrechos luxuosos daquele. São acessórios uma manta de pele de bode, um couro resistente, cobrindo as ancas do animal, *peitorais* que lhe resguardam o peito, e as *joelheiras* apresilhadas às juntas.

Este equipamento do homem e do cavalo talha-se à feição do meio. Vestidos doutro modo não romperiam, incólumes, as caatingas e os pedregais cortantes.

Nada mais monótono e feio, entretanto, do que esta vestimenta original, de uma só cor—o pardo avermelhado do couro curtido—sem uma variante, sem uma lista sequer diversamente colorida. Apenas, de longe em longe, nas raras *encamisadas,* em que aos descantes da viola o matuto deslembra as horas fatigadas, surge uma novidade—um colete vistoso de pele de gato do mato ou de sussuarana, com o pelo mosqueado virado para fora, ou uma bromelia rubra e álacre fincada no chapéu de couro.

Isto, porém, é incidente passageiro e raro.

Extintas as horas do folguedo, o sertanejo perde o desgarre folgazão—largamente expandido nos *sapateados*, em que o estalo seco das alpercatas sobre o chão se parte nos tinidos das esporas e soalhas dos pandeiros, acompanhando a cadência das violas vibrando nos *rasgados*—e cai na postura habitual, tosco, deselegante e anguloso, num estranho manifestar de desnervamento e cansaço extraordinários.

Ora, nada mais explicável do que este permanente contraste entre extremas manifestações de força e agilidade e longos intervalos de apatia.

Perfeita tradução moral dos agentes físicos da sua terra, o sertanejo do norte teve uma árdua aprendizagem de reveses. Afez-se, cedo, a encontrá-los, de chofre, e a reagir, de pronto.

Atravessa a vida entre ciladas, surpresas repentinas de uma natureza incompreensível, e não perde um minuto de tréguas. É o batalhador perenemente combalido e exausto, perenemente audacioso e forte; preparando-se sempre para um recontro que não vence e em que se não deixa vencer; passando da máxima quietude à máxima agitação; da rede preguiçosa e cômoda para o lombilho duro, que o arrebata, como um raio pelos *arrastadores* estreitos, em busca das malhadas. Reflete, nestas aparências que se contrabatem, a própria natureza que o rodeia—passiva ante o jogo dos elementos e passando, sem transição sensível, de uma estação à outra, da maior exuberância à penúria dos desertos incendidos, sob o reverberar dos estios abrasantes.

É inconstante como ela. É natural que o seja. Viver é adaptar-se. Ela talhou-o à sua imagem: bárbaro, impetuoso, abrupto . . .

O gaúcho, o *peleador* valente, é, certo, inimitável numa carga guerreira; precipitando-se, ao ressoar estrídulo dos clarins vibrantes, pelos pampas, com o conto da lança enristada, firme no estribo; atufando-se loucamente nos *entreveros;* desaparecendo, com um grito triunfal, na voragem do combate, onde espadanam cintilações de espadas; transmudando o cavalo em projetil e varando quadrados e levando de rojo o adversário no rompão das ferraduras, ou tombando, prestes, na luta, em que entra com despreocupação soberana pela vida.

O jagunço é menos teatralmente heróico; é mais tenaz: é mais resistente; é mais perigoso; é mais forte; é mais duro.

Raro assume esta feição romanesca e gloriosa. Procura o adversário com o propósito firme de o destruir, seja como for.

Está afeiçoado aos prélios obscuros e longos, sem expansões entusiásticas. A sua vida é uma conquista arduamente feita, em faina diuturna. Guarda-a como capital precioso. Não esperdiça a mais ligeira contração muscular, a mais leve vibração nervosa sem a certeza do resultado. Calcula friamente o pugilato. Ao *riscar da faca* não dá um golpe em falso. Ao apontar a lazarina longa ou o trabuco pesado, *dorme na pontaria*...

Se, ineficaz o arremesso fulminante, o contrário enterreirado não baqueia, o gaúcho, vencido ou pulseado, é fragílimo nas aperturas de uma situação inferior ou indecisa.

O jagunço, não. Recua. Mas no recuar é mais temeroso ainda. É um negacear demoníaco. O adversário tem, daquela hora em diante, visando-o pelo cano da espingarda, um ódio inextinguível, oculto no sombreado das tocaias...

[*Os sertões*, 15a ed., corrigida, Rio, Livraria Francisco Alves, 1940, 114-121].

References:

Abreu, Modesto de, *Estilo e personalidade de Euclides da Cunha: estilística d'"Os Sertões,"* Rio, Civilização Brasileira, 1963.
Albuquerque, Medeiros e, "Crônica literária," *A Notícia*, Rio, 12 dez 1902.
_____, *Quando eu era vivo*, 228-229.
Alves, 111.
Andrade, Olímpio de Sousa, *Euclides da Cunha e o espírito de renovação*, Rio, São José, 1967.
_____, *História e interpretação de "Os Sertões,"* S. Paulo, Edart, 1960.
_____, "Linguagem, poesia e imaginação na história sem fronteiras," *Revista do Livro*, 4:15 (set 1959) 55-74.
_____, "*Os Sertões* numa frase de Nabuco," *Planalto*, S. Paulo, 1:14 (dez 1941).
Araripe Júnior, Tristão de, "Discurso a Afrânio Peixoto," *Revista da Academia Brasileira de Letras*, 7 (1912).
_____, "Dois grandes estilos," preface to: *Contrastes e confrontos*, 2nd ed., Porto, Lello, 1907, xiii-xxxvii.
_____, "Dois vulcões extintos," *Jornal do Comércio*, Rio, ago 1909.
_____, "*Os Sertões*," *Jornal do Comércio*, Rio, 27 fev 1903.
Assis, Dilermando de, *A tragédia da piedade: mentiras e calunias de "A vida dramática de Euclides da Cunha,"* Rio, O Cruzeiro, 1951.
Autores e Livros, 3:5, 6 (16 e 23 agô 1942).

Azevedo, Fernando de, "O homem Euclides da Cunha," *Revista de História*, S. Paulo 3:9 (jan-mar 1952) 3-30.
Bandeira, Sousa, 22-29.
Barreto, Plínio, 119-137.
Barros, Francisco de, "Alguns aspectos da linguagem de Euclides da Cunha," *Brasília*, Coimbra, V (1950), 29-50.
Barros, João de, *Presença do Brasil*, Lisboa, Dois Mundos, 1946, 151-176.
Belo, *Inteligência*, 143-172.
Benítez, Justo Pastor, "Euclides da Cunha," *Revista do Livro*, 4:15 (set 1959) 221-224.
Bosi, Alfredo, *A literatura brasileira, V: O pre-modernismo*, S. Paulo, Cultrix, 1967, 120-126.
Brandão, 81-126.
Cardoso, 105-156.
_____ , *À margem da história*, 231-258.
Cavalcanti, Povina, "Excerto de um livro inédito," *O Globo*, Rio, 15 ago 1930.
César, Guilhermino, *Euclides da Cunha*, P. Alegre, WFRGS, 1966.
Chiacchio, Carlos, "Euclides da Cunha: aspectos singulares," *Jornal de Ala*, Bahia, III (11 jan 1940) 1-2.
Comemorações Euclidianas, São José do Rio Pardo, 1946 e 1947.
Cores Trasmonte, Baldomero, "Euclides da Cunha en la sociedad industrial: parasociologia brasileira," Revista de Cultura Brasileira, Madrid, 14:29 (dic 1969) 136-176.
Coutinho, Alfrânio, *Euclides, Capistrano e Araripe*, Rio, MES, 1959.
_____ , "*Os sertões:* obra de ficção," *Studia,* Rio, Col. Pedro II, 4 (dez 1953).
Dantas, P. "O sentido das comemorações euclidianas," *Revista Brasiliense*, S. Paulo, 23 (1959).
David, George B., *Novas luzes sobre Euclides da Cunha*, Rio, Guarani, 1946.
Diniz, Almáquio, "Euclides da Cunha: realizações filisóficas de sua obra," Preface to: Oberlander, Mário F., *Euclides da Cunha*, 1925, 17-42.
Dom Casmurro, Rio, Maio 1946. Number dedicated to Euclides da Cunha.
Dória, Escragnolle, "Euclides da Cunha," *Jornal do Comércio*, Rio, 14 ago 1913.
Dutra, Firmo, "Euclides da Cunha: geógrafo e explorador," *Estudos brasileiros*, Rio, 1:2 (1938) 30-52.
Euclides, Rio, 1 set 1939 a 1 jul 1941.
Farros, Francisca de, "Alguns aspectos da linguagem de Euclides da Cunha," *Brasília*, Coimbra, V (1950) 29-50.
Fernandes, 29-35.
Figueira, Gastón, "Tres grandes escritores brasileños," *Revista Iberoamericana*, 18:35 (feb-dic 1952) 157-162.
Fortes, Herbert Parentes, *Euclides da Cunha: o estilizador da nossa história*, Rio, G.R.D., 1958.
Franco, Afonso Arinos de Melo, *Homens*, 101-118.
Freire, Gilberto, *Atualidade de Euclides da Cunha*, Rio, Casa do Estudante do Brasil, 1941.

————, intro. to *Canudos: diário de uma expedição*, Rio, 1939.
————, *Perfil*, 21-63.
Garcia, Frederick C. H., "Duas apresentações de Euclides da Cunha," *Luso-Brazilian Review*, 7:1 (Summer 1970) 23-34.
Gicovate, Moisés, *Euclides da Cunha: uma vida gloriosa*, S. Paulo, Melhoramentos, 1951.
Girão, A. de Amorim, "Conceito antropogeográfico de Euclides da Cunha," *Brasília*, Coimbra, I (1942) 283-286.
Goldberg, 210-221.
Gomes, Antônio Osmar, "O baianismo de Euclides da Cunha," *Jornal de Ala*, Bahia, 3:3 (mar 1940) 23-24.
Gomes, Eugênio, *Visões*, 277-303.
Grieco, *Evolução da prosa*, 216-220.
Guimarães, Moreira, *Estudos e reflexões*, Rio, Papelaria Brasil, 1910, 39-58.
Jorge, A. G. de Araújo, *Ensaios de história e crítica*, Rio, Imprensa Nacional, 1916, 51-88.
Lacerda Filho, *Euclides da Cunha: sua vida e sua obra*, João Pessoa, A União, 1936.
Leão, Veloso, *Euclides da Cunha na Amazônia: ensaio*, Rio, São José, 1966.
Lima, Alceu Amoroso, *Primeiros estudos*, 287-292.
Lima, Manuel de Oliveria, "Euclides da Cunha," *O Estado de São Paulo*, 4 fev 1907.
Lins, Álvaro, *Jornal de crítica*, VI, 202-210.
Lucas, Fábio, "Euclides da Cunha no cinqüentenário," *Tendência*, Belo Horizonte, 3 (1960).
————, *Temas literários e juizos críticos*, Belo Horizonte, Tendência, 1963, 19-36.
Martins, Mário R., II, 321-331.
Martins, Wilson, "O estilo de Euclides da Cunha," *Anhembí*, S. Paulo, 2:24 (nov 1952) 459-476.
Melo, Dante de, *A verdade sobre "Os Sertões,"* Rio, Biblioteca do Exército, 1958.
Mendonça, Carlos A. de, "Euclides da Cunha e a expressão máxima do aspecto literário de sua obra," *Correio da Manhã*, Rio, 6 set 1936.
Mendonça, Renato de, *O ramo*, 99-130.
————, *Retratos*, 118-124.
Meyer, Augusto, *Preto*, 183-191.
Miranda, Veiga, "Euclides da Cunha antes dos Sertões," *Revista da Academia Brasileira de Letras*, 142 (out 1933) 200-227.
Morais, C. Dante de, "Euclides da Cunha: homem trágico," *Revista Brasileira*, Rio, 9: 21-22 (jan-jun 1958) 149-182.
Mota, *Vultos*, 225-241.
Mota Filho, Cândido, "Euclides da Cunha e a condição específica da formação brasileira," *Sociologia e história*, S. Paulo, Instituto de Sociologia e Política, 1956, 11-28.

———, "A fôrça telúrica de Euclides da Cunha," *Revista da Academia Paulista de Letras*, 6:21 (mar 1943) 17-38.
Moura, Clóvis, *Introdução ao pensamento de Euclides da Cunha*, Rio, Civilização Brasileira, 1964.
Navarro, Raul, "Euclides da Cunha y el nativismo brasileño," *La Nación*, Buenos Aires, 2 abr 1939.
Oberlander, Mário F., *Euclides da Cunha: apostilas para um ensaio crítico*, Rio, Ed. Ilustrada, 1925.
Nenes, Edgara de Carvalho, *Afirmação de Euclides da Cunha*, s.l., 1960.
Olinto, Antônio, *Euclides da Cunha*, Rio, São José, 1960, 128-130.
Oliveira, Franklin de, "Euclides da Cunha," in: Coutinho, *A literatura*, III (1), 291-307.
———, *A fantasia exata*, 249-268.
Pacheco, Felix, *Dois egressos da farda*, Rio, 1909.
Paranhos, Ulisses, "Euclides da Cunha: o mestre do nacionalismo brasileiro," *Revista da Academia Paulista de Letras*, 5:17 (mar 1942) 88-113.
Peixoto, Afrânio, *Poeira*, 9-103.
Peregrino, Umberto, *Euclides da Cunha e outros estudos*, Rio, Gráfica Record, 1968.
———, *"Os sertões" como história militar*, Rio, Biblioteca do Exército, 1956.
———, *Vocação de Euclides da Cunha: interpretações das suas experiências na carreira militar*, Rio, José Olímpio, 1946.
Pinto, 129-138.
Pinto, Pedro A., *Brasileirismos e supostos brasileirismos de "Os sertões" de Euclides da Cunha*, Rio, Tip. S. Benedito, 1931.
———, *"Os Sertões:" vocabulário e notas lexicológicas*, Rio, Francisco Alves, 1930.
Pinto, Nazário J., "Euclides da Cunha e a filosofia no Brasil," *Anais do III Congresso Nacional de Filosofia*, Rio, 1960.
Pontes, Elói, *A vida dramática de Euclides da Cunha*, Rio, José Olímpio, 1938.
Por protesto e adoração: In memoriam de Euclides da Cunha, Rio, 1919.
Proença, *Estudos*, 247-267.
———, "O sertanejo de Euclides da Cunha e a literatura regional," *Revista Brasiliense*, S. Paulo, 32 (1960).
Putnam, Samuel, "Brazil's Greatest Book," Intro. to: *Os Sertões: Revolution in the Backlands*, Chicago, University of Chicago Press, 1945, iii-xviii.
Rabelo, Sílvio, *Euclides da Cunha*, Rio, Casa do Estudante do Brasil, 1948.
Rangel, 73-110.
Rego, José Lins do, "Eu não vi o sertanejo de Euclides," *Gordos*, 216.
Reis, A. Simões dos, "Através da imprensa," *Euclides*, Rio, 12:2 (15 ago 1940).
Revista Bibliográfica, Rio, out 1927. Number dedicated to Euclides da Cunha.
Revista da Academia Brasileira de Letras, Rio, agô 1929. Number dedicated Euclides da Cunha.
Revista da Academia Paulista de Letras, 39:39 (set 1947) 98-120.
Revista do Grêmio Euclides da Cunha, Rio, 1915-1939.

Revista do Livro, Rio, 15 (set 1959). Number dedicated to author.
Ribeiro, João, "Euclides da Cunha," *O Imparcial*, Rio, 4 mar 1918.
Ricardo, Cassiano, "O bandeirante Euclides da Cunha," *Revista da Academia Paulista de Letras*, 39:39 (set 1947) 98-120.
Rodrigues, A. da Gama, *Euclides da Cunha: engenheiro*, S. Paulo, 1956.
Romero, Sílvio, "Discurso de recepção na Academia," *Revista da Academia Brasileira de Letras*, 9-10 (1909); also in: *Provocações e debates*, Rio, 1910.
─────── , *História*, V, 402-422.
Rondon, Cândido, "Euclides da Cunha," *Autores e Livros*, 16 ago 1942.
Salomão, Jorge, *Um piolho na asa da águia*, São Paulo, Saraiva, 1965.
Sampaio, José Pereira (Bruno), Preface to *Contrastes e confrontos*, 2nd ed., Porto, Lello, 1907, vi-xi.
Sampaio, Teodoro, "À memória de Euclides," *Revista do Instituto Geográfico Histórico*, Bahia, 1919.
Sánchez-Sáez, Bráulio, "Euclides da Cunha: constructor de nacionalidad," *Agonía*, Buenos Aires, 4 (oct-dec 1939) 50-56.
Sena, Ernesto, "Euclides da Cunha," *Jornal do Comércio*, Rio, 25 dez 1913.
Silva, João Pinto da, *Vultos*, I, 78-93; II, 7-51.
Skidmore, Thomas E. and Thomas H. Holloway, "New light on Euclides da Cunha: letters to Oliveira LIma, 1903-1909," *Luso-Brazilian Review*, 8:1 (jun 1971) 30-55.
Sodré, Nélson Werneck, "Revisão de Euclides da Cunha," *Revista do Livro*, 4:15 (set 1959) 15-53.
Sousa, J. Galante de, "Algumas fontes para o estudo de Euclides da Cunha, *Revista do Livro*, 4:15 (set 1959) 183-219.
Spalding, Walter, "Euclides da Cunha: poeta," *Anais do 2o Congresso das Academias de Letras*, Rio, 1939, 417-440.
Terêncio, Paulo, *Estudos euclidianos: notas para o vocabulário de "Os sertões,"* Rio, B. de Sousa, 1929.
Tocantins, Leandro, *Euclides da Cunha e o paraíso perdido*, Rio, 1968.
Tostes, Joel Bicalho, "Cronologia de Euclides da Cunha," *Revista do Livro*, 4:15 (set 1959) 7-11.
Valério, Américo, *Euclides da Cunha*, Rio, Aurora, 1934.
Vargas, M., "Euclides da Cunha e a poesia," *Anais do III Congresso Nacional de Filosofia*, Rio, 1960.
Venâncio Filho, Francisco, *Euclides da Cunha*, Rio, Academia Brasileira de Letras, 1931.
─────── , *Euclides da Cunha*, Rio, Instituto Brasileiro de Geografia e Estatística, 1949.
─────── , *Euclides e seus amigos*, S. Paulo, Nacional, 1938.
─────── , *A glória de Euclides da Cunha*, S. Paulo, Nacional, 1940.
Veríssimo, José, *Estudos de literatura*, V, 73-91.
Viana Filho, Luís, *À margem d' "Os sertões,"* Salvador, Progresso, 1960.

José Veríssimo
(1857-1916)

The Brazilian literary critic most noted for his fiercely independent attitude at the turn of the century was José Veríssimo Dias de Matos. His father, from the State of Rio de Janeiro, José Veríssimo Dias de Matos, was a physician. His mother was from Minas Gerais and was named Ana Flora de Matos. José Veríssimo was born in Óbidos, in the State of Pará, on April 8, 1857. He began his schooling in Manaus and finished his basic studies in Belém in 1868. The following year he went to Rio de Janeiro and there studied humanities in the Colégio Pedro II and in the Colégio Vitória, enrolling later in the Escola Central, from which he transferred to the Escola Politécnica. Having to leave school because of ill health, he never received his engineering degree. Back in Pará, he worked on the newspaper *Liberal*, took part in Lisbon in the Congresso Literário Internacional, and founded the Colégio Americano in Belém. As headmaster, he inaugurated modern pedagogical methods and procedures. He later became the Superintendent of Public Instruction for the State of Pará. Later on, when he moved to Rio, he continued to earn his living as a lawyer and journalist, in part, but principally as an educator. He headed the Escola Normal and was a teacher in and later became the director of the Colégio Pedro II from 1892 to 1898. In 1887, he was named a member of the Instituto Histórico e Geográfico. Two years later he read a paper titled "Homem de Marajó e a antiga civilização amazônica" before the Anthropological Congress which took place in Paris in 1889. The idea to create the Brazilian Academy of Letters was largely the inspiration of José Veríssimo, an idea he kept alive at gatherings which took place in the editorial offices of the *Revista Brasileira*, which he established and directed. When the Academy was founded in 1897, he was among the original twenty-one signers and occupied chair nineteen. Nevertheless, in 1912, he left the Academy over a problem of personal dignity. Two years later, and well before Brazil entered the war, he organized the Liga Pro-Aliados and was its president. He died in Rio de Janeiro on February 2, 1916.

Other Texts:

Buccleuch and Oliveira, 193-196; Lins e Holanda, II, 593-599; Montenegro, Olívio, *José Veríssimo: crítica*, Rio, Agir, 16-110; Peixoto, Afrânio, *Panorama*, 489-492.

Principal Works:

Quadros paraenses, Belém, 1877.
Primeiras páginas, Belém, 1878.
Viagem ao sertão, 1878.
Emílio Littré, Belém, 1881.
Carlos Gomes, Belém, 1882.
Cenas da vida amazônica, Lisboa, 1886.
Estudos brasileiros, 2 vols., Pará, Rio, 1889-1894.
A educação nacional, Belém, 1890.
A Amazônia—aspectos econômicos, Rio, 1892.
A pesca na Amazônia, Rio, 1895.
D. S. Pena, Belém, 1895.
Ginásio Nacional, Rio, 1896.
Pará e Amazonas: questão de limites, Rio. 1899.
O século XIX, Rio, 1899.
A instução pública e a imprensa, Rio, 1900.
Estudos de literatura brasileira, 6 vols., Rio, 1901-1907.
Homens e cousas estrangeiras, 3 vols., Rio, 1902-1910.
Que é literatura e outros escritos, Rio, 1907.
Interesses na Amazônia, Rio, 1915.
História da literatura brasileira, Rio, 1916.
História geral da civilização, Rio, 1916.
Letras e literatos, 1912-1914, Rio, 1936.
D. Ana, Rio. 1939.

References:

Albuquerque, Medeiros e, *Quando eu era vivo*, 220-222.
Azeredo, 259-285.
Autores e Livros, 31 maio 1942.
Bandeira, Manuel, "José Veríssimo," *A Manhã*, 12 jun 1949.
Belo, José Maria, *Estudos críticos*, Rio, Jacinto Ribeiro dos Santos, 1917, 5-13.
Carpeaux, Oto Maria, "José Veríssimo: crítico da nacionalidade," *A Manhã*, Rio, 4 dez 1949.
Carvalho, Ronald de, *Pequena história*, 5a. ed., 327-329.
Castelo, Josué, *Uma palavra*, 45-49.
Coutinho, Afrânio, *A crítica e os críticos*, Rio, Simões, 1969, 220-224.
Faria, Alberto, *Discurso de posse na Academia Brasileira de Letras*, S. Paulo, Tip. do Estado de São Paulo.

Fonseca, Aníbal Freire da, *Curso de crítica,* Rio, ABL, 1956, 155-175.
García Merou, 97-140.
Goldberg, 165-187.
Grieco, *Evolução da prosa,* 165-166.
Lima, Oliveira, "José Veríssimo," *Os Anais,* Rio, 3:95 (23 ago 1906) 181-184.
Lins, Álvaro, III, 25-44; VII, 101-111.
—————, "O prineiro crítico do *Correio da Manhã,*" *Correio da Manhã,* Rio, 30 jun 1951.
Máia, Alcides, *Crônicas,* 160-167.
Meira, Augusto, "José Veríssimo," *Ciências e Letras,* Rio, 5:6 (ago 1916) 100-105; 5:7 (set 1916) 181-184.
Montenegro, Olívio, "Apresentação," in: José Veríssimo, *Crítica,* Rio, Agir, 1958, 5-14.
Peregrino Júnior, in: Coutinho, *A literatura,* II, 159-160.
Prisco, Francisco, *José Veríssimo: sua vida e suas obras,* Rio, Bedeschi, 1937.
Rabelo, Sílvio, *Itinerário de Sílvio Romero,* Rio, J. Olímpio, 1944.
Ramos, Silva, *Pela vida fora,* Rio, Revista da Língua Portuguesa, 1922, 59-68.
Romero, Abelardo, *Sílvio Romero em família,* Rio, Saga, 1960.

Chapter 3
SYMBOLISM
1890-1920

The Search for Identity
(Art-the Ultimate Reality)

First Generation
- A. Poetry
  - João da Cruz e Sousa
  - Alphonsus de Guimaraens
  - Vicente de Carvalho
- B. Prose Fiction
  - Raul Pompéia
  - Coelho Neto
  - Graça Aranha
  - João Simões Lopes Neto
  - Afonso Arinos de Melo Franco
- C. Literary Criticism
  - Luís Gonzaga Duque Estrada
  - Nestor Vítor

Second Generation
- A. Poetry
  - Augusto dos Anjos
  - José Albano
- B. Prose Fiction
  - Lima Barreto
  - Monteiro Lobato

Symbolism had two generational groups, although both had basically the same ideological and esthetic positions. The first generation, self-oriented, "arty," sentimental, uninhibited and transcendental in its objectives, tended to merge with the second, which was other-oriented, realistic, more idea oriented, interested with form and concerned with the here and now, as the latter came on the scene.

The Symbolist was very insecure. According to the materialistic, deterministic philosophy then in vogue, man had no special place and was no better than any other "thing" in the universe. He had become a mere robot in a mechanistic system, a mere cipher with no independent powers to react or to develop himself. He felt boxed in. His human condition seemed to him hopeless, and he was pessimistic, even despairing. So, he tried to escape, to find some point of support or refuge in the universe. He found it in art.

For the First Generation, it was an escape into spiritualism (art as the ultimate reality, the ivory tower, cosmopolitanism, the metaphysical, the mysterious, the imaginative, pantheism, sensual love, the search for the unique, the exotic, and the quintessences of physical and psychological sensation), refuge in tradition and authority (sentimental *costumbrism*), or a retreat into art and the exuberant imagery, sensual musicality and rich suggestiveness of *écriture artiste* (impressionism). For the Second, it was a return to reality (even if for José Albano it was only to the "reality" of sixteenth century language and meter), stylistic simplicity, an esthetic rehabilitation of the ugly, and to a budding nationalism that took form in an oblique but stern questioning of tradition and authority, with particular stress laid on the dispossessed both in the hinterland and on the urban scene (pessimistic *costumbrismo*), and on a popularly inspired literary language.

A look at Symbolist poetry will be useful in understanding the implications of the main features of the movement. Symbolism depends heavily on the use of imagery, metaphors, and tangential ways of seeing reality. It is a transcendent (spiritualistic), idealistic world-view which holds that art is the ultimate reality, that art is truth, a kind of magic that fuses both subject and object. In this sense, Symbolism's development and aims parallel the rising tide of anti-materialism that arose at the end of the nineteenth century in opposition to the powerful drive of mechanistic theories that in Brazil had become institutionalized. The Symbolist's real world is his own subjective reaction to reality. He exalts his ego, and his emotions in general. His goal is to communicate his imprecise and fragmented states of mind as he looks at the scene about him. Rather than naming the esthetic object directly, instead of putting his attention on reason, as the Classicist would have done, he seeks to find new ways to say everyday things without specifically naming them. His technique is to slowly and elliptically reveal the esthetic object by successively approaching it from different angles and levels. He does this through suggestions and whisperings, and by bending every effort toward distilling the quintessence from each emotion. Because of the mystical sublimation of the poet with his esthetic object, and because he believes that the world is typified by mystery, everywhere evident is the fact that he sees reality in terms of its often moon-light-bathed tenuous, ethereal, formless, insubstantial, aqueous, vague, elegant and frivolous qualities. It is a subjective, individualistic literature, tending to flee from linear description and extended narration.

Symbolistic literature is often characterized by its musical qualities (melody, harmony, flexibility, fluidity) and its high degree of suggestiveness, both of which are based on something other than content and sense. In fact, Symbolist poetry can be compared to music itself, for, in addition to the above, it stresses the effects to be obtained by the skillful manipulation of sound, and often even observes the outward form, that is to say, the structure of musical compositions, as well. Like music, too, the artistic product may lack any logical, communicable content. Indeed, the Symbolists found musical technique to be an excellent way of achieving their artistic purpose of suggesting more than they said, that is to say, of communicating the ineffable. For them the whole is always greater than the parts. Thus, they preferred rhymes that are not quite rhymes and new and freely arranged rhythms to encourage the sensation of the intrinsic mystery of the universe. In the same way, words are not particularly useful in themselves, but only to the degree that they can be joined with others to produce larger wholes, that is to say, images, that imply more than the individual component pieces do. Metaphorical language is not simply window-dressing, but functions as a tool for uncovering and synthesizing the depth meanings of things in the subconscious.

The Symbolist had a particularly anti-materialistic view of the world. His emphasis was concerned with the spiritual. However vague and imprecise, he had a personal relationship with his reality, one that was not based on race, nation, or humanity, a kind of pan-theism, a deep religiosity in a broad and non-sectarian sense. Sacred settings; songs to the Virgin; liturgical language; the mystery, atmosphere and ritual of the mass, for example, both set the tone and are utilized to achieve artistic effects. This amorphous but penetrating religiosity in some cases meant loosening historical ties with Catholicism and involvement with rites and rituals of exotic cults. This seems to be a typical initial response of man when faced with the mystery of the universe, including the mystery of his role in that greater mystery. This is no longer the man who courageously faces an all-powerful environment of which he finds himself a prisoner, as was the case in Naturalism, nor yet that of the cynically scientific and uninvolved Realist. The Symbolist may not be defeated or crushed by life, but he recognizes how weak are his poor human powers, and throws himself on the mercy of authority and tradition blindly, albeit still hopefully, groping toward the achievement of some understanding of that cryptic vital force that governs all. Understandable, then, is the frequently decadent ambient, now hermetic, now ivory-towerish, characterized by the hallucinatory effects of drugs, the heady aroma of perfumes and incense, and the vaporous, misty and luminously unreal—even satanical—view of the world, all products of the avid search for the ultimate sensation of everything. Only art is real.

Common literary devices, aside from imagery, are the search for the unusual, even the exotic, in formats and lay-outs; archaic linguistic effects based on words, spelling and syntax; printing techniques, such as special fonts and the extravagant use of capital letters, and a wide range of inks. Variety and fusion were bywords, as seen in the multiplicity of meters used (although the distich and the sonnet were common), compositions in which prose alternates with poetry, prose poems and *écriture artiste*. Common, too, were texts adorned with suggestive line drawings of objects in repose. The closed, "absent" impression often given by Symbolist poetry implies a difference in preoccupations and values; it derives in part from the poet's way of viewing the esthetic object and in part from his world-view. The latter can either lead him to an attempt to escape from the world—a route frequently taken by poets who abandoned themselves somewhat desperately to such evasions as metaphysical doubt, nihilism, pantheism, sentimental patriotism and nostalgia for the past—or to an engrossment with the place and value of the individual and, by extension, of his region and country in the larger scheme of things, the *costumbrista* stance frequently assumed by Symbolist fiction writers, for not all of them wrote prose poems or fancy impressionistic prose. Many were primarily interested in folklore and problems of a patriotic order, as they wrestled with the problem of identification at a regional and national level, just as the poets did on a more personal level.

Although a considerable number of poets were devoted to the precepts of Symbolism, it produced no huge body of great poetry. Its relative lack of strength as an organized movement, however, must not lead us to overlook the large numbers of secondary poets who followed its banners, nor to underestimate its influence on their politically all-powerful contemporaries, the Parnassians, who were the recognized "official" representatives of Brazilian poetry in their day. Indeed, the Parnassians were far from immune from either ideological or technical contamination from their "decadent" confrères, as the later works of Alberto de Oliviera, Raimundo Correia and Olavo Bilac readily testify. Moreover, their attention to the refinement of the tools for literary expression and their scrutiny of the problem of identification would put the capstone on the literary and ideological base necessary for the flowering of Modernism and the latter's realization of the century-old dream—first advanced by the Romantics—of a viable cultural independence.

An eclectic spirit reigned between 1900 and 1920. It was an amorphous transitional period with all the inconsistencies inherent in such a moment. It was principally characterized by a general willingness to select from and fuse already consecrated poetical precepts and techniques. Parnassians became more emotionally involved, while Symbolists appeared more than casually concerned with the outward forms of art: Parnassian poetry with Symbolistic effects, and viceversa. In the best poets the result was a highly aristocratic, polished and refined poetry that was intensely spiritualistic—even mystical—wrapped up with both transcendental and national problems. In the lesser poets, whose energies were principally directed toward an easy, norm-seeking, well-turned and elegant but superficial and frivolous poetry, the most applicable terms are "academic," "conventional," or "eclectic."

The Modernist revolt, which became institutionalized as a consequence of the Semana de Arte Moderna celebrated in February, 1922, would not be antagonistic to Parnassianism or Symbolism per se, but rather to that well-bred, well-mannered, highly cultivated, sophisticated, but weak and colorless poetry of the first decade of the century. Modernism's early Neo-Romantic traits were by definition not hostile to Symbolism, and especially not toward the latter's *costumbrista* tendencies, nor would the Modernists attack the best of the Parnassians, most of whom would have already acquired heavy debts to Symbolism. The February, 1922, cultural rebellion would be fundamentally against facile, empty mediocrity.

João da Cruz e Sousa
(1861-1898)

The "Black Swan" of Brazilian Symbolism, João da Cruz e Sousa, was born in Desterro (now Florianópolis), the capital of the State of Santa Catarina, on November 24, 1861. His father, Guilherme, was a slave and by occupation a master stone mason. His mother, Carolina, had been freed to marry Guilherme, who in turn was liberated when Field Marshal Guilherme Xavier de Sousa marched off to the Paraguayan War. Young João, a pure blooded Nego, was also born into slavery, and, according to custom, took his master's family name.

His servile condition notwithstanding, Cruz e Sousa's childhood was a pleasant one, for he was treated and educated as a son by the Field Marshal and his family, a happy circumstance at the time, but one which may have turned out to be cruel to the future poet when, after the death of his benefactors, he had to fend for himself in an alien society. The Marshal's wife, D. Clarinda, taught him to read and he then attended the Ateneu Provincial Catarinense. He not only had especially fine teachers, but early showed a keen intelligence which quickly developed.

Cruz e Sousa and a schoolmate, Virgílio Várzea, published the *Tribuna Popular* from 1882 to 1889 and in it the poet made a vigorous abolitionist campaign. The humanitarian attitude evident in his impassioned plea for racial justice was to continue throughout his life and inform some of his very best prose. In the meantime, he had traveled throughout most of the country as prompter of the theater company directed by the actor-poet, Moreira de Vasconcelos. In 1883 the sociologist-governor of Paraná province, Francisco da Gama Rosa, sought to have Cruz e Sousa named district attorney of Laguna, but had to desist because of the vocal opposition to the appointment of a Negro to the post. Two years later he published his first book, *Tropos e fantasias*, in cooperation with his lifelong friend, Virgílio Várzea. Young Naturalist and Parnassian writers would congregate in the house he had taken, and he soon became the center of Paraná literary life. Out of discussions that took place there developed the idea for the illustrated newspaper, *O Moleque*, which he founded. Two years after a successful literary trip to Rio Grande do Sul, he went to Rio, where he met Delfino B. Lopes, and Nestor Vítor (who became his fast friend and protector), coming also into contact with the works of Poe, Beaudelaire, Huysmans and other Symbolists. When in 1890 he went to Rio to live, he was already a full-fledged Symbolist himself, as *Broquéis* published three years later reveals.

At first, he was a reporter on the *Folha Popular,* then on the *Cidade do Rio*, later for *Novidade*. He finally succeeded in getting a steady but modest income as a file clerk for the Estrada de Ferro Central do Brasil. His many friends, headed by Nestor Vítor, often came to visit him at his home in Encantado and in 1895 the young *mineiro* bard, Alphonsus de Guimaraens, made a special trip to meet him. Despite the great financial difficulties Cruz e Sousa faced and the frustrations of the humble position he had in the railroad office, his literary production during this period was great, swelling the pages of *Faróis, Evocações* and *Últimos Cantos*. His wife's temporary mental illness, too, was reason for considerable disquietude. Privations and late-at-night literary endeavors finally took their toll. The poet's health became so undermined that he fell ill with tuberculosis in December, 1897. By the following March his condition was so serious that friends made it possible for him to seek a cure in Minas Gerais. But their efforts were in vain, for Cruz e Sousa died on March 19, 1898, the day after his arrival in the mountains.

Critical Commentary:

Cruz e Sousa is one of Brazil's truly great poets. As a Symbolist he represents a preoccupation with metaphysical doubt. Critics have made much of the fact that he was a Negro and the son of slaves, as if that were the one and only key to understanding him and his work. His great strength, however, really lies in the fact that he was able to overcome his naturally strong reaction of bitterness and despair over the inequality of his position in the Brazil of his time. He thought "white," that is to say, like any of his well educated, highly talented friends and colleagues considered themselves as legitimate representatives of occidental culture, but he could not escape, society would not let him escape from his black skin. It was simply that he thought of himself, and properly so, as superior in everything, as a man, as a thinker, as a poet and as a critic. The race prejudice he faced at every turn wounded him profoundly. Some of this pain comes out in his prose in a rush of violence, but in his poetry he was able to gradually overcome similar fits of anguished indignation and achieve a universal level of thought and feeling. But that supreme achievement was not attained without sustained heroic effort.

When *Broquéis* appeared in 1893, it not only signaled the advent of Symbolism in Brazil, but also ratified its author's reputation as a poet. Although all his verse is carefully organized and polished, the Parnassian influence is more pronounced in that early work. That posture, however, was gradually abandoned in favor of a poetry more deeply enmeshed with life and life's significance. In addition to form, his early cult of the ugly is quite apparent. Cruz e Sousa's anguish at being black, so vehement in his prose, plays a considerable role in *Broquéis*, along with a transcendental concern for his relationship to the universe. His cultivation of the "I" and the "my" viewpoints intensify the artistic possibilities inherent in such themes as pain and sensuality.

Faróis (1900) is less egocentric than *Broquéis*. The hurt is still present but it has been turned largely into sadness, a feeling of depletion and a preoccupation with death.

When *Últimos sonetos* appeared in 1905, it signaled a great calmness of spirit, a deep understanding of and a preoccupation with the life-death relationship. The poet poses many questions about the apparent emptiness of life. He sees no help in Christ. He cannot understand the mystery and the absurdity of life, but neither can he admit that life can be in vain. Yearning for an answer, he searches for a plan, a justification for the suffering on earth, and resolutely seeks an explanation that is hopefully yet to come. Recourse to the intellect is now abandoned. He now turns to his emotions, evoking love as the vital and all-powerful force of a chaotic universe in which he considers the poet to have an enviable role as the spreader of eternal beauty. He advocates that each one play out his role in life, carry out a kind of apostleship (even though we may not understand it), guided and sustained by the hope that the part played will not have been in vain. In short, fight the good fight and at least die in the knowledge of a task honestly done.

Cruz e Sousa's two most frequent verse forms are the quatrain and sonnet. Beyond a Parnassian concern for form and for the visual, he was especially attentive to the musicality of his verses, the suggestiveness of his rhythms, and the sonorous character of his imagery. He is ever alert to the possibilities inherent in language to suggest greater profundity of content than that carried by the mere surface meanings of the words and expressions themselves. Typical Symbolist techniques are his use of capitals and erudite words, especially those stressed on the antepenult. He also used a wide range of rhetorical devices including metaphor, simile, alliteration and repetition. He did not neglect the senses of touch and smell. He knew how to turn both the exotic, the mysterious, and wonderment in the face of death, as well as pain, ugliness, the satanical and the imperativeness of the sex drive to artistic advantage.

Much has been made of his insistent reference to whiteness and of the frequency with which he evokes white women in both prose and poetry. But it must be remembered that, regardless of any Freudian explanation that may be adduced, Cruz e Sousa, as did Symbolists in general, considered colors to be significant symbols in themselves and that white, in contradistinction to black, represented for them the greatest good and the highest goals.

Missal, (1893) and *Evocações* (1898) are books of prose poems whose quality, at their best, is so superior that they can only add to their author's reputation as a poet, even though he often becomes very verbose in this genre.

João da Cruz e Sousa 151

Suggested Reading and Other Texts:

"Encarnação," "Sentimentos carnais"; "As estrelas," "Olhos do sonho," "Requiem," "Meu filho," "Canção negra," "Tristeza do infinito"; "Piedade," "Vida obscura," "Ironia de Lágrimas," "Alma fatigada," "Sorriso interior"; "Assim seja," "Dilema"; "Claro e escuro"; "Ser pássaro," "Brumosa"; Bandeira e Cavalheiro, 148-150; Cândido e Castelo, II, 293-307; Coutinho, *Antologia*, II, 106-110; Góes, *Panorama* IV, 45-61; Lins e Holanda, II, 632-634; Lisboa, *Antologia*, 156-157; Moisés, *Textos*, 295-306; Murici, Andrade, *Panorama*, I, 105-165; Orico, 74.

Principal Works:

Tropos e fantasias (de colaboração com Virgílio Várzea), Desterro, 1885.
Broquéis, Rio, 1893.
Missal, Rio, 1893.
Evocações, Rio, 1898.
Faróis, Rio, 1900.
Últimos sonetos, Paris, 1905.
Obras completas, Rio, 2 vols., 1923-24.
Obras, S. Paulo, 2 vols., 1943.
Poesias completas, Rio, 2 vols., 1944.
Poesias completas, Rio, 1944.
Obras poéticas, Rio, 2 vols., 1945.
Sonetos da noite, Florianópolis, 1958.

REQUIEM

Como os salmos dos Evangelhos celestiais,
os sonhos que eu amei hão de acabar,
quando o meu corpo, trêmulo, dos velhos
nos gelados outonos penetrar.

O rosto encarquilhado e as mãos já frias,
engelhadas, convulsas, a tremer,
apenas viverei das nostalgias
que fazem para sempre envelhecer.

Por meus olhos sem brilho e fatigados
como sombras de outrora, passarão
as ilusões de uns olhos constelados
que da Vida douraram-me a Ilusão.

Mas tudo, enfim, as bocas perfumosas,
o mar, o campo e tudo quanto amei,
as auroras, o sol, pássaros, rosas,
tudo rirá do estado a que cheguei.

Do brilho das estrelas cristalinas
virá um riso irônico de dor,
e da minh'alma subirão neblinas,
incensos vagos, cânticos de amor.

Por toda a parte o amargo escárnio fundo,
sem já mais nada para mim florir,
as risadas vandálicas do mundo,
secos desdéns por toda a parte a rir.

Que hão de ser vãos esforços da memória
para lembrar os tempos virginais,
as rugas da matéria transitória
hão de lá estar como a dizer: — jamais!

E hei de subir transfigurado e lento
altas montanhas cheias de visões,
onde gelaram, num luar nevoento,
tantos e solitários corações.

Recordarei as íntimas ternuras,
de seres raros, porém mortos já,
e de mim do que fui, pelas torturas
deste viver pouco me lembrará.

O mundo clamará sinistramente
daquele que a velhice alquebra e alui...
Mas ah! por mais que clame toda a gente
nunca dirá o que de certo eu fui.

E os dias frios e ermos da Existência
cairão num crepúsculo mortal,
na soluçante, mística plangência
dos órgãos de uma estranha catedral.

Para me ungir no derradeiro e ansioso
olhar que a extrema comoção traduz,
sob o celeste pálio majestoso
hão de passar os Viáticos da luz.

[*Obra completa*, 1961, 134-135]

MEU FILHO

Ah! Quanto sentimento! ah! quanto sentimento!
sob a guarda piedosa e muda das Esferas
dorme, calmo, embalado pela voz do vento,
frágil e pequenino e tenro como as heras.

Ao mesmo tempo suave e ao mesmo tempo estranho
o aspecto do meu filho assim meigo dormindo...
Vem dele tal frescura e tal sonho tamanho
que eu nem mesmo já sei tudo que vou sentindo...

Minh'alma fica presa e se debate ansiosa,
em vão soluça e clama, eternamente presa
no segredo fatal dessa flor caprichosa,
do meu filho, a dormir, na paz da Natureza.

Minh'alma se debate e vai gemendo aflita
no fundo turbilhão de grandes ânsias mudas:
que esse tão pobre ser, de ternura infinita,
mais tarde irá tragar os venenos de Judas!

Dar-lhe eu beijos, apenas, dar-lhe, apenas, beijos,
carinhos dar-lhe sempre, efêmeros, aéreos,
o que vale tudo isso para outros desejos,
o que vale tudo isso para outros mistérios?!

De sua doce mãe que em prantos o abençoa
com o mais profundo amor, arcangelicamente,
de sua doce mãe, tão límpida, tão boa,
o que vale esse amor, todo esse amor veemente?!

O longo sacrifício extremo que ela faça,
as vigílias sem nome, as orações sem termo,
quando as garras cruéis e horríveis da Desgraça
de sadio que ele é fazem-no fraco e enfermo?!

Tudo isso, ah! Tudo isso, ah! quanto vale tudo isso
se outras preocupações mais fundas me laceram,
se a graça de seu riso e a graça do seu viço
são as flores mortais que meu tormento geram?!

Por que tantas prisões, por que tantas cadeias
quando a alma quer voar nos páramos liberta?
Ah! Céus! Quem me revela essas Origens cheias
de tanto desespero e tanta luz incerta!

Quem me revela, pois, todo o tesouro imenso
desse imenso Aspirar tão entranhado, extremo!
Quem descobre, afinal, as causas do que eu penso,
as causas do que eu sofro, as causas do que eu gemo!

Pois então hei de ter um afeto profundo,
um grande sentimento, um sentimento insano
e hei de vê-lo rolar, nos turbilhões do mundo,
para a vala comum do eterno Desengano?!

Pois esse filho meu que ali no berço dorme,
ele mesmo tão casto e tão sereno e doce
vem para ser na Vida o vão fantasma enorme
das dilacerações que eu na minh'alma trouxe?!

Ah! Vida! Vida! Vida! Incendiada tragédia,
transfigurado Horror, Sonho tranfigurado,
macabras contorções de lúgubre comédia
que um cérebro de louco houvesse imaginado!

Meu filho que eu adoro e cubro de carinhos,
que do mundo vilão ternamente defendo,
há de mais tarde errar por tremedais e espinhos
sem que o possa acudir no suplício tremendo.

Que eu vagarei por fim nos mundos invisíveis,
nas diluentes visões dos largos Infinitos,
sem nunca mais ouvir os clamores horríveis,
a mágoa dos seus ais e os ecos dos seus gritos.

Vendo-o no berço assim, sinto muda agonia,
um misto de ansiedade, um misto de tortura.
Subo e pairo dos céus na estrelada harmonia
e desço e entro do Inferno a furna hórrida, escura.

E sinto sede intensa e intensa febre, tanto,
tanto Azul, tanto abismo atroz que me deslumbra.
Velha saudade ideal, monja de amargo Encanto,
desce por sobre mim sua estranha penumbra.

Tu não sabes, jamais, tu nada sabes, filho,
do tormentoso Horror, tu nada sabes, nada ...
o teu caminho é claro, é matinal de brilho,
não conheces a sombra e os golpes da emboscada.

Nesse ambiente de amor onde dormes teu sono
não sentes nem sequer o mais ligeiro espectro...
mas, ah! eu vejo bem, sinistra, sobre o trono,
a Dor, a eterna Dor, agitando o seu cetro!

[*Obra completa*, 1961, 145-147]

TRISTEZA DO INFINITO

Anda em mim, soturnamente,
uma tristeza ociosa,
sem objetivo, latente,
vaga, indecisa, medrosa.

Como ave torva e sem rumo,
ondula, vagueia, oscila
e sobe em nuvens de fumo
e na minh'alma se asila.

Uma tristeza que eu, mudo,
fico nela meditando
e meditando, por tudo
e em toda a parte sonhando

Tristeza de não sei donde,
de não sei quando nem como...
flor mortal, que dentro esconde
sementes de um mago pomo.

Dessas tristezas incertas,
esparsas, indefinidas...
como almas vagas, desertas
no rumo eterno das vidas.

Tristeza sem causa forte,
diversa de outras tristezas,
nem da vida nem da morte
gerada nas correntezas...

Tristeza de outros espaços,
de outros céus, de outras esferas,
de outros límpidos abraços,
de outras castas primaveras.

Dessas tristezas que vagam
com volúpias tão sombrias
que as nossas almas alagam
de estranhas melancolias.

Dessas tristezas sem fundo,
sem origens prolongadas,
sem saudades deste mundo,
sem noites, sem alvoradas.

Que principiam no sonho
e acabam na Realidade,
através do mar tristonho
desta absurda Imensidade.

Certa tristeza indizível,
abstrata, como se fosse
a grande alma do Sensível
magoada, mística, doce.

Ah! tristeza imponderável,
abismo, mistério aflito,
torturante, formidável...
ah! tristeza do Infinito!

[*Obra completa*, 1961, 164-165]

PIEDADE

O coração de todo o ser humano
foi concebido para ter piedade,
para olhar e sentir com caridade,
ficar mais doce o eterno desengano.

Para da vida em cada rude oceano
arrojar, através da imensidade,
tábuas de salvação, de suavidade,
de consolo e de afeto soberano.

Sim! Que não ter um coração profundo
é os olhos fechar à dor do mundo,
ficar inútil nos amargos trilhos.

É como se o meu ser compadecido
não tivesse um soluço comovido
para sentir e para amar meus filhos!

[*Obra completa*, 1961, 177]

VIDA OBSCURA

Ninguém sentiu o teu espasmo obscuro,
ó ser humilde entre os humildes seres.
Embriagado, tonto dos prazeres,
o mundo para ti foi negro e duro.

Atravessaste no silêncio escuro
a vida presa a trágicos deveres
e chegaste ao saber de altos saberes
tornando-te mais simples e mais puro.

Ninguém te viu o sentimento inquieto,
magoado, oculto e aterrador, secreto,
que o coração te apunhalou no mundo.

Mas eu que sempre te segui os passos
sei que cruz infernal prendeu-te os braços
e o teu suspiro como foi profundo!

[*Obra completa*, 1961, 178-179]

SORRISO INTERIOR

O ser que é ser e que jamais vacila
nas guerras imortais entra sem susto,
leva consigo este brasão augusto
do grande amor, da grande fé tranquila.

Os abismos carnais da triste argila
ele os vence sem ânsias e sem custo...
Fica sereno, num sorriso justo,
enquanto tudo em derredor oscila.

Ondas interiores de grandeza
dão-lhe esta glória em frente à Natureza,
esse esplendor, todo esse largo eflúvio.

O ser que é ser transforma tudo em flores...
e para ironizar as próprias dores
canta por entre as águas do Dilúvio!

[*Obra completa*, 1961, 208]

DILEMA

Vai-se acentuando,
senhores da justiça—heróis da humanidade,
o verbo tricolor da confraternidade...
E quando, em breve, quando

Raiar o grande dia
dos largos arrebóis—batendo o preconceito...
O dia da razão, da luz e do direito
—solene trilogia—

Quando a escravatura
surgir da negra treva—em ondas singulares
de luz serena e pura;

Quando um poder novo
nas almas derramar os místicos luares,
então seremos povo!

[*Obra completa*, 1961, 226]

SER PÁSSARO

Ah! Ser pássaro! ter toda a amplidão dos ares
para as asas abrir, ruflantes e nervosas,
dos parques através e dos moitais de rosas,
nos floridos jardins, nas hortas e pomares.

Ser pássaro, cantar, subir, voar na altura,
pelos bosques sem fim, perder-se nas florestas,
das folhagens do campo em meio da espessura,
das auroras de abril nas cristalinas festas.

Tecer no tronco seco ou no tronco viçoso
o quente lar do amor, o carinhoso ninho,
de onde sairá mais tarde o pipilar mavioso
de um outro mais gentil e meigo passarinho.

Não temer o verão e não temer o inverno
para tudo alcançar na leve subsistência,
no contínuo lidar, no labutar eterno,
que é talvez da alegria a mais feliz essência.

Viver, enfim, de luz e aromas delicados,
nascido dentre a luz, gerado dentre aromas,
sonorizando o azul, sonorizando os prados
e dormindo da flor sob as cheirosas comas.

Voar, voar, voar, voar eternamente,
extinguir-se a voar, no matinal gorjeio,
é ser pássaro, é ter em cada asa fremente
um sol para aquecer o frio de algum seio.

[*Obra completa*, 1961, 309-310]

References

Alphonsus, João, "Cruz e Sousa," *Autores e Livros*, 11 out 1942.
Amado, Gilberto, *A dança sobre o abismo*, Rio, Ariel, 1933.
Andrade, José Maria Goulart de, "A poesia de Cruz e Sousa," *Revista da Academia Brasileira de Letras*, 51 (mar 1926) 207-211.
Angelo, Guido, *El poeta negro Cruz e Sousa*, Santiago de Chile, Edgard, 1943.
Araripe Júnior, Tristão de, *Literatura*, 90-100.
Bandeira, *Apresentação*, 120-125.
Bastide, Roger, "O lugar de Cruz e Sousa no movimento simbolista universal," *A poesia afro-brasileira*, S. Paulo, Martins, 1943, 125-128; also in: Murici, *Panorama*, III, 293-295.

Callado Júnior, Martinho, "Cruz e Sousa: o negro," *Centenário Cruz e Sousa*, Florianópolis, Comissão Oficial de Festejos, 1962, 103-109.
Caminha, Aldina, 1895.
Carvalho, Ronald de, *Pequena história*, 5th ed., 347-352.
Castelo, José Aderaldo, "A primeira fase da poesia de Cruz e Sousa," *O Estado de São Paulo*, 2 mar 1957.
─────── , "Uma profissão de fé simbolista," *O Estado de São Paulo*, 18 maio 1957.
Cavalcanti, Valdemar, 78-81.
Centenário de Cruz e Sousa, Florianópolis, Comissão Oficial de Festejos, 1962. Number dedicated to Cruz e Sousa.
Cidade do Rio, Rio, 20 abr 1898. Special number dedicated to Cruz e Sousa.
Correia, Nereu, "O canto do Cisne Negro," *Centenário de Cruz e Sousa*, Florianópolis, Comissão Oficial de Festejos, 1962, 79-99.
Couto, Pedro do, *Páginas de crítica*, Lisboa, Livraria Clássica, 1906, 53-59.
Esteves, Albino, *Estética dos sons, cores, ritmos imagens*. Rio, Renato Americano, 1933, 80-90, 168-169.
Fernandes, Carlos D., "Cruz e Sousa," *Cidade do Rio*, 20 abr 1898.
─────── , *Fretana*, Rio, Alba, 1936.
Figueredo, Jackson de, *Coluna de fogo*, Rio, Centro D. Vital, 1925, 157-160.
─────── , *Pascal e a inquietação moderna*, Rio, Centro D. Vital, 1922, 19-25.
Fontes, Henrique da Silva, "O nosso Cruz e Sousa," *Centenário de Cruz e Sousa*, Florianópolis, Comissão Oficial de Festejos, 1962, 67-76.
Freyre, Ricardo Jaimes, "Cruz e Sousa," *El Mercurio de América*, Buenos Aires, IV (set-out 1899).
Góes, Fernando, intro. to: *Obras*, S. Paulo, Cultura, 1943, I, v-xxxvi.
─────── , *Panorama*, IV, 41-61.
Gomes, Alfredo, "História literária," *Dicionário histórico geográfico e etnográfico do Brasil, comemoração do 1o. Centenário da Independência*, Rio, Imprensa Nacional, 1922, II (2), 1526.
Gomes, Eugênio, "Cruz e Sousa e o mundo shakespeariano," *Revista do Livro*, 1:3-4 (dez 1956) 67-74.
─────── , "Cruz e Sousa na Bahía," *Correio da Manhã*, 14 maio 1955; also in: *Visões e revisões*.
Grieco, *Evolução da poesia*, 3rd. ed., 95-98.
─────── , "O sol dos mortos," *O Jornal*, Rio, 4 dez 1924; also in: *O sol dos mortos*, Rio, José Olímpio, 1957.
Leão, Múcio, "O caso Cruz e Sousa," *Revista do Brasil*, 1a fase, 98 (fev 1924) 173-175.
Lima, Jorge de, "Cruz e Sousa," *Jornal do Comércio*, Rio, 1 jul 1941.
Lisboa, *Convívio*, 1955.
Lisboa, Rubens, "Cruz e Sousa: símbolo de uma raça," *Correio da Manhã*, Rio, 10 maio 1936.
Magalhães Júnior, Raimundo, *Poesia e vida de Cruz e Sousa*, São Paulo, Editora das Américas, 1961.

Malheiros, Egle, "Cruz e Sousa: uma interpretação," *Centenário de Cruz e Sousa*, Florianópolis, Comissão Oficial de Festejos, 1962, 33-47.
Meireles, Cecília, *O espírito vitorioso*, Rio, Anuário do Brasil, 1929.
Melo Filho, Oswaldo Ferreira, "Cruz e Sousa: o estilista," *Centenário de Cruz e Sousa*, Florianópolis, Comissão Oficial de Festejos, 1962, 51-63.
Montenegro, Abelardo F., *Cruz e Sousa e o movimento simbolista no Brasil*, Fortaleza, s.e., 1954.
Montenegro, Tulo Hostílio, 65-69.
Morais, Carlos Dante de, *Viagens*, 5-34.
Moreira, Álvaro, *As amargas, não . . .*, Rio, Lux, 1954.
Murici, J. Andrade, "Atualidade de Cruz e Sousa," intro. to: *Obra completa*, Rio, José Aguilar, 1961, 17-64.
_____, *Caminho de música*, 2a. série, Curitiba, Guaíra, 1951.
_____, in: Coutinho, *A literatura*, III (1), 125-137.
_____, intro. to: *Obras poéticas*, Rio, INL, 1945, I, vii-xxviii.
_____, "Mùsica e poesia," *Cadernos da Hora Presente*, 1 (maio 1939) 192-200.
_____, *Panorama*, I, 98-105; III, 291-292.
Oiticia, José, "O poeta negro," *Correio da Manhã*, Rio, 17 mar 1923.
Oliveira, Franklin de., 239-247.
Oliveira, José Osório de, *Liricas brasileiras*, 1954.
Pádua da Costa e Cunha, Antônio de, *À margem do estilo de Cruz e Sousa*, Rio, MES, 1946.
Pessoa, 235-243.
Pires, Aníbal Nunes, "Cruz e Sousa: o poeta," *Centenário de Cruz e Sousa*, Florianópolis, Comissão Oficial de Festejos, 1962, 15-29.
Putnam, 173-175.
Ribeiro, João, "Crônica literária," *Jornal do Brasil*, 9 nov 1927.
_____, "Vestígio da concordância bantu no estilo de Cruz e Sousa," *Letras e Artes*, 26 jan 1947.
Rio Branco, Miguel do, *Etapas da poesia brasileira*, Lisboa, Livros do Brasil, 1955, 25-41.
Romero, Sílvio, "A literatura," in: *Livro do centenário (1500-1900)*, Rio, Imprensa Oficial, 1900, 110-113.
Sánchez-Sáez, 162-172.
Santiago, Gustavo, "Cruz e Sousa," *Cidade do Rio*, 20, 22 abr 1899.
Santos, Hemetério dos, "Cruz e Sousa: leves retoques à crítica do sr. José Veríssimo," *Renascença*, Rio, 3:26 (abr 1909) 169-172.
Schmidt, Alonso Frederico, "Cruz e Sousa," *A Manhã*, 11 abr 1948.
Silva, A. J. Pereira da, "Cruz e Sousa," *Revista da Academia Brasileira*, 174 (jul 1936) 235-236.
Silva, João Pinto da, *Vultos*, 61-77; 2a série, P. Alegre, Globo, 1927, 52-72.
Silveira, Tasso da, "Antero e Cruz e Sousa," *Atlântico*, Lisboa, 3 (1943) 42-55.
_____, "Apresentação," in: Cruz e Sousa, *Poesia*, Rio, Agir, 1957, 5-13.
_____, *A igreja silenciosa*, Rio, Anuário do Brasil, 1922, 89-107.

_____, "Uma tentativa de exegese da poesia de Cruz e Sousa," in: Murici, *Panorama*, 288-290.
_____, "O túmulo de Cruz e Sousa," *Jornal do Comércio*, 6 ago 1943.
Silveira Neto, M.A. da, *Cruz e Sousa*, Rio, Anuário do Brasil, 1924.
_____, "Cruz e Sousa," *Revista das Academias de Letras*, 9:27 (nov 1940) 317-327.
Thiago, Arnaldo S., *História da literatura caterinense*, Rio, s.e., 1957, 196-228.
Veríssimo, *Estudos de literatura*, VI, 176-185.
Viana, Vítor, "Cruz e Sousa e a sua influência," *Jornal do Comércio*, Rio, 20 mar 1933.
Vítor, Nestor, *Cartas à gente nova*, 1924.
_____, *A crítica*, 349-356.
_____, *Cruz e Sousa*, Rio, s.e., 1899.
_____, *O elogio do amigo*, S. Paulo, Monteiro Lobato, 1921.
_____, intro. to: *Obras completas*, Rio, Anuário do Brasil, 1923, I, 7-63.

Alphonsus de Guimaraens
(1870-1921)

Afonso Henriques da Costa Guimarães, the mystical poet of Brazilian Symbolism, was born on July 24, 1870, in Ouro Preto, Minas Gerais. His father was a Portuguese merchant and his Brazilian mother was a niece of the novelist-poet Bernardo Guimarães. After studies in the Liceu Mineiro and the Ginásio Mineiro, he began, at the age of seventeen, to study civil engineering and mining at the Escola de Minas, and was already writing verse. His great adolescent love was Constança; upon her early death at seventeen from tuberculosis, the poet was so broken up that he left school and led a Bohemian existence for some time. It was feared that he, too, had contracted the disease, and his violent and bloody coughing spells even prompted talk of sending him to Madeira, but he was found to only have an acute case of bronchitis.

Following a period of active journalistic activity in his home state, he decided to continue his studies but now in law. To prepare himself, he went to São Paulo to study with his life-long friend, José Severiano de Resende, and was graduated from the law school in Ouro Preto in 1894. The next year found him back in São Paulo to take a degree in social sciences. In the meantime he had widened the thrust of his journalistic activities to include newspapers in São Paulo *(Diário Mercantil, Coméricio de São Paulo, Correio Paulistano, O Estado de São Paulo)* to which, along with others in his home state, he continued to contribute *crônicas* more or less regularly all his life. While yet in São Paulo, he was a frequent visitor to the well known Vila Kyrial, a kind of gardened Shangri-lá belonging to a poet friend, Freitas Vale (he wrote verse in French under the name of Jacques D'Avray), who often hosted the writers and poets of that city.

On a trip to Rio de Janeiro, he made a number of literary contacts, including Coelho Neto, and there made it a point to meet Cruz e Sousa. In March, 1895, he was named district attorney in Conceição do Serro, and in June was appointed to the post of substitute judge, holding that position until

1903, when the judgeship was abolished. Although he had refused a job on *A Gazeta* in São Paulo offered him by his friend Adolfo Araújo, in 1904 he accepted the management of the local political newspaper, *Conceição do Serro*; he contributed heavily to its literary section under numerous pseudonyms and in it published selections from several Symbolist poets. There he announced the forthcoming publication of the book, *Crônicas de João Carrilho* (the latter one of his many pen names), but it never materialized. In September of that year he was again named district attorney, but he was unable to carry out his courtroom duties because of his delicate sensibilities. The next year he was named municipal judge in Mariana, a position he held without promotions for the rest of his life. That fact, coupled with the financial burdens of his large family, may well have contributed to the increasing sense of discouragement found in his poetry.

The poet traveled very little. In addition to his lone trip to Rio, in 1905 he went to Belo Horizonte and spent several days with the younger generation of Symbolists there. In 1915 he again journeyed to the state capital to greet his close friend and ex-priest, José Severiano de Resende, upon his arrival from Paris. Both were honored there on September 25th by the local intellectuals at a special banquet in the Clube Acadêmico.

On February 20, 1897, the poet married Zenaide Álvares de Oliveira, ten years his junior, and the couple had fifteen children. Alphonsus de Guimaraens died on July 15, 1921, just a few days short of fifty-one years old.

Critical Commentary:

Alphonsus de Guimaraens, "o solitário de Mariana," holds a special place in Brazilian Symbolism. His poetry has a narrow thematic range, is quite correct in language and meter, but he is not obsessed by form. His principal theme is a mystical evocation of love in which a cult of the Virgin appears confused with the memory of the poet's childhood sweetheart and it runs the gamut from the suggestively sensual to preoccupation with death. Frequent, too, is the theme of virginity, its lofty value and the high price that must be paid to preserve it. The funeral, the sensual mystery of the mass, and obsessive religious unction are evident as themes as well as in the poetical resources and tone called upon. Much of his poetry, too, is composed of repetitious prayers that seem to suggest an endless struggle between the anguished agnostic and the fervent believer.

His verses are characterized by their low-toned melodiousness, by their communication of tedium and intellectual weariness, of suffering, anguish, isolation, and by a dread of life. The entire emphasis is placed on the emotions; the intellect is ostracized. The poetic language is marked by a strong archaic tendency (See also the form the poet gave his name).

Alphonsus de Guimaraens shows himself to be weak and timid, an introvert who did not dare to participate fully in life. His attitude is feminine and the subdued tone he uses is plaintive, morbid and often sickly and unctious.

Quite outside the scope of Guimaraens customary poetry, although well within the bounds of his generation's francophile culture and widely espoused nationalistic stance, are the pro-Allied verses which he composed in 1915 in French to level against the German Kaiser. Another dimension is revealed in his ironical and satyrical verses. They appeared under several pen names, but especially in the *Conceição do Serro,* and conform to the fragmented, *dejà-vu* position he held of man and his works in a jumbled and incomprehensible world. The irreverent and humorous commentator of man's foibles really commands our attention in his many newspaper columns; they, too, are mostly hidden under the long list of pseudonyms he reserved for such compositions.

Suggested Reading and Other Texts:

"I, Desesperanças! réquiem tumultuário..." "IV, Ouvindo um trio de violino, violeta e violoncelo...," "IX, Quando eu a vi, por acaso...," "V, Portas de catedral em Sexta-feira Santa," "XIII, O amor tem vozes misteriosas," "IV, Olhos," "XVII, Serenada," "XXV, O cinamomo floresce," "XXVI, Existem junto da fonte," "XI, Lírios," "XII, Rosas," "XIX, Hão-de chorar por ela os cinamomos," "XXXI, Seremos como dois lírios enfermos," "LXXV, Como se moço e não bem velho eu fosse," "XX, Súplica," "XX, Vou pela sombra. O luar é suave, como...," "XXIII, Vaga em redor de ti uma fulgência," "XLIV, Segues para a velhice tão contente," "LV, Homem, jamais tu saberás ao certo," Bandeira e Cavalheiro, 173-175; Cândido e Castelo, II, 307-317; Coutinho, *Antologia*, II, 129-132; Góes, *Panorama*, IV, 1959, pp. 159-173; Lins e Holanda, II, 703-705; Lisboa, *Antologia*, 14; 62-63; 153-155; Moisés, *Textos*, 317-325; Murici, *Panorama*, II, 12-42; Orico, 96.

Principal Works:

Dona mística (poema), Rio, 1899.
Setenário das dores de Nossa Senhora e *Câmara ardente* (poemas), Rio, 1899.
Kiriale (poesias), Porto, 1902.
Mendigos (contos), Ouro Preto, 1920.
Pauvre lyre (versos em francês), Ouro Preto, 1921.
Pastoral aos crentes do Amor e da Morte (livro lírico), S. Paulo, 1923.
Poesias, Rio, 1938.
(Has many unpublished or scattered poems. See also *Autores e Livros*, suplemento literário de *A Manhã*, vol. III, No. 14 and *Retrato de Alphonsus de Guimaraens*, by Henrique de Resende, Rio, José Olímpio, 1938.)

IX

Quando eu a vi, por acaso,
Parece que Deus sorriu...
O sol morria no ocaso,
E um astro do céu caiu.

Penderam lírios nas hastes,
Quando ela passou por mim...
Ai! pombos, como arrulhastes
No pombal do meu jardim!

Quando eu a vi sepultada,
Parece que Deus chorou...
E logo no céu, magoada,
Mais uma estrela brilhou.

Murcharam lírios nas hastes,
Quando a cobriram de cal...
Ai! mochos, como piastes,
Nas torres da catedral!

[*Poesias*, Rio, MES, 1938, 73]

OLHOS

Olhos sublimes, sombras chinesas,
Sob a arcaria das sobrancelhas...
Solar magnífico, onde princesas
Passam de túnicas vermelhas...

Olhos de poente, luares remotos,
Por entre torres inacessíveis...
Rosas e lírios, goivos e lotos,
Roxas violetas impassíveis...

Olhos viúvos, santos, blasfemos,
Ladainha dos Sete Pecados...
Nuvens doiradas de crisantemos,
Sonhos de místicos noivados...

Olhos pungentes, que chorais tanto,
Dias de luto, noites em calma...
Instrumentados por algum Santo
Para o responso da minh'alma...

Olhos profundos, florindo juntos,
Cheios do sangue dos sacrifícios...
Essas armadas para defuntos,
Dobres dos últimos ofícios...

Olhos, olhares evocadores
De espectros mudos de altivo porte...
Fechai a campa dos meus amores,
Oficiantes da minha morte!

[*Poesias*, Rio, MES, 1938, 186-187]

V

Ó cisnes brancos, cisnes brancos,
Porque viestes, se era tão tarde?
O sol não beija mais os flancos
Da montanha onde morre a tarde.

Ó cisnes brancos, dolorida,
Minh'alma sente dores novas.
Cheguei à terra prometida:
É um deserto cheio de covas.

Voai para outras risonhas plagas,
Cisnes brancos! Sede felizes...
Deixai-me só com as minhas chagas,
E só com as minhas cicatrizes.

Venham as aves agoireiras,
De risada que esfria os ossos...
Minh'alma, cheia de caveiras,
Está branca de padre-nossos.

Queimando a carne como brasas,
Venham as tentações daninhas,
Que eu lhes porei, bem sob as asas,
A alma cheia de ladainhas.

Ó cisnes brancos, cisnes brancos,
Doce afago de alva plumagem!
Minh'alma morre aos solavancos
Nesta medonha carruagem...

[*Poesias*, Rio, MES, 1938, 187-188]

XXVI

Existem junto da fonte,
Crescidas à luz do luar,
Duas árvores defronte
Da janela do teu lar.

A fonte dorida chora
Por entre seixos de luar,
Quando se fecham, Senhora,
As janelas do teu lar.

O coqueiro e o cinamomo
Nasceram do mesmo chão...
De noite são tristes como
Quem morre do coração.

E o coqueiro, todo em palmas,
Beija o cinamomo em flor...
Imagem das nossas almas
Unidas no mesmo amor!

[*Poesias*, Rio, MES, 1938, 212]

XII

ROSAS

Rosas que já vos fostes, desfolhadas
Por mãos também que já se foram, rosas
Suaves e tristes! rosas que as amadas,
Mortas também, beijaram suspirosas...

Umas rubras e vãs, outras fanadas,
Mas cheias do calor das amorosas...
Sois aroma de alfombras silenciosas,
Onde dormiram tranças destrançadas.

Umas brancas, da cor das pobres freiras,
Outras cheias de viço e de frescura,
Rosas primeiras, rosas derradeiras!

Ai! quem melhor que vós, se a dor perdura,
Para coroar-me, rosas passageiras,
O sonho que se esvai na desventura?

[*Poesias*, Rio, MES, 1938, 245-246]

XIX

Hão de chorar por ela os cinamomos,
Murchando as flores ao tombar do dia.
Dos laranjais hão-de cair os pomos,
Lembrando-se daquela que os colhia.

As estrelas dirão: — "Ai! nada somos,
Pois ela se morreu silente e fria . . ."
E pondo os olhos nela como pomos,
Hão de chorar a irmã que lhes sorria.

A lua, que lhe foi mãe carinhosa,
Que a viu nascer e amar, há de envolvê-la
Entre lírios e pétalas de rosa.

Os meus sonhos de amor serão defuntos . . .
E os arcanjos dirão no azul ao vê-la,
Pensando em mim: — "Porque não vieram juntos?"

[*Poesias*, Rio, MES, 1938, 249-250]

XXXI

Seremos como dois lírios enfermos
Que morrem numa jarra abandonada.
O acaso nos mostrou a mesma estrada
E sonhamos ao luar dos mesmos ermos.

Abençoou-nos o mesmo azul sem termos,
Ao descambar da véspera sagrada.
E hei-de ter, e terás, ó bem-amada,
Tranqüilidade e paz para morrermos.

Ah! tu bem sabes que não tarda o outono . . .
Perder-nos-emos pela escura brenha,
Pelos ínvios sertões do eterno sono.

E que nos baste, amor, termos vivido
Em meio destes corações de penha
Sem o lamento inútil de um gemido!

[*Poesias*, Rio, MES, 1938, 257]

LXXV

Como se moço e não bem velho eu fosse,
Uma nova ilusão veio animar-me.
Na minh'alma floriu um novo carme,
O meu ser para o céu alcandorou-se.

Ouvi gritos em mim como um alarme.
E o meu olhar, outrora suave e doce,
Nas ânsias de escalar o azul, tornou-se
Todo em raios, que vinham desolar-me.

Vi-me no cimo eterno da montanha,
Tentando unir ao peito a luz dos círios
Que brilhavam na paz da noite estranha.

Acordei do áureo sonho em sobressalto:
Do céu tombei ao caos dos meus martírios,
Sem saber para que subi tão alto . . .

[*Poesias*, Rio, MES, 1938, 283]

XX

SÚPLICA

Não pedirei, Senhor, que sejas compassivo
Ao meu longo infortúnio, à minha atroz miséria.
Vivo, e quero morrer: sou como um redivivo
Que vivesse outra vez uma vida funérea.

Sonambulando após o fulgor fugitivo
De uma esperança que é, como as demais, etérea,
Sou o amante febril que segue o vulto esquivo
De uma dama desfeita, há muito, em luz cinérea.

Ah! pudesse eu fugir deste mundo protervo,
E dizer-to, ao clarão deste meu desalento,
Sem me esquecer que sou teu escravo e teu servo!

Já bem me basta o horror de tudo quanto hei visto.
Como pudeste amar este charco sangrento?
Pois é incrível, mas tu, sendo Deus, amaste isto!

[*Poesias*, Rio, MES, 1938, 316-317]

XXIII

Vaga em redor de ti uma fulgência,
Que tanto é sombra quanto mais fulgura:
O teu sorriso, que é divino, vence-a,
E ela, que é luz de estrela, pouco dura.

De outra não sei que tenha a etérea essência
Que nos teus olhos brilha: nem a pura
Linha de arte de tal magnificência,
Como a que o rosto de anjo te emoldura.

Na candidez ebúrnea do semblante
Tens um lis de ternura, que desliza
À flor da pele em mágoa suavizante.

Não sei que manto celestial arrastas...
És como a folha do álamo que a brisa
Beija e balança ao luar das noites castas.

[*Poesias*, Rio, MES, 1938, 345]

LV

Homem, jamais tu saberás ao certo
Onde se finda esta jornada triste.
Isolado era o céu quando partiste...
Seguirás sob o mesmo céu deserto.

Pensarás que o descanso já vem perto,
À terra celestial que não existe:
E olhando sempre tudo quando viste,
Por toda a parte vagarás incerto.

Terás saudades dos teus tempos idos,
E nos teus dias vãos, envelhecidos,
Verás a sombra da desesperança.

Depois sem forças sentirás os passos,
E aos astros mudos erguerás os braços
Para alcançar o que jamais se alcança.

[*Poesias*, Rio, MES, 1938, 364]

References:

Alphonsus, João, intro. to: *Poesias*, Rio, MES, 1938 i-xlii.
Alvarenga, 228-234.
Andrade, Carlos Drummond de, *Passeios*, 211-215.
⎯⎯⎯⎯, "Presença de Alphonsus," *A Tribuna*, Belo Horizonte, 15 jul 1933.
⎯⎯⎯⎯, "Viagem a Alphonsus de Guimaraens," *Euclides*, 2:8 (15 dez 1940).
Autores e Livros, Rio, 2:13 (1 nov 1942); 2:14 (8 nov 1942). Several studies dedicated to Alphonsus de Guimaraens.
Bandeira, Manuel, "Alphonsus de Guimaraens," *Revista do Brasil*, 3a fase, 1:2 (ago 1938) 163-174.
⎯⎯⎯⎯, *Apresentação*, 125-130.
Bruzzi, Nilo, "Alphonsus de Guimaraens: o poeta da morte," *Jornal do Comércio*, Rio, 23 nov 1947.
Campos, Milton, "Discurso," *Revista Acadêmica*, Belo Horizonte, set 1921.
César, Guilhermino, "Alphonsus de Guimaraens e os modernos," *Autores e Livros*, 1 nov 1942.
Dornas Filho, João, "Alphonsus de Guimaraens," *Dom Casmurro*, 11 mar 1939.
Dutra, e Cunha, 77-83.
Euclides, Rio, 1940, 2:1 (15 dez 1940). Number dedicated to Alphonsus de Guimaraens.
Figueiredo, Jackson de, *Durval de Morais e os poetas de Nossa Senhora*, Rio, Centro D. Vital, 1925, 73-159.
Franco, Afonso Arinos de Melo, *Espelho*, 198-208.
Frieiro, Eduardo, "Alphonsus de Guimaraens," *Folha de Minas*, Belo Horizonte, 22 jan 1939.
⎯⎯⎯⎯, "Mestre Alphonsus," *Mensagem*, 15 jul 1940.
⎯⎯⎯⎯, "Mestre Alphonsus e seus discípulos," *Folha de Minas*, Belo Horizonte, 17 set 1938.
⎯⎯⎯⎯, *Páginas*, 320-326.
Góes, *Panorama*, IV, 155-173.
Grieco, *Evolução da poesia*, 3rd ed., 100-108.
⎯⎯⎯⎯, *São Francisco de Assis de a poesia cristã*, 1933.
Holando, Aurélio Buarque de, "Pobre Alphonsus! Pobre Alphonsus!" *Jornal de Letras*, Rio, 1:4 (out 1949).
Lima, Alceu Amoroso, "Alphonsus de Guimaraens," *O Jornal*, Rio, 1 jan 1939.
⎯⎯⎯⎯, *Poesia*, 1941, 49-78.
Lima, Augusto de, "Alphonsus de Guimaraens," *O Mundo Literário*, Rio, 1:3 (5 jul 1922) 283-291.
Lima, Mário de, *Esboço de uma história literária de Minas*, Belo Horizonte, Imprensa Oficial, 1920.
Lisboa, Henriqueta, *Alphonsus de Guimaraens*, Rio, Agir, 1945.
Magalhães, Basílio de, "O simbolismo da poesia de Alphonsus de Guimaraens," in: Federação das Academias de Letras, *Conferências*, 75-78.
Melo, Gladstone Chaves de, "Apresentação," in: *Poesia*, Rio, Agir, 1958, 5-18.
⎯⎯⎯⎯, "Variações em torno de Alphonsus," *Euclides*, 2:8 (15 dez 1940).

Menegale, Heli, "A sugestão da musicalidade na poesia de Alphonsus!" *Diário de Minas*, Belo Horizonte, 3 fev 1952.
Mensagem, Belo Horizonte, 2:22 (15 jul 1940). Number dedicated to Alphonsus de Guimaraens.
Montenegro, Tulo Hostílio, "Três notas sobre Alphonsus de Guimaraens," *Diário de Notícias*, Rio, 4 ago 1946.
Moura, Emílio, "Alphonsus de Guimaraens e Cruz e Sousa," *Autores e Livros*, 1 nov 1942.
———, "Alphonsus de Guimaraens: o romântico," *O Estado de Minas*, 15 jul 1933.
Murici, *Panorama*, II, 5-42.
———, "Presença do Simbolismo," in: Coutinho, *A Literatura*, III (1), 161-172.
Oiticica, José, "Sobre Alphonsus de Guimaraens," *Dom Casmurro*, 18 mar 1939.
Ramos, Maria Luíza, "Um poeta mineiro," *Tendência*, 4 (1962) 95-106.
Resende, Enrique de, *Retrato de Alphonsus de Guimaraens*, Rio, José Olímpio, 1938.
Schmidt, Augusto Frederico, "Em louvor de Alphonsus de Guimaraens," *Mensagem*, 15 jul 1940.
Silveira Neto, "O Paraná e o Simbolismo," *Jornal do Comércio*, 19 jun 1938.
Torres, João Camilo de Oliveira, "Sobre Alphonsus de Guimaraens," *O Jornal*, Rio, 28 nov 1943.
Vasconcelos, Agripa de, "Discurso de posse na Academia," *Revista da Academia Mineira de Letras*, II (1923-24) 5-34.
Veríssimo, José, *Estudos de literatura*, II, 225-237.

Vicente de Carvalho
(1866-1924)

The angler-poet, Vicente Augusto de Carvalho, was born in Santos, São Paulo, April 5, 1866. After attending grade school in Santos and working briefly in the German Consulate, he attended the Seminário Episcopal, Colégio Mamede, and Colégio Morton in São Paulo, entering Law School there in 1882. To help defray expenses he and a schoolmate organized and operated for a time a factory to make sacks for sale to coffee exporters. Before graduation from Law School, he published his first book of poetry, *Ardentias*. A fiery abolitionist and a republican, with Martim Francisco he was one of the leaders of republican newspaper activity in São Paulo. After the death of Júlio Ribeiro, he defended the author of *A carne* against the attacks of Father Sena Freitas. Returning to his hometown after graduation in 1886, he there practiced law, became a provincial deputy, was a deputy to the Constituent Assembly in 1891, and Secretary of the Interior and Justice Departments for the state of São Paulo in 1892. He was instrumental in bringing one of Pasteur's students, Felix Le Dantec, to São Paulo to modernize the city's sanitation system. In 1895 he abandoned law and literature to become a positivist, and during the next five years he managed a coffee plantation in Franca. In 1902 he became active in the operation of an intrastate river navigation company. Five years later he moved from Santos to São Paulo, where he had been named a judge in the criminal court. A great lover of the sea and of fishing, at every opportunity he would head for Santos and his hobby. On a fishing trip in 1901 he got an infection in his left hand, and subsequently had to have his arm removed at the shoulder. In 1909 he was elected to the Brazilian Academy of Letters to replace Artur Azevedo, but he never took possession of his chair because of the death of Araripe Júnior, the only person whom he wanted to welcome him to membership in that august body. Two years later he was elected to the Academia Paulista de Letras. In 1914 he was named a minister of the Tribunal de Justiça of the state of São Paulo, but inflation forced him in 1920 to return to the practice of law to support his family. On the 21st of April, 1924, he died in his home city.

Critical Commentary:

Vicente de Carvalho stands alongside Fagundes Varela and Olavo Bilac as one of Brazil's most read poets of the nineteenth century. This may be due in part to his clear and precise poetical expression and sober imagery, and his successful communication of a universal sense of oneness with nature, but there is no doubt, too, that the vaguely erotic allusions made and sensations evoked in some of his poems share responsibility for that popularity. Carvalho's fame only began to grow after his "discovery" by the Modernists because, although his *Poemas e canções* (1908) went through several editions during his lifetime, his books were usually on sale only in São Paulo.

Carvalho's most frequent themes are love and nature; both constitute a kind of flight from "civilization," which like other Symbolists he found ugly and unpromising. Not a Christian, at one time a practicing Positivist, the poet believed only in life and advised enjoying it as much as one can, for he presumed that life encompasses all mortal man's possibilities. For him the symbol of life is nature and he adored it with a simple and absorbing passion. Both the themes and tenor of his verse and his lifelong habit of frequent escapes to the solitude of the wilderness testify to his deep-seated pantheism. He saw nature particularly in terms of the moon, the seashore and the ocean; indeed, he is known as Brazil's "poet of the sea."

The quenching of the thirst for love is also at once a kind of evasion and an adoration and provides another way to give value to existence. Woman's destiny is that of the flower—to be pretty—so, sight and the act of contemplation before women and nature become a supreme blessing.

A certain melancholy tone holds sway over his poetry and underlines the poet's quiet acceptance of the notion of man's uncertain future and the finality of death. Since Carvalho saw nothing beyond his demise except the possibility of attaining the sympathy of a few readers through his verses, that is the modest ambition he claimed for them.

The poet shared with many contemporaries a penchant for the narrative poem with sentimental *costumbrista* implications. Two of them have special merit: "A partida da monção," concerning a *bandeirante* expedition into the interior, and "Fugindo ao cativeiro," the portrayal of the pathetic and frenzied flight of a group of slaves toward freedom.

Suggested Reading and Other Texts:

"Velho tema, I, II, III;" "Menina e moça;" "Pequenino morto;" "Fugindo ao cativeiro;" "Cantigas praianas, VI, VIII, IX;" "De manhã;" "Oração pagã;" "A partida da monção;" "No mar largo;" "Sonho póstumo;" Rosa, rosa de amor, II, *Poemas e canções*; Bandeira, Manuel, *Fase parnasiana*, 235-265; Bandeira e Cavalheiro, 157-163; Cândido e Castelo, II, 259-266; Coutinho, *Antologia*, II, 116-118, Lins e Holanda, II, 671-674; Moisés, *Textos*, 223-227; Murici, *Panorama*, III, 233-238; Orico, *A literatura*, 89-90; Ramos, Péricles Eugênio da Silva, in Coutinho, 1955, II, 330-333; 1959, III, 95-112.

Principal Works:

Poetry:
Ardentias, Santos, 1885.
Relicário, Santos, 1888.
Rosa, rosa de amor, Rio, 1902.
Poemas e canções, Prefácio de E. da Cunha, S. Paulo, 1908. (15a ed., 1946.)
Verso e prosa, S. Paulo, 1909.
Versos da mocidade, (Ardentias, Relicário, Avulsas, 1889-1895), Pôrto, 1909.
A voz do sino, s. 1. [1916]

Prose:
Páginas soltas, S. Paulo, 1911.
Frei Juca, (Romance humorístico), Santos, [ ]. "Em roda do fogo," "Crianças," "Os humildes," "O selvagem" (contos), *Tribuna de Santos*.

Theater:
Luisinha, S. Paulo, 1918.
Luisinha (plus Os humildes, Crianças, Extremos, Em roda do fogo, O selvagem), S. Paulo, 1924.

Miscellaneous:
A solução da crise. (Author proposes a plan to burn excess coffee to raise prices.)
Fausto. (Unpublished fragment of poem to which poet gave great attention; fragments published in magazines from time to time.)

VELHO TEMA

I

Só a leve esperança, em toda a vida,
Disfarça a pena de viver, mais nada;
Nem é mais a existência, resumida,
Que uma grande esperança malograda.

O eterno sonho da alma desterrada,
Sonho que a traz ansiosa e embevecida,
É uma hora feliz, sempre adiada
E que não chega nunca em toda a vida.

Essa felicidade que supomos,
Árvore milagrosa que sonhamos
Toda arreada de dourados pomos,

Existe, sim: mas nós não a alcançamos
Porque está sempre apenas onde há pomos
E nunca há pomos onde nós estamos.

[*Poemas e canções* 12a ed.,
S. Paulo, Nacional, 3]

MENINA E MÔCA

Tu, que és quase uma criança
E que enlevada sorris
À tentadora esperança
De ser amada, e feliz;

Sê formosa; entre as formosas
Reina e brilha, se puderes:
Que a beleza nas mulheres
É como o viço nas rosas.

Sendo bonita e mais nada
Cumpre a mulher com fulgor
Sobre a terra iluminada
O seu destino de flor.

Sê bondosa; entre as melhores
Sê a melhor, se puderes:
Que a bondade nas mulheres
É como o aroma nas flores.

Meiga, formosa, querida,
Ama e sê amada: o amor
Na areia solta da vida
Brota roseiras em flor.

Serás feliz? Ai não queiras
Ser feliz: às mais ditosas
Brotam mágoas entre as rosas
Como espinhos nas roseiras...

Tu, que és quase uma criança
E acreditas quanto diz
A enganadora esperança
De ser amada e feliz,

Sê resignada: a roseira
Que mais viça e mais prospera
Dá rosas na primavera
E espinhos a vida inteira...

[*Poemas e canções*, 12a ed.,
S. Paulo, Nacional, 11-14]

CANTIGAS PRAIANAS

VIII

Do que sofro sem queixar-me
Sois causa sem o supor:
Matais-me, e sois inocente,
Que eu espio unicamente
O crime do meu amor.

Matais-me; e é meu, e não vosso
Esse crime sem perdão,
O crime de um suicida
Que em sonhos esbanja a vida
Sabendo que sonha em vão.

[*Poemas e canções,* 12a ed.,
S. Paulo, Nacional, 93]

IX

Vida, que és o dia de hoje,
O bem que de ti se alcança
Ou passa porque nos foge,
Ou passa porque nos cança.

Ainda mesmo quando ocorre
Na vida dos mais felizes,
O prazer floresce, e morre
A mágoa deita raízes.

Tem alicerces de areia
O que constróis cada dia,
Vida que corres tão cheia
Para a morte tão vazia.

Haverá queixa mais justa
Que a do feliz que se queixa?
Ai, o bem que menos custa
Custa a saudade que deixa.

[*Poemas e canções,* 12a ed.,
S. Paulo, Nacional, 94-95]

DE MANHÃ

I

Na minha torturada insônia de doente
Passei horas a ouvir a noute: longamente
Ouvi chorar, gemer, águas e vento sul.

Raia agora a manhã no céu já todo azul.

Ao longe, a voz de um galo, insistente e exaltada,
Soa como os clarins no toque da alvorada.

Acudo ao teu chamado instante, amiga voz!
Acordo; esperto o olhar tonto de sono; e após
—Do meu leito de enfermo onde há tanto desvivo—
Solto pela janela os olhos de cativo.

Ver é o supremo bem.
    Surpreendo-me a cismar
Se a alma será, talvez, uma função do olhar...

É com os olhos que eu sinto, e compreendo—ou suponho.

A vida é para mim como a névoa de um sonho
—Névoa confusa de um sonho material
A que somente o olhar, de certo modo, e mal,
Dá, com as formas e a cor, expressão e sentido.

Não desdenho do tato, e não desprezo o ouvido:
Conheço bem aquela "inefável préssão

Da mão amada quando encontra a nossa mão
E brandemente, e como achando um ninho, pousa"

Sei que um beijo de amante é uma bem doce cousa
Mas no encanto do beijo esfaimado de amor
Há muito da visão rósea de um lábio em flor.

Ao contato da mão, ou num lírio, ou num verme,
É a sugestão do olhar que domina a epiderme.

Que uma sombra mortal, como pesado véu,
Amortalhasse o Sol—todo o infinito Céu,
Toda a face, enrugada e rígida, da Terra . . .
Que restaria em nós de quanto a vida encerra?

No que o ouvido escuta—é o olhar que traduz:

Para a imaginação do homem órfão da luz
Que exprimiria o som—canto, sussurro, grito,
Ribombo de trovão rolando no infinito

Ou palavras de amor em lábios de mulher?
Diluindo-se na paz da tarde rosicler
Canto saudoso ou prece humilde, murmurinho
Que subisse de um templo ou descesse de um ninho?

Leve zumbir de abelha em torno de uma flor
Ou rugidos do mar lívido de furor,
Que entendera a lama, cega e inútil, no mais doce
Dos murmúrios, na voz mais alta, que não fosse
Vago e impreciso som, inexpressivo, irreal,
Confundido num vão rumor universal?

Nunca tivesse o olhar humano convivido
Com a natureza; nunca houvesse o homem subido,
Pelos olhos, suave escada de Jacó,
Da Terra e de si mesmo, isto é, de lama e pó,
Para a resplandecência astral inacessível
Do céu—ermo sem fim, tão belo e tão terrível;
Ignorasse o abandono e a saudade do sol
Que inspira à noute a voz triste do rouxinol;
Desconhecesse a luz, que desenha as paisagens,
Que entremeia no verde alegre das folhagens
O ouro vivo da seara e o sorriso da flor;
Que faz da primavera um sonho multicor;
Que junto da montanha erguida eternamente

Para o longínquo céu—como um gesto impotente
E imóvel do Titã—mostra, subindo no ar,
Do sossego de um vale o fumo azul de um lar;
Desconhecesse a luz que revela a beleza,
A luz, que espiritualiza a Natureza,

Que, num floco fugaz de espuma sem valor,
Cria a mais deslumbrante apoteose da cor;
Não aprendesse, amando a luz fecunda, o forte
Horror da sombra, horror do vácuo, horror da morte:

Encerrado em si mesmo e chumbado no chão,
Insulado na funda, imensa solidão
Que em derredor do cego a cegueira dilata;
O homem órfão da luz, na Terra estreita e chata,
Quase só conhecendo o Universo—através
Do pedaço de solo em que pousasse os pés,

Dentro da escuridão de su'alma vazia
Que humilde sonho de molusco sonharia?

II

Ver é o supremo bem.
    Eu insisto em cismar
Se a alma será, talvez uma função do olhar . . .

Cegos nunca saibais verdade tão doída
Para cegueira: o olhar vale mais do que a vida.

É nas lições do olhar que aprendemos o Bem,
E o Mal: o amor, o asco, a piedade, o desdém.

A dor que vemos doi como si em nós doesse.

Esprime uma verdade inconsolável esse
Provérbio tão brutal e tão justo no seu
Conceito imparcial de máxima egoísta
Que condena o esquecido e absolve o que esqueceu,
Dizendo-lhes com voz igual: "Longe da vista
    Longe do coração" . . .
Olhar, fonte perene e viva da Emoção!

Toda a fisionomia humana se ilumina
Ou tempestua pelo olhar—luz matutina
Ou fulgor de corisco em céu de temporal;
Ardente, ou frio como o gume de um punhal;

Dando, radioso ou turvo, expressão e eloqüência
À cólera à ternura, à energia, à demência;
Abrindo a alma como a um clarão de luz solar
Ou vago como um pôr de sol à beira-mar;
Iluminando o rosto, ou, enevoado em mágoa,
Boiando inerte a flux de uns olhos rasos d'água...

III

A inspiração de um poeta é como solo inculto
    Que à toa se abre em flor:

Todo esse turbilhão de idéias em tumulto
Que nem eu sei porque, rimei com tanto ardor,
    Veiu-me de ter visto
 —Pela janela do meu quarto de doente—
    Que maravilha?

        —Isto:

Um trecho muito azul de céu alvorescente;
Um pedaço de muro engrinaldado de hera;
E, resumo feliz de toda a Primavera,

Ao leve sopro de uma aragem preguiçosa,
O balanço de um galho embalando uma rosa...

    [*Poemas e canções*, 12a ed.,
    S. Paulo, Nacional, 99-105]

ORAÇÃO PAGÃ

Felicidade em que eu nem creio...
E é quase nada... Ontem, enfim,
O seu olhar acaso veio
    Pousar em mim.

Viu-me? Não sei. Talvez não visse...
Nem sabe a graça, errante no ar,
Da sua sombra à superfície
    Azul do mar;

Nem sabe a estrela, a clara estrela
Que, no alto céu, toda é fulgor,
De quanto humilde arbusto, ao vê-la
    Palpita em flor.

Olhou-me; olhou... Mas eu duvido
Que reparasse em mim—porque
Há um olhar, tão distraído,
    Que olha, e não vê...

Essa mulher formosa e santa
Passa entre os homens—através
De hinos de amor que o chão levanta
    Sob os seus pés;

Alma não há que se não dobre
A esse exemplar da Perfeição:
Olhar que a fite—é como um pobre
    Que estende a mão.

E ela fugindo em plena glória
Da formosura triunfal,
Passa, e não vê: branca, marmórea,
    Escultural...

Estátua fria ou deusa altiva,
Pela mulher que ela não é
Arde e palpita a chama viva
    Da minha fé:

Alucinado de esperança,
Misto de crente e pecador,
Aspiro à benaventurança
    Do seu amor.

Que doudo o sonho em que me abraso
Só porque, em suma, aconteceu
Que um seu olhar, olhar de acaso,
    Pousou no meu...

Que esperas tu paixão profana,
Fazer vibrar, para teu bem,
Na altiva deusa—a fibra humana
    Que ela não tem?

Ó meu amor, porção de nadas!
Tu sonhas tanto... E eu vejo só
Sonhos que de asas fraturadas
    Rojam no pó...

[*Poemas e canções*, 12a ed.,
S. Paulo, Nacional, 161-163]

SONHO PÓSTUMO

I

Poupem-me quando morto, à sepultura: odeio
    A cova, escura e fria.
Ah! deixem-me acabar alegremente, em meio
    Da luz, em pleno dia.

O meu último sono eu quero assim dormi-lo:
    —Num largo descampado,
Tendo em cima o esplendor do vasto céu tranqüilo
    E a primavera ao lado.

Bailem sobre o meu corpo asas trêmulas, asas
    Palpitando de leve,
De insetos de ouro e azul, ou rubros como brasas
    Ou claros como neve.

De entre moutas em flor oscilantes na aragem,
    Úmidas e cheirosas,
Espalhando em redor frescuras de folhagem,
    E perfumes de rosas,

Subam, jovializando o ar, canções suaves
    —A música sonora
Em que parece rir a alegria das aves
    Encantadas da aurora.

E cada flor que um galho acaso dependura
  À beira dos caminhos
Entreabra o seio ao sol, às brisas, à doçura
  De todos os carinhos.

Passe em redor de mim um frêmito de gozo
  E um calor de desejo,
E soi o farfalhar das ávores, moroso
  Como o rumor de um beijo.

Palpite a natureza inteira, bela e amante,
  Volutuosa e festiva.
E tudo vibre e esplenda, e tudo fulja e cante,
  E tudo sonhe e viva.

A sepultura é noute onde rasteja o verme . . .
  Ó luz que eu tanto adoro,
Amortalha-me tu! E possa eu desfazer-me
  No ar claro e sonoro!

II

A lousa tumular o corpo fecha e cobre
  De sombra e de abandono,
E paira horrível como um pesadelo, sobre
  O derradeiro sono . . .

É de certo, pior que a morte; desconforto
  É, por certo, mais triste:
A morte mata só—e não separa o morto
  De tudo mais que existe.

Que é a morte, afinal, que tanto horror merece?
  —Mais um degrau da escada
Por onde eternamente a vida sobe e desce
  Do nada para o nada.

Pelo agitado mar sem praias do universo
  O homem surge e deriva
Ao acaso, como um floco de espuma, emerso
  De uma onda fugitiva.

Quando a morte o devolve ao seio que o gerara,
  Sem que o estinga e consuma,
Funde-o na onda que vai rolando, e que não pára
  De erguer flocos de espuma.

O morto volve ao chão da terra benfeitora
    Desfeito em mil destroços,
E restitue-lhe assim tudo que em vida fora:
    —Carne vestindo uns ossos.

Só perde um sonho: o sonho apenas esboçado
    No rápido transporte
Que o trouxe bruscamente impelido, empurrado
    Do berço para a morte.

Sonho belo talvez, confuso com certeza,
    Feito de riso e pranto,
Feito de sombra e luz, de alegria e tristeza,
    De encanto e desencanto.

Sonho que surge como um turbilhão, e passa
    E acaba num momento
Como um rumor sem eco, um pouco de fumaça
    Espalhada no vento.

Tudo mais volta ao seio infinito desse horto
    Que gera eternamente
A vida, e espera só que a morte, em cada morto
    Lhe atire uma semente.

III

Porque se arroja, pois, ao túmulo, fechado
    —Como um cárcere escuro—
A tudo quanto é belo e esplende ao sol dourado
    Sob o céu claro e puro,

Porque se larga à sombra, e se condena à lama,
    E se abandona ao verme,
Porque assim se castiga, e se repele, e infama
    Um pobre corpo inerme?

Corpo que veio de uma explosão de desejo,
    Encantado produto
De uma noute de amor—e que saiu de um beijo
    Como, da flor, o fruto;

Corpo onde o olhar viveu para tudo que brilha,
    Para as cousas mais belas:
—A terra em flor, o mar ao sol, a maravilha
    Do céu cheio de estrelas;

Onde cada rumor em que a noute transborda
    Sob o luar tristonho
Foi despertar um eco, e vibrar uma corda,
    E acalentar um sonho;

Corpo que tanta vez o aroma—essa carícia
    Em que a flor se consome—
Encantou de um prazer sutil, de uma delícia
    Sem igual e sem nome;

Onde o lábio se abriu, úmido como as rosas
    Quando amanhece o dia,
Para o sorriso, o beijo, e as cousas deliciosas
    Que o amor pronuncia...

Condenado por fim à dispersão da morte,
    O universo o reclama...
Entre tudo quanto há, porque lhe dar por sorte
    O desfazer-se em lama?

IV

Oh! deixai que o disperse o vento, asa ligeira
    Em que sobe do chão,
Em que se eleva no ar tudo quanto é poeira
    E decomposição.

Sim, deixai que o fecunde o sol, esse batismo,
    Essa ablução de luz
De que surgem sorrindo em flor—bordas de abismo
    E lamas de pauis.

Sim, deixai que o redima o orvalho, em que, de rastros,
    No chão dos areiais,
A argila, recebendo a comunhão dos astros,
    Estrela-se em rosais

Da matéria imortal que ao acaso reunida
    Pairou nesse apogeu:
A vida humana; e após, de tão alto abatida,
    Caiu e apodreceu,

Possa cada fragmento, e cada átomo possa
    Obter o jubileu
Em que, para o que é vil, se arrepende e se adoça
    O mau humor do céu;

Mau humor de que sai o verme, esse enjeitado,
    Esse erro, o caracol;
Que condena, que humilha o pó que é pó, ao lado
    Do pó que é luz do sol;

E que afinal se abranda e se penitencia
    Naquela redenção
De que a noute ressurge e se desmancha em dia
    E o castigo em perdão.

A poeira se dispersa; o charco se evapora;
    Perde-se o fumo no ar:
São feitos desse nada ouros fulvos de aurora,
    Brancuras de luar ...

V

Implacável rancor do espírito à matéria,
    Da ilusão à verdade,
Do que sonha ao que vive ... Ó miséria, miséria!
    Ó vaidade, vaidade!

A alma insubmissa e vã supõe-se encarcerada
    No corpo, essa prisão,
—Ilha de um rude mar, princesa desterrada,
    Flor caída no chão;

Considera-se como a fina essência, presa
    Num vaso desprezado;
Vê no corpo um montão de infâmia e de torpeza,
    De vício e de pecado.

A morte—como um fim de cativeiro encara
    —Um romper de manhã,
A hora da partida anciosa e livre para
    As terras de Canaã ...

Alma, é louco o desejo, em que te abrasas,
    De céus nunca atingidos:
Ai, que serias tu, pássaro, sem as asas.
    Alma, sem os sentidos?

Nos olhos se esvazie o olhar, que te revela,
    Que descobre ... ou que faz

Tanta extensão de azul, tanto fulgor de estrela . . .
    Alma, que sonharás?

Alma, que sonharás, na silenciosa ausência
    Do som—emudecida
Para o teu devaneio a vaga confidência
    Dos sub-solos da vida?

Em vão levantas no ar as tuas fantasias
    E as tuas ambições;
Arquitetas em vão tantas filosofias,
    Tantas religiões . . .

Para mais desterrar na morte a carne, morta
    Por fim, enfim vencida,
Inventaste o pavor de um cárcere sem porta,
    De um antro sem saída.

Inventaste-o debalde. O túmulo condena
    O corpo à podridão,
Mas não te exime a ti da mesma escura pena
    De apodrecer no chão;

Sangue que o coração alvoroça e amotina,
    Vibração provocada
Dos nervos, e depois . . . um sonho de retina . . .
    És tudo isso, e mais nada.

VI

O derradeiro sono, eu quero assim dormi-lo:
    Num largo descampado,
Tendo em cima o esplendor do vasto céu tranqüilo
    E a primavera ao lado.

Amortalhe-me a noute estrelada; arda o dia
    Depois, claro e risonho;
E seja a dispersão na luz e na alegria
    O meu último sonho.

        [*Poemas e Canções,* 12a ed.,
        S. Paulo, Nacional, 223-235]

ROSA, ROSA DE AMOR

II

(Manhã de sol)

Na sombra do murtal, cujas flores a leve
Aragem desgrinalda em turbilhões de neve,
Ela vagueia a sós... e como vai formosa!
Tem como uma frescura orvalhada de rosa
Na face... Em seu sorriso amanhece. É tão brando
O seu pisar, que o chão o acolhe suspirando.
—Eis o sol! —canta uma ave ao fitar-lhe a retina...
E por onde ela passa a sombra se ilumina.

Descuidada e feliz, entre as árvores ela
Erra à toa. Sorrindo, as aves interpela.
Corre de flor em flor, salta de mouta em mouta,
Ora entre a ramaria o olhar travesso afouta
E tenta surpreender o segredo de um ninho;
Ora cisma, fitando o vago desalinho
Em que toda palpita, em que se entrega toda,
A folhagem que o vento acaricia... Em roda,
Em tudo, vê um ar festivo de noivado,
Cada flor abre ao sol o cálice orvalhado,
Úmido como um lábio em que pousasse um beijo

E o seu passo é sutil e erra como um adejo.
Surpreendo-a. Ela estaca, assustada, indecisa;
Mal com os pesinhos nús o chão musgoso pisa
Num ar de juriti prestes a abrir o vôo.
Tomo-lhe as mãos; baixinho, ao seu ouvido, entôo
A atrevida canção do amor que tudo pede,
Do amor que não é mais do que um furor de sede,
Que é o amor afinal...

Toda a sua alma escuta,
Todo o seu corpo treme. Amante e irresoluta,
Quer ceder e resiste; abrasa, e não se atreve...
E de súbito, como a corça arisca e leve
Que sente o caçador e ouve silvar a bala,
Ela das minhas mãos bruscamente resvala,
Salta, foge-me...

Em vão. Salto-lhe em pós; não tomba
Mais faminto um abutre em cima duma pomba.

Ela, sem rumo, vai e erra ao acaso, numa
Vaga trepidação, como ao vento uma pluma.
E o seu passo recorta o chão, que abaixa e alteia
Aqui um charco, adiante um cômoro de areia.

Aos poucos, a carreira afrouxa. Em cada passo
Mais e mais ela mostra a angústia do cansaço,
Arfa-lhe o seio: perde o fôlego; tropeça;
Para . . .

Alcança-a o meu beijo. O noivado começa.

[*Poemas e canções*, 12a ed.,
S. Paulo, Nacional, 251-255]

References:

Albuquerque, Medeiros e, *Páginas de crítica*, 449-461.
Amado, Augusto, "Vicente de Carvalho," *Correio da Manhã*, Rio, 14 ago 1932.
Araripe Júnior, Tristão de, "Academia Brasileira: Vicente de Carvalho," in: Vicente de Carvalho, *Poemas e canções*, 2nd ed., Pôrto, Chardron, 1909, 201-211.
Azevedo, Otávio d', *Vicente de Carvalho e os "Poemas e canções:" seus motivos, sua técnica*, Rio, 1970.
Bandeira, *Apresentação*, 113-115.
Carlos, Manoel, "História de um poema," appendix to: *Poemas e canções*, 3rd ed., S. Paulo, O Pensamento, 1917, vii-xxxi.
Carvalho, Alfredo de, "*Poemas e canções*, do sr. Vicente de Carvalho," in: *Poemas e canções*, 2nd ed., Pôrto, Chardron, 1909, 213-219.
Carvalho, Maria da Conceição de, e Arnaldo Vicente de Carvalho, *Vicente de Carvalho*, Rio, ABL, 1943.
Coutinho, Galeão, "O poeta e o mar," *Revista do Brasil*, 1a fase, 110 (fev 1925) 167-169.
Cunha, Euclides da, Preface (1908) to: *Poemas e canções*, 13th ed., S. Paulo, Nacional, 1946, xi-xxviii.
Estrada, 5-9.
Freire, Sampaio, "A poesia de Vicente de Carvalho," *Revista do Brasil*, 1a fase, 71 (nov 1921) 195-207.
Grieco, *Evolução da poesia*, 3rd ed., 69-71.
Letras e Artes, 3:4.
Macedo, Agenor F. de, "A cor em Vicente de Carvalho," *Revista da Língua Portuguesa*, 2a série, 4 (mar 1932) 63-77.
Otávio Filho, 133-181.
Nunes, Cassiano, 43-54.

Piccarolo, Antônio, "Vicente de Carvalho," *O Estado de São Paulo*, 12 maio 1924.
Picchia, Menotti del, "Vicente de Carvalho," *Revista do Brasil*, 1a. fase, 112 (abr 1925) 275-376.
Pinto, *Seixos*, 303-328.
Ramos, Péricles Eugênio da Silva, in: Coutinho, *A literatura*, II, 330-333.
——————, *Panorama*, III, 94-112.
Rego, *Gordos*, 145-148.
Silva, João Pinto da, "Bernardim Ribeiro e Vicente de Carvalho," appendix to: *Poemas e canções*, 3rd ed., S. Paulo, O Pensamento, 1917, iii-vi.
Vultos, I, 42-62; II, 117-143.
Sousa, Cláudio de, "Elogio de Vicente de Carvalho," *Discursos acadêmicos*, Rio, Civilização Brasileira, 1936, VI, 83-113.
Vieira, Hermes, *Vicente de Carvalho, o sabiá da ilha do sol: biocrítica*, 2nd ed., S. Paulo, Revista dos Tribunais, 1943.

Raul d' Avila Pompéia
(1863-1895)

The writer who first depicted boarding school life in the second half of the nineteenth century in Brazil, Raul d'Avila Pompéia, was born in Jacuecanga in the township of Angra dos Reis, in the State of Rio de Janeiro, on April 12, 1863. His father was a magistrate, Dr. Antôno d'Avila Pompéia, his mother, Rosa Teixeira Pompéia. When he was ten, his family moved to the Imperial city and there he boarded at the Colégio Abílio, which was later to be the subject of his famous novel, *O Ateneu*. While a student there he edited a manuscript newspaper, *O Archote;* in it he published some of his very first sketches, for his early artistic talent ran to sketching and sculpture. In 1879 he transferred to Colégio Pedro II. The next year his first novel, *Uma tragédia no Amazonas*, appeared. It was closely followed in 1881 by *Canções sem metro*, a collection of prose poems, a genre in which he excelled, along with Cruz e Sousa. That same year he entered the Law School in São Paulo and there began to write for *A Comédia*, as well as for the *Gazeta de Notícias* of Rio de Janeiro; he published short stories in both. His strongly polemical position in favor of the Republic and against slavery in the São Paulo and Rio de Janeiro press created such antagonism for him at school that to finish his law course he was forced in 1885 to transfer to Recife, where he completed the last two years in one. In the Pernambucan capital he began to write *O Ateneu*, which he published in 1888 with his own illustrations. In Rio de Janeiro he began to write for the *Gazeta de Notícias* on painting, sculpture and literature in a column titled *Pandora* which soon became popular. Raul Pompéia's strong republican advocacy in the press began to take on an especially political hue and in 1894 it resulted in his designation as director of the National Library during the Floriano Government, of which he was an energetic and vocal backer. During the presidency of Prudente de Morais, however, he was dismissed on the heels of the laudatory remarks he made at Floriano's tomb. The writer was by nature anguished in temperament and a question of honor caused his suicide in the nation's capital on Christmas Day, 1895.

Critical Commentary:

The earliest example of a major Brazilian novel that clearly reflects the precepts of Symbolism is Raul Pompéia's *O Ateneu*. It is for that work that he is mainly known today. It first appeared in successive numbers of the *Diário de Notícias*. The author subtitled it a "crônica de saudades," and that is psychologically true, for he sensitively evokes with as much nostalgic sympathy as relentless cruelty the pedagogical, psychological and moral tone, setting and implications, including generational, inter-personal and individual ones, of his adolescent boarding school days in Rio de Janeiro.

The mood of the novel is at once nostalgic and pessimistic, the perspective is visual, the tone is confidential and musical, the insight is subjective and psychological, the structure is fragmentary and episodical, and the style is impressionistic. Proverbs are plentiful and are used to good effect, relating image quickly and graphically to the facts of the reality depicted. The language is exuberant and suggestive, yet precise after the *écriture artiste* fashion. The scenes attain unusual intensity and color through the effective use of visual imagery. They gain conceptual impressionism as well as they shift rapidly, often aided by the free association of ideas.

The reader comes to know several characters, principally Sérgio, the former student, narrator and the author's alter ego, and Aristarco, the egotistical director of the school. The principal role, however, is played by the school itself, not in its concrete, physical form, but as a way of life then well known to legions of young adolescent males in Brazil.

Insights into the psychology, into the painful interior adolescent drama, of the characters and of boarding school life are always made from the outside; explanations are limited to what happens: assemblies, friendships, hobbies and the like. Reasons, when alluded to, are only the obvious, superficial, spatial, and causal ones. There is a note of implied criticism throughout the novel about the means used to obtain them. The novel genre is intentionally compared to the boarding house and to life itself, for the boarding house is construed to be a miniature world, golden-hued as seen in retrospect, but harsh, a preparation for the rudeness of life itself. Humor is present largely in the form of irony and plays on words.

Selected Reading and Other Texts:

O Ateneu; Poetry: Bandeira, *Fase parnasiana*, 179-184; Ramos, *Panorama* III, 205-210. Prose: Cândido e Castelo, II, 266-283; Coutinho, *Antologia*, I, 83-92; 219-222; III, 130-134; Lins e Holanda, II, 635-643; Magalhães Júnior, *O conto*, 329-334; Moisés, *Textos*, 272-279; Scott-Buccleuch and Oliveira, 211-216.

Principal Works:

Uma tragédia no Amazonas (ensaio), Rio, 1880.
Canções sem metro (poems in prose), S. Paulo, 1881.
O Ateneu (romance), Rio, 1888.
Alma morta (in *Gazeta da Tarde*), 1888.
Minhas memórias dos outros, Rio, 3 vols., 1934, 1935, 1936.
"Prosas esparsas," *Revista da Academia* N⁰ 14(jul 1920), N⁰ 15(out 1920), N⁰ 16(dez 1920), N⁰ 17(mar 1921).

O ATENEU

VII

O tédio é a grande enfermidade da escola, o tédio corrutor que tanto se pode gerar da monotonia do trabalho como da ociosidade.

Tínhamos em torno da vida o ajardinamento em floresta do parque e a toalha esmeraldina do campo e o diorama acidentado das montanhas da Tijuca, ostentosas em curvatura toráxica e frentes felpudas de colosso: espetáculos de exceção, por momentos, que não modificavam a secura branca dos dias, enquadrados em pacote nos limites do pátio central, quente, insuportável de luz, ao fundo daquelas altíssimas paredes do Ateneu, claras da caiação, do tédio, claras, cada vez mais claras.

Quando se aproxima o tempo das férias, o aborrecimento é maior.

Os rapazes, em grande parte dotados de tendências animadoras para a vida prática, forjicavam mil meios de combater o enfado da monotonia. A folgança fazia época como as modas, metamorfoseando-se depressa como uma série de ensaios.

A peteca não divertia mais, palmeada com estrépito, subindo como foguete, caindo a rodopiar sobre o cocar de penas? Inventavam-se as bolas elásticas. Fartavam-se de borracha? Inventavam-se as pequenas esferas de vidro. Acabavam-se as esferas? Vinham os jogos de salto sobre um tecido de linhas a giz no soalho, ou riscadas a prego na areia, a *amarela*, e todas as suas variantes, primeira casa, segunda casa, terceira casa, descanço, inferno, céu, levando-se a ponta de pé o seixozinho chato em arriscada viagem de pulos. Era depois a vez dos jogos de corrida, entre os quais figurava notavelmente o saudoso e rijo *chicote queimado*. Variavam os aspetos da recreação, o pátio central animava-se com a revoada das penas, o estalar elástico das bolas, passando como obuses, ferindo o alvo em pontaria amestrada, o formigamento multicor das esferas de vidro pela terra, com a gritaria de todas as vozes do prazer e do alvoroço.

Depois havia os jogos de parada, em que circulavam como preço as penas, os selos postais, os cigarros, o próprio dinheiro. As especulações moviam-se como o bem conhecido ofício das corretagens. Havia capitalistas e usurários, finórios e papalvos; idiotas que se encarregavam de levar ao mercado, com a facilidade de que dispunham fora do colégio, fornecimentos inteiros, valiosíssimos, de Mallats e Guillots que os hábeis limpavam com a gentileza de figurões da bolsa, e selos inestimáveis que os colecionadores práticos desmereciam para tirar sem custo; fumantes ébrios de fumo alheio, adquirido facilmente no movimento da praça, repimpados à turca sobre os coxins da barata fartura.

As transações eram proibidas pelo código do Ateneu. Razão de mais para interessar. Da letra da lei, incubados sob a pressão do veto, surgiam outros jogos, mais expressamente caraterísticos, dados que espirravam como pipocas, naipes em leque, que se abriam orgulhosos dos belos trunfos, entremostrando a pança do rei, o sorriso galhardo do valete, a simbólica orelha da sota, a paisagem ridente do ás; roletas miúdas de cavalinhos de chumbo; uma aluvião de fichas em cartão, pululantes como os dados e coradas como os padrões do carteio.

A principal moeda era o selo.

Pelo sinete da posta dava-se tudo. Não havia prêmios de lição que valessem o mais vulgar daqueles *coupons* servidos. Sobre este preço, permutavam-se os direitos do pão, da manteiga ao almoço, da sobremesa, as delícias secretas da nicotina, o próprio decoro pessoal em si.

A raiva dos colecionadores, caprichando em exhibir cada qual o album mais completo, mais rico, transmitia-se a outros, simples agentes de especulação; destes ainda a outros com a sedução do interesse. No colégio todo, só Rebelo talvez e o Ribas, primeiro fundeado no porto da misantropia senil que o distanciava do mundo tempestuoso, o outro a fazer perpetuamente de anjo feio aos pés de Nossa Senhora escapavam à mania geral do selo, melhor, à geral necessidade de premunir-se com valor corrente para as emergências.

No comércio do selo é que fervia a agitação de empório, contratos de cobiça, de agiotagem, de esperteza, de fraude. Acumulavam-se valores, circulavam, frutificavam; conspiravam os sindicatos, arfava o fluxo, o refluxo das altas e das depreciações. Os inexpertos arruinavam-se, e havia banqueiros atilados, espapando banhas de prosperidade.

Falava-se, com a reserva tartamuda dos caudatários do milhão, de fortunas imponderáveis... Certo felizardo que possuia aqueles imensos exemplares da primeira posta na Inglaterra, os dois raríssimos, ambos! o azul e o branco, de 1840, com a estampa nítida de Mulrady: a Grã-Bretanha braços abertos sobre as colônias, sobre o mundo; à direita, a América, a propaganda civilizadora, a conquista da savana; à esquerda, o domínio das Indias, *coolies* sob fardos, dorsos de elefantes subjugados; ao fundo, para o horizonte, navios, o trenó canadiano que foge à disparada das renas; no alto, como as vozes aladas da fama, os mensageiros da metrópole.

Jóias deste preço imobolizavam-se nas coleções, inalienáveis por natureza como certos diamantes. Nem por isso era menos ardente a mercância na massa febril da pequena circulação; da quantidade infinita dos outros selos, retangulares, octogonais, redondos, elipsoidais, alongados verticalmente, transversalmente, quadrados, lisos, denteados, antiquíssimos ou recentes, ingleses, suecos, da Noruega, dinamarqueses, de cetro e espada, suntuosos Hanôver, como retalhos de tapeçaria, cabeças de águia de Lubeck, torres de Hamburgo, águia branca da Prússia, águia em relevo da moderna Alemanha, austríacos, suiços de cruz branca, da França, imperiais e republicanos, de toda a Europa, de todos os continentes, com a estampa de um pombo, de navios, de um braço armado; gregos com a efígie de Mercúrio, o deus único que ficou de Homero, sobrevivo do Olimpo depois de Pã; selos da China com um dragão esgalhando garras; do Cabo, triangulares; da república de Orange com uma larangeira e três trompas; do Egito com a esfinge e as pirâmides; da Pérsia de Nassered-Din com um penacho; do Japão, bordados, rendilhados como panos de biombo e de ventarolas; da Austrália, com um cisne; do reino de Havaí, do rei Kamehameha III; da Terra Nova com uma foca em campo de neve; dos Estados-Unidos; de todos os presidentes; da república de S. Salvador com uma auréola de estrelas sobre um vulcão; do Brasil, desde os enormes mal feitos de 1843; do Peru com um casal de lamas; todas as cores, todos os sinetes com que os estados tarifam as correspondências sentimentais ou mercantis, explorando indistintamente um desconto mínimo nas especulações gigantescas e o imposto de sangue sobre as saudades dos emigrados da fome.

A sala geral do estudo, comprida, com as quatro galerias de carteiras e a parede oposta de estantes e a tribuna do inspetor, era um microcosmo de atividade subterrânea. Estudo era pretexto e aparência, as encadernações capeavam mais a espertez do que os próprios volumes.

A certas horas reunia-se ali o colégio inteiro, desde os elementos de primeiras letras até os mais adiantados cursos. Agrupavam-se por ordem de habilitações; o abc diante da porta de entrada, à direita; à extrema esquerda, os filósofos, cogitadores do Barbe, os latinistas abalizados, os admiráveis estudantes do alemão e do grego. Baralhavam-se as três classes de idades; podia estar um marmanjo empacado à direita na carteira dos analfabetos, e podia estar um bebê prodígio a desmamar-se na filosofia da esquerda. O acaso da colocação podia sentar-me entre o Barbalho e o Sanches, como podia da afeição do Alves desterrar-me uma légua. Dependia tudo do adiantamento.

Como compensação destas desvantagens havia os telégrafos e a correspondência de mão em mão. Os fios telegráficos eram da melhor linha de Alexandre 80, sutilíssimos e fortes, acomodados sob a tábua das carteiras, mantidas por alças de alfinete. Em férias desarmavam-se. Dois amigos interessados em communicar-se estabeleciam o aparelho; a cada extremidade, um alfabeto em fita de papel e um ponteiro amarrado ao fio; legítimo capanema. Tantas as linhas, que as carteiras vistas de baixo apresentavam a configuração agradável de cítaras encordoadas, tantas, que às vezes emaranhava-se o serviço e desafinava a cítara dos recadinhos em harpa de carcamano.

Havia o gênio inventivo no Ateneu, esperanças de riqueza, por alguma descoberta milagrosa que o acaso deparasse à maneira do pomo de Newton. Ocorre-me um perspicaz que contava fazer fortuna com um privilégio para explorar ouro nos dentes chumbados dos cadáveres, uma mina! Foi assim a invenção malfadada do telégrafo-martelinho. Tantas pancadinhas, tal letra;

tantas mais, tantas menos, tais outras. Os inventores achavam no sistema dos sinais escritos a desvantagem de não servir à noite. O elemento base desta reforma era uma confiança absoluta na surdez dos inspetores; aventuroso fundamento, como se provou.

As primeiras pancadinhas passaram; apenas os estudantes mais próximos sorriam disfarçando. Mas o martelinho continuou a funcionar e ganhou coragem. No silêncio da sala, gotejavam as pancadas, miúdas, como o debicar de um pintainho no soalho.

No alto da tribuna, o Silvino coçou a orelha e ficou atento; começava a implicar com aquilo. Silêncio . . . silêncio, e as pancadinhas de vez em quando.

Foi o diabo. Inesperadamente precipitou-se do alto assento como um abutre, e com a finura do ofício foi cair justo sobre o melhor de um despacho. Seguiu-se a devastação. Examinando a carteira, descobriu a rede considerável dos outros telégrafos. Foi tudo raso. Brutal como a fúria, implacável como a guerra—oh Havas! —o Silvino não nos deixou um fio, um só fio ao novelo das correspondências! De carteira em carteira, por entre pragas, arrancou, arrebentou, destruiu tudo, o vândalo, como se não fosse o fio telegráfico listrando os céus a pauta larga dos hinos do progresso e a nossa imitação modesta uma homenagem ao século.

A violência não fez mais que aumentar o tráfego dos bilhetinhos e suspender temporariamente a telegrafia.

De mão em mão como as epístolas, corriam os periódicos manuscritos e os romances proibidos. Os periódicos levavam pelos bancos a troça mordaz, aos colegas, aos professores, aos bedéis; mesmo a pilhéria blasfema contra Aristarco, uma temeridade. Os romances, enredados de atribulações febricitantes, atraindo no descritivo, chocantes no desenlace, alguns temperados de grosseira sensualidade, animavam na imaginação panoramas ideados da vida exterior, quando não há mais compêndios, as lutas pelo dinheiro e pelo amor, o ingresso nos salões, o êxito da diplomacia entre duquesas, a festejada bravura dos duelos, o pundonor de espada à cinta, o drama das paixões ásperas, tormentos de um peito malsinado e sublime sobre um cenário sujo de bodega, entre vômitos de mau vinho e palavradas de barregã sem preço.

Com a proximidade das férias de ano, tudo desaparecia. O aborrecimento imperava.

A impaciência da expetativa de livramento fazia intolerável a reclusão dos últimos dias.

Organizavam-se os preparativos para a grande exposição de trabalhos da aula de desenho, as aulas primárias estavam a ponto de entrar em exames, dos particulares semestrais, em que o diretor sondava o aproveitamento. Estes cuidados não podiam combater a inércia expetante dos ânimos.

No salão do estudo poucos abriam livro. Os rapazes alargavam os cotovelos sobre a carteira, fincavam o queixo nas costas da mão e abstraiam-se com o olhar imóvel, idiotismo de espera, como se tentassem perceber o curso das horas no espaço. Por trás da casa, no quintal do diretor, ouvia-se cantando

Ângela, cantilenas espanholas, sinuosas de moleza; mais longe, muito mais, em zumbido indistinto, como um horizonte sonoro, as cigarras trilavam, agitando o ar quente como uma vibração de fervura.

Nas horas longuíssimas do recreio, os rapazes passeavam calados, destruindo a comunhão usual dos brincos, como se temessem estragar mais alegria naquele cativeiro, certos de melhor emprego breve. Pelas paredes a carvão, pelas tábuas negras a traços brancos, arranhada na caliça, escrita a lápis ou a tinta, por todos os cantos via-se esta proclamação: *Viva as férias!* determinando a ansiedade geral, como um pedido, uma intimativa ao tempo que fosse menos tardo, opondo, cruel, a resistência impalpável, invencível dos minutos, dos segundos, à chegada festiva da boa data.

Bento Alves, depois de assegurar que unicamente por mim se havia sujeitado à humilhação que sofrera, andava propositalmente arredio.

Eu, solitário, ia e vinha como os outros, percorrendo o pátio, marcando a bocejos os prazos alternados de impaciência e resignação, vendo pairar por cima do recreio um papagaio que soltavam meninos da rua para as bandas do Ateneu. Invejava-lhe a sorte, ao papagaio cabeceando alegre, ondeando a balouçar, estatelando-se no vento, pássaro caprichoso, dominando vermelho o vasto retângulo azul que as paredes cortavam no firmamento, solitário, solitário como eu, cativo também—mas ao alto e lá fora.

Relaxava-se o horário; professores faltavam; era menos rude a inspeção. Os alunos iam por toda parte à vontade. Faziam roda de palestra nos dormitórios, pilando enfastiadamente os mais duros assuntos, murmurações esmoidas, escabrosidades pulverizadas, trituradas malícias, algumas vezes malícias ingênuas se é possível, caracterizando-se no conciliábulo o azedume tagarela do cansaço podre de um ano, conforme a psicologia de cada salão.

[*O Ateneu*, 7a ed. definitiva, Rio, F. Alves, s.d., 149-157]

References:

Abreu, Capistrano de, I, 239-241.
Andrade, Mário de, *Aspectos*, 221-236; also in: Holanda, *O romance*, 191-201.
Araripe Júnior, Tristão de, "Raul Pompéia como esteta," *União Acadêmica*, Rio, I (2 set 1897) 110-117.
─────── , "Raul Pompéia: *O Ateneu* e o romance psicológico," *Obra crítica*, II, 126-177.
Autores e Livros, 1:19 (21 dez 1941).
Barros, Jaime de, *Espelho dos livros*, Rio, 1936, 247-254.
Belo, José Maria, *Estudos críticos*, Rio, 1917, 151-170.
Castelo, José Aderaldo, "Raul Pompéia—*O Ateneu* e o romance modernista," *Anhembi*, S. Paulo, 15:45 (ago 1954).

Castro, Arnaldo José de, "Raul Pompéia," *Revista do Livro*, 6:23-24 (jul-dez) 219-226.
Freire, Sampaio, *Ensaios críticos: Raul Pompéia e Alberto de Oliveira*, Campinas, 1915, 1-43.
Gomes, Eugênio, in: Coutinho, *A literatura*, II, 109-120.
─────── , *Aspectos*, 131-154.
─────── , *Prata*, 113-120.
─────── , "O lado marcial de Pompéia," *Correio da Manhã*, 31 dez 1955.
─────── , "Pompéia e a métrica," *Correio da Manhã*, 19 nov 1955.
─────── , "Raul Pompéia: contista," *Correio da Manhã*, 8 dez 1956.
─────── , *Visões*, 224-271.
Grieco, *Evolução da prosa*, 2nd ed., 79-81.
Ivo, Lêdo, *O universo poético de Raul Pompéia*, Rio, São José, 1963.
Lima, Alceu Amoroso, "Política e letras," *À margem da história da República*, Rio, 1924, 281-286.
Linhares, Temístocles, intro. to: *Trechos escolhidos*, Rio, Agir, 1958, 5-18.
Lins, Álvaro, I, 152-160.
Magalhães, Adelino, "Elogio de Raul Pompéia," *Revista da Academia Fluminense de Letras*, III (out 1950) 25-29.
Montenegro, Olívio, *O romance*, 88-104.
Morais, Carlos Dante de, "Raul Pompéia e o amor-próprio," *Província de São Pedro*, 12 (set-dez 1948) 7-14.
Morais Neto, Prudente de, 23-24.
Otávio Filho, Rodrigo, "Raul Pompéia," *Revista Brasileira*, V (1896) 103-112.
Pereira, Lúcia, Miguel, *Prosa de ficção*, 103-114.
Placer, Xavier, in: Coutinho, *A literatura*, III (1), 223-236.
Pontes, Elói, *A vida inquieta de Raul Pompéia*, Rio, José Olímpio, 1935.
Ramos, Maria Luíza, *Psicologia e estética de Raul Pompéia*, Belo Horizonte, 1958.
Rego, José Lins do, *Conferências*, 47-80.
Santiago, Silviano, "*O Ateneu*: contradições e periquiriçoes," *Luso-Brazilian Review*. 4:2 (Dec 1967) 53-78.
Sodré, *História*, 189-193.
Veríssimo, José, *História*, 354-359.
Vítor, Nestor, *A crítica*, 35-46, 235-239.

Coelho Neto
(1864-1934)

The most prolific of all Brazilian men of letters was Henrique Maximiliano Coelho Neto, who won fame as a prose writer, journalist, and lecturer. Born February 21, 1864, in Caxias in the state of Maranhão, his father was Antônio da Fonseca Coelho, a Portuguese merchant, and his mother, Ana Silvestre Coelho, was of Indian background. At the age of 6, Coelho Neto accompanied his parents to Rio de Janeiro and there began his primary studies with his Uncle Resende, a bookkeeper. After attending Colégio Jordão in the Monastery of São Bento and later a private school on Riachuelo Street, he finished his secondary studies in the Colégio Pedro II. He began the study of law in São Paulo in 1883, but the next year studied in Recife, where he became a friend of Tobias Barreto. The removal to the North was due, at least in part, to the fact that his abolitionist ideas were not welcome in São Paulo. Later, in Rio, he was an active journalist and continued his strong anti-slavery campaign, along with Olavo Bilac, Aluísio Azevedo, and Paula Ney, among others. In 1890 he married Maria Gabriela Brandão, abandoned his previous Bohemian life, and settled down to work in a disciplined fashion. That same year he became Secretary to the Government of the State of Rio de Janeiro and the following year he published his first short story, "Rapsódias." His first novel, *A capital federal,* followed two years later. Although he had decided upon a diplomatic career and had gained classification as a secretary of legation, he remained in Brazil. Writing at an ever more accelerated pace, the apex of his productive capacity was reached in 1898 when he published eight separate volumes in a single year. Having won a chair of literature in Campinas, he taught there from 1901 to 1904. Again in Rio, in 1907 he was named professor of literature in the Ginásio Nacional, formerly Colégio Pedro II. A brief but active interest in politics earned for him election as deputy three times, from 1909 through 1917. In the meantime, he was appointed in 1910 Professor of History of the Arts and of Dramatic Literature in the Escola Dramática Municipal and later became the director of that institution.

Coelho Neto's militant opposition to the principles of the Semana de Arte Moderna of 1922 made him the main target of the First Generation Modernists. In 1928 he was sent to Argentina as Minister Plenipotentiary of Brazil to attend the inaugural of President Irigoyen. That same year saw the publication of his hundredth book, *A cidade maravilhosa*. As the result of a contest sponsored by *O Malho*, he was named the "Prince of Brazilian Prose Writers." In 1932 the Brazilian Academy of Letters by acclamation proposed him unsuccessfully for the Nobel Prize. He was president of the Academy from 1926 until his death, November 28, 1934.

Critical Commentary:

In addition to his astounding productivity (well over one hundred published volumes), Coelho Neto is equally notable for the fullness and precision of his language, the scope of his vision, the power of his imagination, and the variety of genres he worked in. His work is vast, complex, and of uneven quality but, judged by his best efforts, he is one of Brazil's great writers. He has to his credit numerous novels, novelettes, short stories, historical, patriotic and Biblical stories, sketches, legends, fables, parables, reminiscences, and plays.

Art for Coelho Neto is man's highest goal. However much he claimed non-alignment to any literary current, his world-view was typically that of the Symbolist. For him life and art are inextricably intertwined: everything is somehow part of a great, unified whole. Thus, his pessimistic preoccupation with the problems of man, the secret of his human condition, and his identification and role in an unfathomable universe. From that derives his dedication to the art of writing and his attention to form and emphasis on the quality (although not always attained) of his medium of expression, especially the density and propriety of his language, as well as the situations, frequently devoid of any rational explanation, in which man finds himself. The emotions, of course, become the prime avenue for artistic expression and for the creation of a feeling of presence. All the senses are equally important and each achieves full play.

At bottom a story teller (the short story is also his best genre), Coelho Neto can probably be best appreciated by reading him aloud. Only then do we register the fullness and accuracy of his language and the density and color of his descriptions. The penchant of the oral storyteller to ramble is an essential part of the scheme. His main concern lies with situations and ideas. Even when the characters seem to have the limelight, careful scrutiny reveals that it is really the circumstances in which they find themselves that count most, not the conflict of the people with the ambient, but the relations of people with other people and to their individual role in the shape of things. And so it is that Coelho Neto usually chooses themes that deal with basic emotions such as fear, love, instinct, faithfulness, greed, or with problems dealing with the meaning of life, the dynamics of living, the unknown, the supernatural and God. The rich psychological variety of those subjects, plus the descriptive detail and diversity of the locales treated, made it possible for Coelho Neto to paint a comprehensive and expressive picture of a period of some forty years, from 1891 to 1934.

Suggested Reading and Other Texts:

A capital federal (1893), *A conquista* (1899), *Rei negro* (1914); "Os velhos," "Banzo," "A vidente," "A gota d'agua e as nuvens," "Expulsa," "Niobe," "Chuva de ouro," "O dote" Cândido e Castelo, II, 283-293; Coutinho, *Antologia*, I, 223-234; III, 135-139; Faria, Otávio de, *Coelho Neto: romance*, Rio, Agir, 1958, 15-120; Moisés, *A literatura*, 279-285; Peixoto, Afrânio, *Panorama*, 527-528; Scott-Buccleuch and Oliveira, 217-222.

Principal Works:

O meio (crônicas), 1899
Rapsódias (contos), 1891
A capital federal (romance), 1893
Praga (novela), 1894
Baladilhas (contos), 1894
Bilhetes-postais (crônicas), 1894
Fruto proibido (contos), 1895
Miragem (romance), 1895
O Rei Fantasma (romance), 1895
Cartas, 1896
Sertão (novelas), 1896
Album de Calibã (contos), 1897-8, [2 vols.]
América (educação moral e física), 1897
Pelo amor! (poema dramático), 1897
Inverno em flor (romance), 1897
Artemis (episódio lírico), 1898
O morto (romance), 1898
Romanceiro (contos), 1898
A descoberta da Índia (narrativa histórica), 1898
O paraíso (romance), 1898
Seara de Rute (contos), 1898
O Rajá de Pendjab (romance), 2 vols., 1898
Hótia (balada), 1898
Lanterna mágica (crônicas), 1898
A conquista (romance), 1899
Por montes e vales (crônicas), 1899
Saldunes (ação legendária), 1900
Tormenta (romance), 1901

Pastoral (evangelho), 1904
Apólogos, 1904
A bico de pena (contos e fantasias), 1904
Contos pátrios (em colaboração com Olavo Bilac), 1904
Compêndio de literatura brasileira, 1905
Teatro infantil (em colaboração com Olavo Bilac), 1905
Água de Juventa (contos), 1905
O Arara (romance), 1905
Turbilhão (romance), 1906
Trevo (novelas), 1906
Teatro, III, 1907
As sete dores de Nossa Senhora (narrativa bíblica), 1907
Teatro, II, 1907
Fabulário (contos), 1907
Jardim das oliveiras (contos dialogados), 1908
Esfinge (romance), 1908
Teatro, IV, 1908
Conferências literárias, 1909
Pátria brasileira (colaboração com Olavo Bilac), 1909
Vida mundana (contos), 1909
Cenas e perfis (contos), 1910
Mistério do Natal (narrativa bíblica), 1911
Teatro, I, 1911
Palestras da tarde (conferências e discursos), 1912
Banzo (contos e novelas), 1913
Melusina (contos), 1913
Rei negro (romance), 1914
Contos escolhidos, 1914
Versas (crônicas), 1917
Teatro, V, 1918
Falando (discursos e conferências), 1919
A política (crônicas), 1919
Atlética (crônicas), 1920
Frutos do tempo (crônicas), 1920
Breviário cívico, 1921
Conversas (contos), 1922
Vesperal (contos), 1922
O meu dia (crônicas), 1922
O desastre (peça teatral), 1923
Frechas (crônicas), 1923
Orações (discursos), 1923
Amor (contos), 1924
Mano (reminiscências), 1924
Teatro, VI, 1924
Às quintas (crônicas), 1924
O polvo (romance), 1924

Fogo da vista (peça teatral), 1924
Imortalidade (lenda), 1926
Feira Livre (crônicas), 1926
Canteiro de saudades (reminiscências), 1927
O sapato de Natal (contos), 1927
Contos da vida e da morte, 1927
Velhos e novos (contos), 1928
Bazar (crônicas), 1928
Livro de prata (discursos), 1928
A cidade maravilhosa (contos), 1928
A árvore da vida, 1929
Vencidos (contos), 1929
Fogo-Fátuo (romance), 1929

O DOTE

Com a saia sungada e enrodilhada à cinta, sacolejando as mamas no bojo da camisa, os gordos braços escarchados de espuma, chapinhando com os tamancos nas poças d'agua, Martinha, a benzedeira, lavava, a trancos, esmagando a roupa na tábua, num rebolir dos quadris anchos, quando um pequeno a chamou em nome de seu Antero. A mulheraça aprumou-se raspando a espuma dos braços, sacudindo-a das mãos e, de cara amarrada, perguntou:

—Mas que é? Que é que ele quer?

—Não disse. Pediu só que a senhora fosse quanto antes.

Martinha estalou um muchocho e resmungou rezinguenta:

—Ah! também... Pensa que os mais não têm que fazer? E' só chamar, chamar.

Ficou um momento indecisa, de olhos no chão, banzando. Por fim, voltando-se para o pequeno, interrogou-o.

Ele está passando mal?

O pequeno não sabia: recebera o recado à porta.

—Bom. Vou já. Enfim, coitado... Olhem que viver assim, francamente... Antes uma boa morte. Uma criatura tão boa penando dessa maneira. Quantas vezes a havia ele tirado de apertos e se o marido tinha aquele lugar na Prefeitura a ele, a ele só o devia. Um coração de ouro.

À porta da casa, a mais aceiada da estalagem, com uma janelinha acortinada de cassa, capacho de corda à entrada, mobília de vinhático, muito reluzente, chamou a filha:

—Carola!

Uma raparigota rechonchuda, em pleno viço da puberdade, carne rija e roliça, veiu de dentro pisando forte.

—Olha. Eu vou um instantinho à Avenida, ver seu Antero que me mandou chamar. Toma conta dessa roupa que fica aí.

Entrou no quarto e, em dois tempos, trocou a saia, vestiu um casaco, calçou umas sapatrancas e, alisando o cabelo nas têmporas, foi-se. Ao passar por uma vizinha, que espalhava mancheias d'agua na roupa estendida no coradouro, exclamou suspirosa:

—Cá vou eu à lida.

—Mas então o homem não está melhor?

—Qual! Está a decidir. Se chegar ao fim da semana será milagre. Faz pena! E' osso só. Da porta da rua a gente ouve-lhe o cirro.

—Coração?

—Parece.

A "avenida" era a dois passos, pegada a um estábulo, um renque de casas num *in pace*. Beirando o muro fronteiro e ao fundo corria uma banqueta gramada com algumas roseiras pecas e lânguidos tinhorões. Crianças brincavam às correrias e gatos rebolcavam-se na relva fugindo ariscos para os porões mal apareciam estranhos. Uma vitrola roufenha musicava e em uma das casas, em voz monótona, alguém cantarolava nina. O sol batia de chapa nas pedras do calçamento.

A casa de Antero era a última. Martinha passava festejando as crianças quando uma delas, mais viva, destacando-se do groupo, perguntou-lhe se ia ver "seu Antero"? E ajuntou: "O padre esteve lá, sabe?"

Martinha estacou estarrecida:

—Padre? Quando?

—Ind'agorinha mesmo.

Abriu-se a janela de uma das casas e uma mulher descabelada que, naturalmente, espiava pelas reixas da persiana, apareceu conformando as palavras da criança:

—E' verdade, dona Martinha. Parece que ele pediu o Nosso Pai.

—Ora essa! pasmou a benzedeira. Foi, então, por isso que ele me mandou chamar, coitado! Baixou a cabeça, de mãos enclavinhadas. Assim como assim é melhor mesmo. Tem penado tanto... Bom. Com licença.

Foi-se rebolidamente, subiu com esforço os três degraus da escadinha de pedra e bateu à porta. Uma negra recebeu-a. Olharam-se e a negra esticou o beiço desanimada.

A sala de visitas, forrada a papel cor de rosa, com mobília de vime, um gramofone sobre a mesa do centro, tinha um arranjo de vitrina; o mesmo alinho na sala de jantar. No quarto, ao lado, jazia o enfermo em uma cama estreita, de ferro esmaltado.

Sentia-se em tudo a tristeza da vida solitária, a falta desse encanto misterioso que a mulher transmite ao lar—tudo ordenado, aceiado, mas sem vida.

Antero, estendido sob o lençol, com o cobertor dobrado aos pés, ofegava de boca aberta, os olhos agoniados, cerrando-se de quando em quando em sonolência, rolando a cabeça afundada no travesseiro. À entrada de Martinha arrancou um suspiro.

—Então que é isso? Calor? Está um dia de fogo. Isto é volta de tempo. Sentou-se em uma cadeira junto à cama lançando um rápido olhar em volta. Já tomou o seu leite?

Ele meneou com a cabeça fazendo um esgar de repugnância.

—Não, senhor! Precisa tomar.
Vendo-a levantar-se o enfermo estendeu o braço esquelético dizendo em voz surda, arranhada:
—Não....! Não.... Olhe, s'á Martinha, feche a porta. Essa rapariga tem a mania de escutar o que se diz. Assim. Agora ouça. Pigarreou engroladamente, premindo o peito. Isto está por pouco.
—Deixe-se disso, seu Antero. O senhor é muito cismado. Então só porque lhe doi o peito já está pensando em morrer! Se fosse assim...
—Eu é que sei, s'á Martinha. Não tenho vida para dez dias. Isto mais hoje, mais amanhã está acabado. Há ocasiões em que parece que o coração se me arranca do peito, fico que só Deus sabe. Estou como uma vela exposta ao ar, de repente, a uma lufada mais forte... pronto!
Mas não foi para falar da minha doença que eu a mandei chamar, s'á Martinha, foi para dizer-lhe uma coisa que me anda, há muito, na cabeça. Desde que me convenci da gravidade desta doença comecei a pensar nisso e, como não durmo, é noite e dia a mesma idéia.
—E que é, seu Antero?
Ele fitou nela os olhos longamente, percucientemente como se lhe quizesse chegar à alma. Por fim disse:
—Eu devia entender-me com seu marido, mas o homem da casa é a senhora; Mariano....
—Ora essa, seu Antero. Que idéia!
—Eu sei, s'á Martinha. E deve ser assim mesmo porque juízo ali, quem o tem é a senhora. Mas vamos ao caso. Eu não posso falar muito, canço. Respirou devagarinho, de olhos cerrados. E' o seguinte, s'á Martinha. Como sabe eu tenho vivido sempre só, sem parentes, sem amigos, a não serem os senhores e o Félix, que lá está também, nem sei...! Aposentado, enquanto tive forças para trabalhar, andei por aí, trocando pernas, a fazer quanta maluquice me vinha à cabeça e o resultado foi perder em negócios um dinheirinho que tinha na Caixa. Tenho direito a uma pensão na Associação, da qual fui um dos fundadores e tenho o meu montepio e estes cacos, que não valem grande coisa. Ora, os senhores têm sido, para mim, mais do que amigos, a senhora principalmente, s'á Martinha, e eu pensei em deixar-lhes a pensão e o montepio. Infelizmente, porém, essas coisas eu não as posso legar a estranhos. Se a senhora não fosse casada, enfim, mas sendo... Lembrei-me, então, do seguinte. Olharam-se, a fito, os dois.
—Fale, seu Antero.
—Olhe lá, s'á Martinha... quero que veja nas minhas palavras apenas a intenção de amizade, entende? Quero prestar-lhes algum serviço ainda depois de morto.
—Depois de morto? Credo!
—Sim, s'á Martinha: depois de morto. Para que hei de eu levar para a cova o pouco que tenho e que lhes pode servir de tanto?
—Mas como, seu Antero?
Ele voltou-se no travesseiro e, rouquejando, arrancando as palavras, como quem tira terra de uma cova, pazada a pazada, disse:

—Eu pensei no seguinte, ouça. Deixar a pensão e o montepio à senhora, não posso, nem ao Mariano. Só há um meio. Conteve-se um momento, encarado em Martinha, por fim concluiu: E' eu casar-me com a Carola.

A benzedeira levantou-se de golpe, assombrada. A idéia de entregar a filha àquele cadáver horrorizou-a. Em voz surda, estrangulada, exclamou de mãos postas e olhos arregalados:

—Misericórdia! seu Antero. Que é isso! ?

O enfermo acalmou-a docemente:

—Espere, s'á Martinha. Estou vendo que a senhora não me compreende. Eu pensei muito, s'á Martinha, muito! E' uma herança que eu deixo à sua filha com o meu nome, meu nome que será tanto como papel de embrulho, que a gente põe fora. E' isto, s'á Martinha. Ela está muito menina, pode esperar ainda uns anos para fazer um bom casamento, um casamento de verdade. Enquanto isso, vai aproveitando o dinheiro, empregando-o numa coisa e noutra, fazendo o enxoval, e o mais. E assim não se perderá na cova um dinheiro que tanto bem pode ainda fazer. A senhora está pensando uma coisa e ela é outra. Coitado de mim! E sorriu tristemente balançando a cabeça. Martinha retorcia as mãos, remordia os beiços, sem achar palavras para responder.

—Então, s'á Martinha?

—Vou ver, seu Antero. O senhor sabe . . . isso assim . . . Vou ver.

—Vá. Mas olhe: cuide disso quanto antes, porque eu talvez não passe desta noite.

—Vou ver, seu Antero. Até logo.

—Até logo, s'á Martinha. Eu fico esperando.

A benzedeira deixou o quarto, atravessou as salas espavorida e, fora, no varandim, ao sol, olhando o céu, no rumor alegre do riso da criançada solta, persignou-se:

—Em nome do Padre, do Filho e do Espírito Santo. Credo! E desceu apressadamente a escadinha como a fugir de assombramento.

[*Contos da vida e da morte*, Porto, Lello, 1927, 129-135]

References:

Albuquerque, Mateus de, 139-146.

Araripe Júnior, Tristão de, *Literatura*, 137-144.

Autores e Livros, 4:12 (11 abr 1943).

Azevedo, Fernando de, *Ensaios*, 175-192.

Barreto, Lima, "Histrião ou literato?", *Revista Contemporânea*, Rio, 2:13 (15 fev 1919).

Belo, José Maria, *Imagens*, 71-74.

Broca, Brito, "Coelho Neto e Artur Azevedo," *Revista do Livro*, 3:12 (dez 1958) 193-194.

_____ , "Coelho Neto: romancista," in: Holanda, *O romance*, 223-244.

_____ , "No arquivo de Coelho Neto," *Revista do Livro*, 3:10 (jun 1958) 55-83.
Caminha, 57-67; 97-104.
Campos, *Crítica*, I, 61-69, 225-237; II, 171-207.
Carvalho, Maria Amália Vaz de, *No meu cantinho*, Lisboa, Antônio Maria Pereira, 1909, 219-222.
Cavalcanti, Valdemar, 213-215.
Coelho Neto, Paulo, *Bibliografia de Coelho Neto*, Rio, Borsoi, 1956.
_____ , *Coelho Neto*, Rio, Zélio Valverde, 1942.
_____ , *Coelho Neto: biografia para a juventude*, Rio, Minerva, 1964.
_____ , *Páginas escolhidas de Coelho Neto*, Rio, São José, 1957.
Costa, Benedicto, 161-175.
Cunha, Fausto, "Recursos acumulativos em Coelho Neto," *Revista de Livro*, 6:21-22 (mar-jun) 75-81.
Diniz, 87-94.
Faria, Otávio de, intro. to: *Coelho Neto: romance*, Rio, Agir, 1958, 5-14.
_____ , "Coelho Neto," *Revista do Livro*, Rio, 1:3-4 (dez 1956) 75-82.
_____ , "Coelho Neto na literatura brasileira," *Revista Interamericana de Bibliografía*, 15:2 (apr-jun 1956) 95-110.
_____ , "Entrevista," *Jornal de Letras*, Rio, 1:3 (set 1949).
_____ , in: Coutinho, *A literatura*, II, 132-142.
Fontoura, João Neves da, *Elogio de Coelho Neto: com uma antologia de seus contos*, Lisboa, Ultramar, 1944.
Goldberg, 248-260.
Grieco, *Evolução da prosa*, 2nd ed., 81-85.
Lima, Alceu Amoroso, *Primeiros estudos*, 47-49.
Lima, Herman, intro. to: *Obra seleta*, Rio, Aguilar, 1958, I, xi-lxxxii.
Luso, 82-105.
Martins, Gaspar Silveira, *Dois perfis*, Rio, Pongetti, 1938.
Martins, Luís, 8-14.
Montelo, *Uma palavra*, 87-92.
Morais, Péricles de, *Coelho Neto e sua obra,* Pôrto, Lello, 1926.
Moreira, Manoel, *Coelho Neto: aspectos de sua vida e sua obra*, S. Paulo, Elvino Pocai, 1940.
Mota, *Vultos*, 33-48.
Neto, Zita Coelho, *Coelho Neto: meu pai e grande amigo!*, Rio, Simões, 1964.
Pereira, Lúcia Miguel, *Prosa de ficção*, 256-265.
Proença, *Estudos*, 268-277.
Veríssimo, José, *Estudos de literatura*, I, 242-250; IV, 1-24; VI, 250-254.
_____ , *Letras*, 15-163.
Vítor, *A crítica*, 319-324.

Graça Aranha
(1868-1931)

The Symbolist novelist and essayist who threw his lot in with the young Modernists and subsequently plunged the Brazilian Academy of Letters (of which he was a founding member) into a turmoil over his vigorous condemnation of its old-fashioned ideas, was born José Pereira de Graça Aranha in São Luís do Maranhão on June 21, 1868. While attending Law School in Recife, he became a pupil and friend of Tobias Barreto. After graduation in 1866, he successively was a judge, prosecuting attorney and district attorney, but in 1899 he left that career to enter the diplomatic service and accompany Joaquim Nabuco to London. There he wrote his first novel, *Canaã*. After serving in a number of South American and European capitals, Graça Aranha rose to the post of Minister Plenipotentiary and Envoy Extraordinary to The Hague in 1912. In Paris he was in contact with Count Prozor, the translator and commentator of Ibsen, Maurice Barrès and Camille Mouclair. The latter wrote the preface to the deluxe edition of Graça Aranha's play, *Malasarte*. Feeling strongly that the cause of the Allies should be espoused by then still neutral Brazil, he resigned from the diplomatic service in 1914 to be free to work to that end. After his country did enter the war on the side of the Western Powers, he returned to Paris, where he remained until 1921. The following year, accompanied by his friends Ronald de Carvalho and Renato Almeida, he was one of the principal backers of the Modernist Movement's *Semana de Arte Moderna* in São Paulo. Also implicated in the 1922 revolutionary, political movement (for he wanted the reforms to include all Brazilian life, not only literature and the arts), he suffered imprisonment for several months. In 1924, following his famous speech before the Brazilian Academy ("Se a Academia não se renova, então morra a Academia! ") Graça Aranha resigned his membership in that august body. From that time on he had an especially productive period, literarily speaking, and continued active in the realm of ideas relating to the political development of the country. His death on January 26, 1931, interrupted the completion of his projected four volumes of memoires titled *O meu próprio romance*.

Critical Commentary:

Graça Aranha was not a prolific writer; it was his own belief that his ready imagination was a detriment to his literary production, leading him off into digressions from which he seldom returned, but that self-analysis is, of course, generally applicable to his fellow symbolists. *Canaã*, his first book length work, although philosophically contradicted in part by ideas developed later in the play, *Malasarte*, in the exposition of his philosophy in *A estética da vida*, and in his second novel, *A viagem maravilhosa*, is a well organized *roman thèse*, his best effort and worthy of all the jubilant praise it received upon publication in 1902. *Canaã* is a hopeful, epic-like, allegorical novel of human brotherhood whose principal axis is an interesting Socratic dialog between two German immigrants to the Santos area of the country. Interspersed in the disquisition are deeply felt, romantically sentimental, but impressionalistically expressed descriptions of the Brazilian landscape, on the one hand, and unadorned and pungently realistic episodes, on the other. The philosophical debate between Milkau, the idealist who believed in the endlessness of things and the all-powerful influence of love in the universe, and Lentz, a Nietszchean believer in force, violence, and the untrammeled whims of the individual. The basic problem raised is what transformations European immigration will bring to Brazil. This debate holds the reader's attention because it is not only inherently absorbing, but also because of the clarity and cogency of the ideas expressed. Milkau sees man's adaptation to the land as the goal, while Lentz is independent and disdainful of anything but the fruit of his own efforts; he abhors dependence either on man or on nature. Milkau believes that the Brazilian environment will finally absorb the immigrants into a new whole, a new promised land Canaan even though in the end he realized that pain was a basic force and, moreover, that possession of the land of that "promised land" could only be achieved by succeeding generations. Lentz was sure that the white Europeans would take over the country from the natives and dominate the scene. Milkau's analysis of Brazil's ills, as he discussed the matter with the judge (the author representing himself, for *Canaã* is partly a *roman à clef*) in the tragic and pitiful case of the serving girl Maria's trial, would serve, as the author surely intended they should, as a basic pattern for the rehabilitation of the country. The concepts expressed in that discussion prove Graça Aranha to be a forerunner of the philosophy, later carried to extraordinary fruition by Gilberto Freyre's clarity of exposition, scientific evaluation and thorough documentation, according to which the future of Brazil as a great nation depends on the attainment through miscegenation of a multiracial population, and the total integration of the inhabitants with the land. The episodical nature of much of the book, the quantity and excellence of the dialogs, which tend toward the rhetorical at dramatic moments, frequently recall the structure and movement of a play.

Suggested Reading and Other Texts:

Canaã; Lins e Holanda, II, 697-702; Moisés, *Textos,* 339-345; Murici, *Panorama,* I, 302-306; Scott-Buccleuch and Oliveira, 264-277.

Principal Works:

"Névoas do passado" (conto).
Imolação (contos) [pseudonym: Flávia do Amaral],
Canaã (romance), Rio, 1902.
Malasarte (drama), Rio, 1911. (Paris, preface by Camille Mauclair, 1921.)
A estética da vida, Rio [1921].
A correspondência de Machado de Assis e Joaquim Nabuco, 1923.
O espírito moderno (ensaios e conferências), S. Paulo, 1925.
Futurismo—manifesto de Marinetti e seus companheiros, Rio, 1926.
A viagem maravilhosa (romance), Rio, 1929.
O meu próprio romance (memórias) [incomplete, was supposed to be of 4 vols.], 1931.
Obras completas, Rio, 8 vols, 1939-1941.

CANAÃ

III

Milkau, sentado à porta da pequena estalagem de Santa Teresa, onde dormira, estava contemplando a vida que se despertava em torno quando Lentz, saindo por sua vez do quarto, veio encontrá-lo com uma expressão repousada e jovial, levemente excitado pela frescura e sutileza do ar. Milkau alegrou-se vendo o seu companheiro de destino e saudou-o com um sorriso de ternura. Pouco depois, iam juntos pela pequena povoação agora acordada e radiante na sua ingênua simplicidade. As pequenas casas, todas brancas e toscas abriam-se, cheias de luz, como olhos que acordassem. Assim escancaradas e iguais, se enfileiravam em ordem. O seu conjunto uniforme era o de um pombal suspenso na altura silenciosa da montanha. Em roda, circunscrevendo a povoação, um parque verde assinalado de árvores salteadas, e por onde passavam cantantes fios de água corrente, que eram a alma da paisagem.

Os dois imigrantes sentiam-se transformados por uma paz íntima, por uma consoladora esperança, diante do quadro que lhe mostrava a população. Viam todo o povo trabalhando às portas e no interior das casas com tranqüilidade, e todas as artes ali renascer na singeleza do seu espontâneo e feliz início Era um pequeno núcleo industrial da colônia. Enquanto por toda a parte, na mata espessa, outros se batiam com a terra, aquela pouca gente se entretinha nos seus humildes ofícios.

Milkau e Lentz percorriam o logarejo, notando a música vivaz e alegre formada pelos vários ruídos do trabalho. Na sua oficina, um velho sapateiro de longa barba e mãos muito brancas e esguias batia sola. Lentz, achou-o venerável como um santo. Um alfaiate passava a ferro um pano grosso; mulheres fiavam nos seus quartos, cantarolando; outras amassavam o trigo e preparavam o pão, outras, em harmônicos movimentos, peneiravam o milho para o fubá; sempre o pequeno trabalho manual, humilde e doce, sem o grito do vapor e apenas, como única maquina, um pequeno engenho para mover os grandes foles de uma forja de ferreiro, que a água de uma represa fazia rodar com estrépito sonoro. E todo esse ruído era vivo e abençoado, todo ele se entretecia sem violência, e mesmo o malhar do ferro não destoava do metálico clangor de uma clarineta, em que o mestre da banda de música de Santa Teresa dava a lição matinal aos seus discípulos. Havia uma felicidade naquele conjunto de vida primitiva, naquele rápido retrocesso aos começos do mundo. Ao espírito desmedido e repentista de Lentz esse inesperado encontro com o passado parecia a revelação de um mistério.

—Isto é uma glória, disse ele, interrompendo o silêncio em que iam; estes pobres que trabalham mediocremente com as próprias mãos, estes homens que se não mancham nos fumos do carvão, que se não embrutecem no baralho das máquinas, que conservam toda a frescura da alma, que se bastam a si mesmos, que fazem cantando o pão, as vestes . . . são os criadores simples e naturais, e a criação é neles uma feliz satisfação do inconsciente.

Milkau também admirava, orgulhoso de ser homem naquele alto de montanha, onde o trabalho tinha o seu cenário tranqüilo; mas como enxergasse no louvor de Lentz o espírito negativo deste, observou:

—Realmente, é um belo quadro esse que vemos, e o espetáculo de um trabalho livre e individual nos embriaga de prazer. Mas no fundo assistimos a um começo de civilização; é o homem que ainda não venceu grande parte das forças da natureza e está ao lado dela numa postura humilde e servil.

—Mas quem pode negar que o homem, servo da máquina, se vai afundando num embrutecimento pior que o do selvagem? replicou Lentz.

—Para mim há uma ilusão nesse sentimento romântico. Sim, a máquina, especializando e eliminando os homens, tirou-lhes a percepção integral da indústria; hoje, porém, que o homem a transformou em um instrumento de movimentos próprios, ele se libertou, readquiriu a sua inteligência, dirigindo o maquinismo engrandecido quase à altura de um operário. Nós não podemos fazer que a massa da civilização retroceda a esse antigo período da indústria. A poesia que há nele é o perfume misterioso do passado, para o qual nós voltamos atemorizados; mas há também uma poesia mais forte e mais sedutora na vida industrial de hoje, e é preciso considerá-la pelo seu prisma luminoso como uma aurora. . . .

—Pois eu, repetia Lentz inabalável, enquanto passeiava ao lado de Milkau, tenho como sagrada toda essa gente; merecem mais o meu amor que essa infinidade de proletários, cheios de ambições, famintos e pavorosos, procurando governar o mundo. Ao menos estes aqui, puros de todo o pecado de orgulho, são bons e ingênuos e suportam o seu jugo com um sorriso.

Passaram ainda algum tempo, sentindo uma estranhada dificuldade em abandonar aquele lugar. Dirigiram os passos para os caminhos que abeiravam Santa Teresa. Procuravam as pequenas elevações, giravam abaixo e acima pelo parque, paravam à porta das casas, miravam atentos o serviço que nelas se fazia, sorriam às crianças, e perseguindo com olhos de admiração as saudáveis raparigas, enrubesciam-nas. E em tudo isso se recreiavam mansamente, deixando-se ir na inconsciência desses atos espontâneos, que os retinham alguns minutos no povoado. Mas afinal tiveram de se arrancar ao descuidado repouso. Uma filha da hoteleira levou-os até à boca do caminho do Timbuí. Com mil perguntas a prenderam uns instantes, agradados do seu rosto delicado, da sua forte e fulva cabeleira. Lentz via na rapariga uma divindade extranha naquela floresta verde, mas uma divindade meiga como eram os habitantes de Santa Teresa. A jovem estendeu o braço longo indicando-lhes o caminho. Eles admiraram-lhe o gesto, o ar, a graça, e partiram como num sonho.

A princípio iam meio apreensivos e calados, como quem parte para o desconhecido. A estrada por cima dos morros descampados ora descia, ora subia. O panorama largo, ousado, fecundo, variava de aspetos, cheio de montes, vales, florestas, ribeiros e cascatas. Era um trecho de uma região poderosa e opulenta da terra brasileira. Dentro dela se abrigava a multidão de bárbaros e de estranhos ali recebidos com brandura e carinho. Milkau e Lentz passaram pelas casas de colonos agricultores, as quais viam pela primeira vez, e, sem nelas penetrarem, punham-se a mirar de fora esses retiros encantados de verdura, de tranqüilidade e abundância. E as casinhas sucediam-se por todo o vale, abrigadas umas no fundo seio dos morros, outras dependuradas na encosta destes, todas com disposição e graça uniformes.

Havia fumo em todas as chaminés, mulheres em suas ocupações domésticas, cafezais que rodeavam as habitações. E os dois imigrantes, no silêncio dos caminhos, unidos enfim numa mesma comunhão de esperança e admiração, puseram-se a louvar a Terra de Canaã.

Êles disseram que ela era formosa com os seus trajes magníficos, vestida de sol, coberta com o manto do voluptuoso e infinito azul; que era animada pelas coisas: sobre o seu colo águas dos rios fazem voltas e outras enlaçam-lhe a cintura desejada; as estrelas, numa vertigem de admiração, se precipitam sobre ela como lágrimas de uma alegria divina; as flores a perfumam como aroma extranho, os pássaros a celebram; ventos suaves lhe penteiam e frisam os cabelos verdes; o mar, o longo mar, com a espuma dos seus beijos afaga-lhe eternamente o corpo...

Eles disseram que ela era opulenta, porque no seu bojo fantástico guarda a riqueza inumerável, o ouro puro e a pedra iluminada; porque os seus rebanhos fartam as suas nações e o fruto das suas árvores consola o amargor da existência; porque um só grão das suas areias fecundas fertilizaria o mundo inteiro e apagaria para sempre a miséria e a fome entre os homens. Oh! poderosa! ...

Eles disseram que ela, amorosa, enfraquece o sol com as suas sombras; para o orvalho da noite fria tem o calor da pele aquecida, e os homens encontram nela, tão meiga e consoladora, o esquecimento instantâneo da agonia eterna...

Eles disseram que ela era feliz entre as outras, porque era a mãe abastada, a casa de ouro, a providência dos filhos despreocupados, que a não enjeitam por outra, não deixam as suas vestes protetoras e a recompensam com o gesto perpetuamente infantil e carinhoso, e cantam-lhe hinos saídos de um peito alegre...

Eles disseram que ela era generosa, porque distribui os seus dons preciosos aos que deles tem desejo; a sua porta não se fecha, as suas riquezas não têm dono; não é perturbada pela ambição e pelo orgulho; os seus olhos suaves e divinos não distinguem as separações miseráveis; o seu seio maternal se abre a todos como um farto e tépido agasalho... Oh! esperança nossa!

Eles disseram estes e outros louvores e caminharam dentro da luz...

Já traziam cinco horas de Santa Teresa quando chegaram à margem do rio Doce. Mal tiveram tempo de dar uma vista d'olhos pela redondeza, porque, saindo de um barracão verde ali situado, o agrimensor Felicíssimo se lhes dirigiu com o triângulo moreno de seu rosto escancarado num grande riso de vida e bondade.

—Então, gritou de longe, isso são horas de chegar? E sem esperar resposta foi ao encontro dos dois alemães, com as mãos estendidas... Milkau pensou que era o gênio da raça originária e senhora daquela terra que se lhes deparava, numa alegria estrepitosa e confortante.

—Ah! meu caro, disse Lentz, por um pouco ficávamos por esses caminhos, ajoelhados, adorando esta sua bela terra.

—Não há dúvida, isto é mesmo um paraíso, concordou com entusiasmo o agrimensor.

E os outros começaram a contar-lhe com exaltação as suas primeiras impressões. Felicíssimo, porém, interrompeu-os, preocupado pelo instinto da hospitalidade.

—Onde almoçaram? Posso arranjar aqui alguma coisa para entreterem o estômago...

—Obrigado, disse Milkau. Ao sairmos de Santa Teresa, comemos alguma coisa que trazíamos e depois no caminho nos fartamos de laranjas no pomar de uma velha colona. Ainda lhe trazemos algumas aqui. Veja que beleza de fruta!

—Ainda não viram nada, respondeu o agrimensor, recebendo as laranjas. Não estraguem a admiração, porque têm muito de que ficar de boca aberta. Olhem, não há Brasil como este, e em tudo!

Encaminharam-se para uma meiágua coberta de zinco, onde o agrimensor tinha o escritório, cujo arranjo não podia ser mais simples: alguns instrumentos de campo, ao canto, sobre uma mesa dois ou três grandes livros que eram o registro dos prazos arrendados aos colonos, e na parede um grande mapa dos lotes de terra da região. Nem um livro de leitura, nem o quadro mais humilde, nem uma fotografia; apenas um maço de jornais para desabafo da curiosidade do cearense. Felicíssimo fazia também desse baracão o seu quarto de dormir, de uma singeleza nômada. Ao lado havia outro puxado maior, que era o alojamento destinado aos imigrantes, enquanto esperassem levantar nos lotes as suas casas. Era espaçoso e arrumado como um dormitório de hospital, tendo ao fundo uma pequena cozinha. Felicíssimo, porém, abrira gostoso uma exeção para os dois estrangeiros, agasalhando-os no barracão do escritório. Os hóspedes agradeceram ao brasileiro amável e, abancados todos no quarto de dormir, travaram conversas nas quais os imigrantes se foram informando de muitas coisas do lugar, até que o agrimensor, sentindo que o sol baixava, lhes disse:

—Ande daí, gente! vamos escolher os lotes.

Passaram para o escritório, e diante da planta dependurada acrescentou:

—Para mim, o que mais lhes conviria, seria o número dez. Aí a terra deve ser esplêndida. O diabo é que está enterrado em plena mata e vão ter muito trabalho para fazer a limpa... Mas olhem que na verdade vale o esforço.

E Felicíssimo de varinha em punho para apontar no mapa, todo assanhado, interrogava os outros. Milkau, sem se preocupar muito com a escolha e querendo ceder por delicadeza à opinião do agrimensor, aceitou o lote proposto. Ele se rejubilava naquele dia glorioso com a miragem de um grande e santo labor.

Preparavam-se para sair. Chegando à porta, Felicíssimo farejou o tempo, com ares de entendido, refletiu e ponderou aos companheiros:

Daqui ao lote dez é um pedaço; não teríamos tempo de ir e voltar com o dia. Mas se fazem questão....

—De forma alguma, respondeu Lentz. E' melhor ficar para amanhã.

Uma doce fadiga entorpecia os viajantes e eles, deitados sobre a relva junto à casa, em companhia do cearense, ouviram-lhe as histórias, cismavam em coisas vagas e miravam o rio passar preguiçoso...

Um grupo de homens armados de ferramentas de campo apareceu à distância. Vinham vagarosamente, arrastando-se pela estrada descampada junto à praia do rio. Percebendo de longe que havia gente nova, caminhavam silenciosos, com o impulso sinistro e reservado que é o primeiro movimento do homem para o homem... Chegados que foram, saudaram surdamente e calados entraram no interior do armazém para guardar as feramentas. Felicíssimo, vendo-os passar tão extranhos, ficou surpreendido e gritou-lhes:

—Então, camaradas! o rumo está acabado?

—Pronto! disseram, passando sem parar, a um só grito, feito da voz de todos, e entreolhando-se espantados por terem respondido ao mesmo tempo, fazendo coro.

Milkau e Lentz admiravam a robustez daqueles homens com pulsos de ferro, torso hercúleo, brabas avermelhadas, olhos de um azul de abismo, muito parecidos como um grupo de irmãos. Somente havia um mulato, que entre eles se destacava. Tinha a cara mascarada pelas bexigas; era bronzeado, usava uma pequena barba anelada e falha e o cabelo curto em pé sobre a testa. Com os olhos rajados de sangue e os dentes pontagudos de serra tomava por vezes a aparência de um sátiro maligno; mas essa impressão não era freqüente, e rapidamente a desmanchava um riso fácil e ingênuo. No meio da massa indistinta dos companheiros louros e pesados, o cabra brasileiro tinha um ar vitorioso, um ar espiritualizado. Não havia, na verdade, entre ele e a terra um remoto convívio, perpetuado no sangue e transmitido de geração em geração? ...

Pouco a pouco os homens foram se aproximando dos recem-chegados, ouvindo-lhes silenciosos a conversa. Como o sol se punha e as águas do rio se faziam cor de sangue, Felicíssimo apontou para o céu, mostrando a Milkau e a Lentz os bandos de aves que passavam na iluminação do crepúsculo, em longas teorias harmônicas.

—Ah! Um bom tiro! exclamou o mulato, saboreando com melancolia os efeitos criados em sua imaginação de caçador.

—Qual, Joca, ali tu não apanhavas nada, cabra ... disse-lhe a rir Felicíssimo, em alemão.

Os camaradas aplaudiram.

—Aposto, seu cadete, replicou o mulato com fanfarrice. Se eu tivesse uma boa arma, não ficava um bicho daqueles voando. Era só pontaria no da frente ... e se a arma fosse espalhadeira, havia de se ver ...

As aves em bando continuavam serenas e soberbas no seu vôo. Outras vinham ao longe ... Joca olhava, seguindo-as pesarosamente.

Admirara-se Lentz do modo corrente por que o mulato falava alemão, apesar de rechear a frase de vocábulos brasileiros. E, dirigindo-se aos trabalhadores alemães, perguntou-lhes se falavam a língua do país. Responderam que não. E Felicíssimo, observou a propósito:

—Olhe, não se admire desses homens que estão aqui há um ano ou pouco mais. Há gente na colônia, entrada há mais de trinta anos, que não fala uma palavra de brasileiro. E' uma vergonha! O que acontece é que os nossos tropeiros e trabalhadores todos falam o alemão. Não sei, não há povo como o nosso para aprender as línguas alheias ... Creia que é um dom natural ...

Joca aprovou convicto e ajuntou que ele mesmo já falava mais alemão que a sua língua e arranhava um pouco o polaco e o italiano. No fundo do pensamento de Lentz houve um pequeno júbilo por essas confirmações da insuficiência do meio brasileiro para impor uma língua. Essa fraqueza não seria a brecha para os futuros destinos germânicos daquela magnífica terra? E pôs-se a cismar, com os olhos abertos e fulgurantes.

—Não estará longe o dia, considerou Milkau, em que a língua dos brasileiros dominará no seu país. O caso das colônias é um acidente, devido em grande parte à segregação delas no meio da população nativa. Não digo que os idiomas estrangeiros não influam sobre o idioma nacional, mas desta mistura resultará ainda uma língua, cujo fundo cuja índole serão os do português, trabalhado na alma da população por longos séculos, fixado na poesia e transportado para o futuro por uma literatura que quer viver ... (E sorria, dirigindo-se a Lentz). Nós seremos os vencidos.

Istou agradou a Felicíssimo. Joca, que de tudo só apanhou a frase final, olhou com superioridade a massa de seus companheiros alemães. A profecia dava-lhe desde já um orgulho de vencedor.

[*Canaã*, 8a ed. revista, Rio, Garnier, (1926), 74-88]

References:

Alatorre, Antonio, "Graça Aranha, novelista y pensador," *Cuadernos Americanos,* Mexico, (nov-dic 1953) 259-274.
Alecrim, Otacílio, "Mestre e discípulo," *Correio da Manhã,* Rio, 8 out 1944.
Alencar, Mário de, "Esboços de biografia e crítica," *Revista do Centro de Ciências Letras e Artes,* Campinas, (31 mar 1916) 3-4.
Almeida, Renato, intro to: *Trechos escolhidos,* Rio, Agir, 1958, 5-19.
Andrade, Rodrigo Melo Franco de, "Graça Aranha," *Estética,* 1:3 (abr-jun 1925) 290-296.
Araújo, Murilo, "Modernismo e Aranhismo," *Quadrantes do Modernismo Brasileiro,* Rio, MEC, 1958, 31-41.
Bandeira, Manuel, *Crônicas da Província do Brasil,* Rio, Civilização Brasileira, 1937, 131-134.
Bandeira, Souza, 5-12.
Barreto, Plínio, 141-151.
Campos Humberto de, *Antologia da Academia Brasileira de Letras,* Rio, 1941, 81-84.
_____, *Crítica,* II, 41-59.
_____, *Meus Mortos,* 35-37.
Carpeaux, *Livros,* 244-249.
Carpeaux, Otto Maria, *Presenças,* Rio, INL, 1958, 57-61.
Carvalho, Elísio de, *As modernas correntes,* 3-17.
_____, *Os bastiões da nacionalidade,* Rio, Anuário do Brasil, 1922, 155-220.
Carvalho, Maria Amália Vaz de, *Cérebros e corações,* Lisboa, Antônio Maria Pereira, 1930, 143-152.
Carvalho, Ronald de, *Espelho,* 193-205.
_____, *Estudos,* II, 7-44.
_____, "Retrato de Graça Aranha," *Revista Nova,* 1:1 (mar 1931) 15-19.
Costa, Benedito, 176-197.
Costa Filho, 11-66.
Ferrero, Guglielmo, intro. to: *Chanaan,* Boston, Four Seas Co., 1920, 5-11.
Figueira, Gastón, "Tres grandes escritores brasileños," *Revista Iberoamericana,* 18:35 (feb-dic 1952) 157-162.
Francovich, 79-113.
Freitas, José Bezerra de, 317-339.
_____, *História da literatura brasileira,* P. Alegre, 1939, 232-239.
Giffoni, 100-113.
Goldberg, Isaac, 234-247.
_____, "Graça Aranha in Quest of the Promised Land," *The New York Times Book Review and Magazine,* July 15, 1923, 18, 29.
Grieco, *Evolução da prosa,* 91-98.
Guido, Ângelo, *Ilusão: ensaio sobre a "Estética da vida",* Santos, 1922.

Holanda, Sérgio Buarque de, "Um homem essencial," *Estética*, 1:1 (set 1924) 29-36.
Lima, Alceu Amoroso, *Estudos*, I, 11-20; II, 11-21; V, 11-33.
Luz, Fábio, "Ligeiros comentários em torno da obra de Graça Aranha," *Revista Brasileira*, 5 (dez 1934) 210-219.
Magalhães, Fernando, "Graça Aranha," *Revista da Academia Brasileira de Letras*, feb 1931.
Mauclair, Camille, preface to: *Malazarte*, Paris, Garnier, 1911, v-xxii.
Melo, A. L. Nobre de, *Mundos mágicos*, 127-153.
Mendonça, Renato de, *O ramo*, 1-25.
_____, *Retratos*, 3-22.
Montenegro, Olívio, 125-126.
Morais, Carlos Dante de, *Realidade*, 3-21.
_____, *Viagens*, 35-101.
Murici, *O suave convívio*, 291-297.
_____, *Panorama*, I, 300-306.
Murat, Tomas, *O sentido das máscaras*, Rio, Pongetti, 1939, 57-70.
Octávio Filho, Rodrigo, *Nova conversa sobre Graça Aranha*, Rio, Ministério da Educação, 1955.
Pacheco, Armando Correia, *Graça Aranha: la obra y el hombre*, Washington, D.C., Union Panamerican, 1951, 10-25.
Pacheco, Félix, "A *Canaã*, de Graça Aranha," Rio, *Jornal do Comércio*, 21 abril 1902.
Pereira, Lúcia Miguel, *Prosa de ficção*, 240-248.
Placer, Xavier, in: Coutinho, *A literatura*, III (1), 236-245.
Pontes, Elói, *Obra alheia*, Rio, Selma, s.d., 33-57.
Prozor, Comte, preface to: *Chanaan*, Paris, Plon, 1910, iii-xi.
Ramos, Graciliano, "Decadência de la novela brasileña," *Nueva Gazeta*, Montevideo, 11 (dez 1941).
Ribeiro, João, "*Malazarte*," *Jornal do Comércio*, Rio, 29 nov 1911; also in: *Os modernos*, 11-22.
_____, *Os modernos*, 39-43.
Silveira, Paulo, *Asas e patas*, Rio, Benjamin Costallat e Miccolis, 1926, 74-81.
Silveira, Tasso da, *Definição do modernismo brasileiro*, Rio, 1932.
Soares, Álvaro Teixeira, *A mensagem de Graça Aranha*, Rio, Fundação Graca Aranha, 1941.
_____, "A viagem maravilhosa no caos brasileiro," *Movimento Brasileiro*, 2:14 (fev 1930).
Soares, Orris, "Graça Aranha," *Revista do Brasil*, 3a fase, 4:35 (maio 1941) 177-193; also in: Holanda, *O romance*, 203-222.
Tavares, Edmundo Jorge, "A magia de *A viagem maravilhosa*," *Movimento Brasileiro*, 2:14 (fev 1930).
Teixeira, Maria de Lourdes, "Graça Aranha," *Grandes vultos das letras*, no. 5, S. Paulo, s.d.

Valério, Américo, *Graça Aranha*, Rio, Aurora, 1932.
Veríssimo, José, *Estudos de literatura*, V, 15-35.
Viegas Neto, "Personagens de *Canaã*," *Dom Casmurro*, 24 mar 1938.
Vieira, Celso, "Recepção do Sr. Celso Vieira," *Revista da Academia Brasileira de Letras*, (jun 1934) 132-158.
Vieira, 35-47.
Vítor, *A crítica*, 67-79.
———, *Os de hoje*, 11-33.

João Simões Lopes Neto
(1865-1916)

One of the few Brazilian writers to honestly merit the title of regionalist was João Simões Lopes Neto, born in Pelotas, Rio Grande do Sul, on March 9, 1865, for it was there, in his small hometown, where he developed his artistic talent and devoted his literary energies to the local cultural scene. He was named after his paternal grandfather, the Visconde da Graça. His Father, Catão Bonifácio Simões Lopes, and his mother, whose maiden name was Teresa de Freitas, both stemmed from a long line of landowning families. His rural childhood was interrupted when at the age of thirteen he was sent to Rio de Janeiro to attend Colégio Abílio, which was subsequently immortalized in Pompéia's *O Ateneu*. Later he studied medicine in Rio, but in his third year he had to drop out and return to his home city due to the illness that ultimately would cause his death. In 1892 he married Francisca Meireles Simões Lopes; the couple had no children. Since he was without a liberal profession, Simões Lopes Neto made his living in a variety of ways, but always with some difficulty: he taught in the Escola do Comércio, was a city councilman, a customhouse broker, a journalist and manager of several local newspapers, a manufacturer of glass and, again, of cigarettes. A political conservative, he served as captain in the National Guard during the Federalist Revolution of 1893.

Lopes Neto launched his literary career in 1894 with the musical comedy, *O boato,* with which he wrote in collaboration with José Gomes Mendes, "Moura-Rara." That and subsequent works for the local theater he wrote appeared under the pseudonym "Serafim Bemol." In 1910 he published an anthology of popular poetry entitled *Cancioneiro guasca* and two years later, *Contos gauchescos*, his most original literary effort and the one for which he is primarily remembered. *Lendas do sul*, stylized legends with considerable folkloric interest, followed in 1913. The author was a founding member of the Biblioteca Pública Pelotense. His death occurred June 14, 1916, in his home city.

Critical Commentary:

Lopes Neto's entire sphere of literary activity was circumscribed by his native Pelotas, Rio Grande do Sul. His plays, often written in collaboration, were typical of those then the rage in Rio: theater of manners aimed at amusement not unlike those made popular in Rio by Artur Azevedo. But it is as a short story writer that his name will endure—and that in spite of a very modest production in the genre: *Contos gauchescos* (1912) and *Lendas do sul* (1913).

Concerned with things of the spirit, Simões Lopes Neto was a Symbolist of the persuasion of those absorbed by problems of individual and collective identity, and he sought inspiration in his local, native heritage, that is to say, in the customs and practices of the rural way of life of his home state. That search for value and truth in one's local tradition characterizes the neo-Romantic, sentimental *costumbrista* side of Symbolism and establishes the bridge that will lead to Modernism a little over a decade later.

Lopes Neto's prose fiction falls into two classes: the short story and the legend. The latter are cultured re-creations, a fusion of local myths and tales with those from afar to create works of artistic level that belong not only to Rio Grande do Sul but to all Brazilians as well. Nevertheless, Lopes Neto's strength lies in the short story. Since art to him was a way of life, a goal of great importance to be attained and as such with value in and of itself, however much realism we may find in his prose fiction, we must not be mislead into thinking that the author's goal was to make what seems to be a true-to-life portrayal; it was rather to present truth as he saw it, the collective truth of his *gaúcho* people. In doing so, he deals primarily with such themes as loyalty, honesty, personal courage, and self respect, all of which are fused in the *gaúcho* concept of manliness.

The human interest in his stories is intense. Although little attention is given to characterization as such, the characters are eminently plausible and the reader comes to know and respect them. They have an epic quality and are typical of the open range: the cowboy, the contraband runner, and the military types representative of the day and age that corresponded to the author's own youth. Their's was a primitive, rustic, instinctive, and untramelled life, in close contact with the forces of nature and, of course, with animals, particularly the horse, for which the *gaúcho* had an especially warm affection. They lived life with verve and gusto, openly, freely and pragmatically, yet, Lopes Neto stresses, guided by lofty ideals.

The author's perspective is entirely natural, that of a person who, born and brought up in the area depicted, intimately knows the life and living conditions of the people he portrays. His stories are as a result completely devoid of the artificiality and the exotic stance so frequent in some regionalists. The telling is direct, familiar in tone, and filled with the typical interpolation, digressions, exaggerations, and retractions of the oral storyteller who relates tales for the enjoyment of friends and neighbors who, moreover, share his views, and know and appreciate the personal traits of the characters.

There is considerable sentimentality and pathos present. Especially interesting are the mild but effective suspensefulness, the tendency toward the use of the switch ending, and the author's ability to hang a well constructed denoument on a very small but logical peg.

Language, in accordance with the storyteller's perspective, is distinctly oral, but it has been standardized substantially to coincide with the idealized *gaúcho* depicted, one given to feats of manliness in roundups, and of hide and seek and skirmishes with the border patrol. The imagery corresponds to the rustic life and perception of the dweller in the open spaces, through whose eyes the reader sees Lopes Neto's portrayal of the traditional rural culture of Rio Grande do Sul.

Suggested Reading and Other Texts:

Contos gauchescos; Barbosa e Cavalheiro, 323-328; Cândido e Castelo, II, 283-293; Coutinho, *Antologia*, I, 235-238; Lins e Holanda, II, 644-647; Scott-Buccleuch and Oliveira, 223-232.

Principal Works:

Fiction and Poetry

Cancioneiro guasca (coleção folclórica), Pelotas, 1910; *Contos gauchescos*, Pelotas, 1912; *Lendas do sul*, Pelotas, 1913; *Contos gauchescos e Lendas do sul*, P. Alegre, 1926; *Casos do Romualdo* (contos humorísticos), P. Alegre, 1950; *Terra gaúcha* (ensaio histórico-sociológico), P. Alegre, 1955.

Theater (unpublished except *O boato*)

O boato (revista cômica), Pelotas, 1894; *Mixórdia* (revista cômico-burlesca); *Os bacharéis* (opereta), 1896; *A viuva Pitorra* (comédia), 1898; *A Fifina* (comédia), 1901; *Sapato de Bebê* (versão de François Copée), 1915; *Por causa das bichas* (comédia), s.d.; *Coió Júnior* (comédia), s.d.; *O bicho* (comédia), s.d.; *Valsa branca* (cortina), s.d.; *Nossos filhos* (drama), s.d.

NO MANANTIAL

Está vendo aquele umbu, lá embaixo, à direita do coxilhão?

Pois ali é a tapera do Mariano. Nunca vi pêssegos mais bonitos que os que amadurecem naquele abandono; ainda hoje os marmeleiros carregam que é uma temeridade!

Mais para baixo, como umas trés quadras, há uns olhos-d'água, minando das pedras, e logo adiante uns coqueiros; depois pega um cordão de araçazeiros.

Diziam os antigos que aí encostado havia um lagoão mui fundo onde até jacaré se criava.

Eu, desde guri conheci o lagoão já tapado pelos capins, mas o lugar sempre respeitado como um tremedal perigoso: até contavam de um mascate que aí atolou-se e sumiu-se com duas mulas cargueiras e canastras e tudo...

Mais de uma rês magra ajudei a tirar de lá; iam à grama verde e atolavam-se logo, até a papada.

Só cruzam ali por cima as perdizes e algum cusco leviano.

Com certeza que as raízes do pasto e dos aguapés foram trançando uma enrediça fechada, e o barro e as folhas mortas foram-se amontoando e, pouco a pouco, capeando, fazendo a tampa do sumidouro.

E depois nunca deram *desgoto* na ponta do lagoão, porque, se dessem, a água corria e não se formaria o mundéu...

Mas, onde quero chegar: vou mostrar-lhe, lá, bem no meio do manantial, uma coisa que vancê nunca pensou ver; é uma roseira, e sempre carregada de rosas...

Gente vivente não apanha as flores porque quem plantou a roseira foi um defunto... e era até agouro um cristão enfeitar-se com uma rosa daquelas!...

Mas, mesmo ninguém poderia lá chegar; o manantial defende a roseira baguala, mal um firma o pé na beirada, tudo aquilo treme e bufa e borbulha...

Uns carreteiros que acamparam na tapera do Mariano contaram que pela volta da meia-noite viram sobre o manantial duas almas, uma, vestida de branco, outra, de mais escuro... e ouviram uma voz que chorava um choro mui suspirado e outra que soltava barbaridades...

Mas como era longe e eles estavam de cabelos em pé... —pois nem os cachorros acuavam só uivavam... uivavam... —não puderam dar uma relação mais clara do caso.

E o lugar ficou mal-assombrado.

Mas, onde quero chegar: foi assim como lhe vou contar. Estes campos eram meio sem dono, era uma pampa aberta, sem estrada nem divisa; apenas os trilhos do gado cruzando-se entre aguadas e querências.

A gadaria, não se pode dizer que era alçada: quase toda orelhana, isso sim.

Mas vivia-se bem, carne gorda sobrava, e potrada linda isso era ao cair do laço.

O Mariano apareceu aqui, diz que vindo de Cima da Serra, corrido dos bugres; uns, porque lhe morrera a mulher da bexiga preta, outros ainda, à boca pequena, que não era por santo que ele mudara de cancha.

Mas fosse como fosse, chegou e arranchou-se.

Trazia para o brigadeiro Machado uma carta que devia ser de gente pesada, porque o brigadeiro tratou-o muito bem e decerto foi com o seu consentimento que ele aboletou-se aqui nos pagos.

Tocava uma carreta de tolda, uma ponta de gado manso e uma quadrilha de ruanos.

De gente, ele, duas velhuscas, uma menina, uns pretos, campeiros e uma negra mina, chamada mãe Tanásia.

A menina era filha dele; das velhas uma era a avó da criança, e a outra, irmã dessa, vinha a ser tia-avó. Ele dava-se por genro da velha, mas não era: havia suspendido com a moça da casa, e depois nunca se proporcionou ocasião de padre para fazer-se o casamento, e o tempo foi passando até que a defunta morreu, ficando a inocente nesse paganismo de não ser filha de casal legítimo... por sacramento. Mas davam-se bem, todos.

O paisano era trabalhador e entendido nas coisas; desde o torrão para os ranchos, e quinchar, madeiras, cercados, lavouras, tudo passou pelas suas mãos. E tanto falquejava um linhote como semeava uma quarta de trigo, e já capava um touro como amanonsiava um bagual.

Quando Maria Altina—era a menina, a filha dele—andava nos dezesseis anos, este arranchamento era um paraíso: o arvoredo todo crescido e dando; lavouras, criação miúda, de tudo era uma fartura; havia galpões, eira, currais, tafona.

O Mariano e as duas velhas traziam nas palminhas a pequena. Ela era o—ai-jesus! —de todos, até dos negros.

Duma feita que a família foi ao povo, para um terço de muita fama que se rezou na casa do brigadeiro Machado, a Maria Altina fez um fachadão entre a moçada; mas de todos ela tomou-se de camote com um tal André, que era furriel e gauchito teso. Não entro nisto mais pelo miúdo porque não vale a pena de falar nestes chicos pleitos de namoriscos e milongagens de criança.

Mas segue-se é que na despedida da volta o furriel André deu-lhe uma rosa colorada, com um pé de palmo... e ela atravessou a flor no seu chapéu de palha, ali no mais, com toda a inocência, à vista de todos.

Cá pra mim havia algum conchavo entre o brigadeiro e o Mariano, porque naquele soflagrante da flor os dois piscaram os olhos um para o outro e riram-se à sorrelfa, por debaixo do bigode.

Ah! ... o furriel era afilhado e ordenança do galão-largo... e até diziam mais alguma coisa... Vancê entende! ...

A comitiva nessa noite pousou no caminho, e a menina deu jeito e arrumou a rosa numa botija com água, para não murchar.

De manhãzita, marcharam; e de chegada em casa, o primeiro cuidado da pécora, foi cortar a rosa bem rente do cachimbo e plantar o galho numa terra peneirada e fresquinha.

E tais cuidados deu-lhe que a planta pegou, botando raízes firmes e espigando ramos e folhas; e quando vieram os primeiros botões, ela apanhou-os, fez um ramo todo cheiroso, amarrou-o com a fita dos cabelos e foi prendê-lo no pé da cruz dum Nosso Senhor que estava na frente do oratório... como quem dá uma prenda, a modo de pagamento de promessa feita! ...

Neste entrementes—coisa arranjada pelo brigadeiro—o furriel pousou em casa do Mariano, de passagem para um destacamento onde ia levar ofícios. Foi um alegrão para todos, mas para a Maria Altina, nem se fala! ...

Vancê pense... A paisaninha só teve alma e vida e coração para o moço... ele também estava entregue, de rédea no chão.

Aquela visita trazia água no bico... era o trato de casamento.

Depois que o furriel se foi as velhas pegaram a fazer rendas de bilros e outros preparos do aprontamento da noiva.

A roseira estava em todo o viço: recendia que era um gosto e bordava de vermelho o caniçado da horta, que se via desde longe.

Mas, perto da pomba andava rondando o gavião.

Na Restinguinha, obra de um quarto de légua pra lá do Mariano, morava um tal Chico Triste, que tinha filhos como rato, e o mais velho era já homem feito.

Este, que pro caso chamava-se Chicão, andava mui enrabichado pela Maria Altina.

Ele era um bruto, que só olhava, só queria a Maria Altina—de carne e osso.—Do mais não se lhe dava; não queria saber se a menina era vergonhosa, ou trabalhadeira ou prendada.

Ele só olhava-lhe para as ancas, e os seios, e para a grossura dos braços; era,—mal comparando—, como um pastor no faro de uma guincha...

A rapariga tinha-lhe quase tanto medo como raiva. Uma vez ele pediu-lhe uma muda da roseira, e ela, sem negar, para não fazer desfeita, disse-lhe que tirasse o que quisesse.

—Mas eu quero é dada pela Senhora! ...

—Ah! não! ... Tire o Senhor mesmo, a seu gosto...

—Não dá? ... pois qualquer dia pico a facão toda essa porcaria! ...

E levantou-se e saiu, todo apotrado.

Outras vezes trazia-lhe de presente ovos de perdiz, ou ninhadas de mulitas, que ela criava com paciência e logo que podiam manter-se, largava para o campo. Uma ocasião trouxe-lhe um veadinho; ela soltou-o; uns gatos viscachas, soltou-os também.

O Chicão que não via nunca os seus presentes, soube do caso, e, por despique, apanhou uns quantos filhotes de avestruz, e a tirões arrancou-lhes—ainda vivos, criatura! —as pernas e as asas, e assim arrebentados e estrebuchando, mandou-os à Maria Altina;... a pobre desatou num pranto de choro, ao ver a malvadez daquele judeu... Assim estavam as coisas quando o furriel passou e logo depois correu a nova do casamento.

O Chicão espumou de raiva... Levava os cavalos a sofrenaços, os cachorros a arreador, os irmãos a manotaços e até a mãe, com respostadas duras.

Só respeitava o pai, o velho Chico, e isso mesmo porque este tinha marca na paleta mas não era tambeiro...

No dia—véspera da barbaridade, houve na casa do Chico Triste um batizado feito por um padre missioneiro que ia da caminho; a gente do Mariano foi convidada. Nessa noite comeram doces, tocaram viola, cantaram e até dançaram uma tirana e o anu.

Aí o Chicão cargoseou muito a Maria Altina.

A jantarola e o resto do festo iam ser no dia seguinte—que foi o do caso.

Vancê acredita?... Nesta manhã, desde cedo, os pica-paus choraram muito nas tronqueiras do curral e nos palanques... e até furando no oitão da casa;... mais de um cachorro cavoucou o chão, embaixo das carretas;... e a Maria Altina achou no quarto, entre a parede e a cabeceira da cama, uma borboleta preta, das grandes, que ninguém tinha visto entrar...

Sol nado, o Mariano e uma das velhas foram para o Triste, para dar um ajutório. Os campeiros, como de costume, para os seus serviços, uns de campo, outros lenhar.

Na casa só ficaram, para irem mais tarde, a Maria Altina e a outra velha, que era a avó; e para as duas, debaixo do umbu, dois mancarrões encilhados.

Ficou também a negra mina, que viu tudo e foi quem depois fez o conto. A avó estava na cozinha frigindo uns beijus e a Maria Altina na varanda, apenas em saia, arrematava um timãozinho novo.

Na cabeça, como gostava, trazia uma rosa fresca, e que ficava-lhe sempre a preceito no negrume da cabeleira. E garganteava umas coplas que tinha aprendido na véspera, quando dançava a tirana e se divertia. Umas coplas que eram assim... e me lembro, porque quem as botou—para uma outra—foi mesmo este seu criado Matias!...

> Quem canta pra tu ouvires
> Devia morrer cantando...
> Pois quando daqui saíres,
> Do cantor vais te olvidando;
>
> E, pode ser que morrendo,
> Dele então tu te lembrasses:
> Se visses outro defunto,
> Ou se outra vez tu dançasses...
>
> Minha voz no teu ouvido,
> Soluçaria de dor,
> Não por deixar a vid...

E nem acabou o verso, porque estourou na cozinha um esconjuro e logo a voz da avó, sumida e arroucada, gritando—bandido! bandido! —e depois um gemido ansiado, uns ais... e um baque surdo...

De pé, com o timãozinho numa mão e a agulha na outra, pálida como a cal da parede, o coração parado, Maria Altina pregada no chão, de puro medo, ouviu... ouviu... e aí no mais entrou e veio a ela o Chicão... —o Chicão, entende vancê? com uns olhos de bicho acuado, e um bafo de fogo, na boca...

E como chegou, atropelou-a, agarrou-a, apertou-a, abraçando-a pela cintura, metendo a perna entre as dela, forcejando por derrubá-la, respirando duro, furioso, desembestado... mais mordendo que beijando o pescoço amorenado... e garboso...

A rapariga gritou, empurrando-o num desespero, unhando-lhe a cara, ladeando o corpo... por fim atacou-lhe os dentes num braço.

Ele urrou com a dor e largou-a um momento; ela aproveitou o alce e disparou... ele quis pegá-la de novo, mas no mover-se enredou as esporas no timãozinho que caira, e testavilhou maneado... A pobre, ao passar pela cozinha viu a avó estendida, com as roupas enrodilhadas, a cabeça branca numa sangueira... e então desatinada, num pavor, correu para o umbu e foi o quanto pulou a cavalo e já tocou, a toda, coxilha abaixo!...

Mas, logo, logo, mesmo sem se voltar, sentiu-se quase alcançada pelo Chicão, que também montara e se lhe vinha em perseguição...

E os dois, —à que te pego! à que te largo! —se despencaram por aquele lançante, em direitura ao manantial! E, ou por querer atalhar, ou porque perdesse a cabeça, ou nem se lembrasse do perigo, a Maria Altina encostou o rebenque no matungo, que, do lance que trazia costa abaixo, se foi, feito, ao tremedal, onde se afundou até as orelhas e começou a patalear, num desespero!... A campeirinha varejada no arranco, sumiu-se logo na fervura preta do lodaçal remexido a patadas!... E como rastro, ficou em cima, boiando, a rosa do penteado.

E da mesma carreira, o cavalo do Chicão, que também vinha tocado à espora e relho, chapulhou no pantanal, um pouco atrás do outro, coisa de braça e meia... e ali ficou, o corpo todo sumido, procurando agüentar as ventas, as orelhas fora da água.

O Chicão, agora deslombando-se em esforços para sair da enrascada, não podia, porque bem sentia as esporas enleadas nas raízes—e os cabres tilhos eram fortes...—e parecia-lhe que tinha um pé quebrado por uma patada do cavalo, que se despedaçava aos arrancos, sentindo-se chupado para o fundo...

Depois desse estropício, tudo ficou como estava: tudo no sossego, o sol subindo sempre, nuvens brancas correndo no céu, passarinhos cruzando para um lado e outro... os galos cantando lá em cima... uns latidos, muito longe... pios de perdiz... algum inhé de sapo ali perto...

Parecia que nada se havia dado: se não fosse a rosa colorada boiando, lá, e o Chicão atolado até o peito, mais pra cá.

O cavalo dele, com a cabeça alinhada, mal podia agüentar fora da água o focinho e ressolhava, o pobre, puxando a respiração em assobios grossos, e o dono, todo salpicado de barro, suava em cordas, cada vez mais ansiado, não podendo desprender-se das malditas esporas, que o sujeitavam em cima do bagual, que ia se afundando... afundando... afundando... E a cada sacudida feita naquele reduto todo o manantial bufava e borbulhava...

Com pouco mais o Chicão desceu ainda, atolado até os sovacos; o cavalo já se não via e nem bulia, sufocado e morto, pesando entregue no mole do tremedal...

E as esporas... as malditas esporas, nem nada!...

Obrigado pela postura em que estava, ele olhava para o buraco que tinha engolido a Maria Altina: sobre a água barrenta, escura, nadavam folhas secas, capins pisoteados, gravetos... e no meio deles, limpa e fresca, boiava a rosa que se soltara dos cabelos da cobiçada no momento em que ela entrava pela morte adentro, dentro do lodaçal...

E o tempo foi passando, a tranquito, sem pressa nem vagar.

Vancê lembra-se?...

Como eu disse, havia ficado em casa, além das brancas, a tia mina,—a mãe Tanásia—que, quando sentiu a desgraceira, ganhou no paiol, escondendo-se e daí pôde bombear alguma coisa. Quando viu as criaturas montarem e tocarem—como caça e caçador—a mãe Tanásia saiu da toca e voltou à cozinha, dando com a—nhanhã—morta... e logo viu que a sinhazinha fugira. E pensou em ir ao Chico Triste, avisar o Mariano. O mais perto era ir pelos olhos-d'água, acima do manantial; desceu o caminho; costeou pelas pedras e quando dobrava a estradinha frenteou com o Chicão...

A mão Tanásia ficou estatelada... e daí a pedaço—em que olhou só, sem pensar nada—foi que a coitada falou.

—Eh! eh!... siô moço!... que é que suncê fez!...

E o desalmado gritou-lhe:

—Vai, bruaca velha, vai contar!...

—Ah! ah!... Deus perdoe!...

E foi andando, estradinha afora, lomba acima, apurando o passo, um pouco renga.

Nesse meio tempo também chegavam à casa os campeiros; era hora de comer; repararam que só estava amarrado um cavalo; a casa aberta, silenciosa; um espiou pela janela da cozinha... e gritou pelos outros, benzendo-se...

Lá estava a senhora, com a cabeça arrebentada a olho de machado... O fogo apagado, a banha coalhada, os beijus frios... e mui a seu gosto, de papo para o ar, dormindo na saia da morta, uma gata brasina e a sua ninhada.

Chamaram pela mãe Tanásia... gritaram... procuraram... e nada! Um deles, mais alarife, propôs que fugissem... que era melhor ser caiambola do que ser estaqueado... que por certo iam acusá-los daquela maldade.

Porém outro mais precatado disse:

—Cala a boca, parceiro... Vamos é avisar sinhô velho...

E ficando uns de guarda, tocaram-se os outros, a meia rédea, para o Triste, onde, fulos de medo, desovaram a novidade.

Que canhonaço, amigo! A gentama toda se alvorotou; o que era de mulheres abriu num alarido, o que era homem apresilhou as armas, e já se saiu, muitos de em pelo, cobrindo a marca dos fletes, o Mariano na frente, como um louco.

Eu estava nessa arrancada. Chegamos como um pé-de-vento e conforme boleamos a perna, vimos o mesmo que os negros contavam. E da Maria Altina, nada; da mãe Tanásia, nada. Apenas no chão da varanda novelos desparramados, a mesa arredada, o timãozinho novo com um rasgão grande...

Nisto, um aspa-torta, gaúcho mui andado no mundo e mitrado, puxou-me pela manga da japona e disse-me entre dentes:

—O Chicão repontava a rapariga... ele não estava em casa, nem veio conosco; ela não está... Patrício... que lhe parece?...

—Hom!... respondi eu, e fiquei-me com aquele zunido de varejeira no ouvido...

Mas o paisano tinha o estômago frio e foi passando língua;... daí a pouco todos faziam as mesmas contas, até que um, mais golpeado, disse-o claro ao Mariano!

O homem relanceou os olhos a ver talvez se descobria o Chicão... depois teve a modo uns engulhos e depois ficou como entecado...

Pensaria mesmo que a filha tinha fugido com o querendão?... Quem sabe lá!... Que o rapaz rondava, isso ele e todos sabiam e que ela não fazia caso do derretimento, isso também se sabia: agora, como dum momento para o outro os dois se tinham combinado, isso é que era!...

Mas ao mesmo tempo perguntava-se—quem matou a velha e por quê?...

E quando estávamos neste balanço ouvimos então a gritaria das mulheres, que tinham vindo de a pé, encontrando no caminho a mãe Tanásia.

Em antes de chegarem, já os cuscos, ponteiros, tinham começado a acuar, por debaixo dos araçazeiros; as crianças, curiosas e mais ligeiras, tinham corrido pensando ser algum bicho... e recuaram assustadas, fazendo cara-volta, umas chorando, outras sem fala, apenas apontando para o manantial...

E quando a ranchada das damas chegou perto e viu... viu o Chicão atolado; o Chicão atolado, e logo adiante, no barro revolvido, a rosa colorada boiando; a rosa boiando, porque a moça estava no fundo, afogada, porque... porque... por causa do Chicão?... por medo dele, que queria abusar dela?... quando as senhoras-donas, todas caladas, viram aquele condenado, e uma, mais animosa, gritou-lhe—cachorro desavergonhado! —foi que a mãe dele, jungindo as lágrimas para não saltarem, perguntou:

—Chicão, meu filho, que é isto?...

—Atolado;... as esporas;... um laço!...

—Filho!... que desgraça! E a Maria Altina?...

—Aí!... embaixo da rosa...

Foi neste ponto que rompeu o alarido, os choros, os chamados que ouvimos lá em cima, nas casas, e descemos logo. O Mariano vinha com os olhos raiados de sangue e batendo os dentes, como porco queixada...

E quando paramos todos e vimos o jeito daquele rufião maldito, ainda um lembrou, alto:

—Vamos laçar o homem, e puxar cá pra fora!...

O Mariano, porém, gritou:

—Espera!... e voltando-se para o atolado, indagou:

—Por que mataste a velha?...

—Não!

—Viste a Maria Altina?
—Não!
—Que esburacado é esse, aí na tua frente?
—Não sei!
—E aquela rosa... também não sabes? ...
—Pois sei, sim! E ela... e a velha, também, fui eu... e agora? ...
—Vou rebentar-te a cabeça...
—Arrebenta! Se não fosse as esporas! ...

Então o Mariano sacou a pistola do cinto e trovejou... e errou! Secundou o tiro e a bala quebrou o ombro do Chicão, que deu um urro e estorceu-se todo; quis firmar-se, porém o braço são afundava-se no barro, acamando os capins já machucados; com esses tirões e arrancos o manantial todo tremia e bufava, borbulhando...

O Mariano amartilhou a outra pistola; o Chicão berrou de lá:
—Mata! Eu não pude! ... mas o furriel também não há de! ...

Mas nisto a mãe dele abraçou-se nos joelhos do Mariano, e o padre missioneiro levantou a cruzinha do rosário, meteu o Nosso Senhor Crucificado na boca do cano da pistola... e o Mariano foi baixando o braço... baixando, e calado varejou a arma para o lameiro...; mas de repente, como um parelheiro largado de tronco, saltou pra diante e de vereda atirou-se no manantial... e meio de pé, meio de gatinhas, caindo, bracejando, afundando-se, surdindo, todo ele numa plasta de barro reluzente, alcançou o Chicão, e—por certo—firmando-se no corpo do cavalo morto, botou-se ao desgraçado, com as duas mãos escorrendo lodo apertou-lhe o gasganete... e foi calcando, espremendo, empurrando para trás... para trás... até que num—vá—aqueles abraçados escorregaram, cortou o ar uma perna, um pé do Chicão,—livre da espora—e tudo sumiu-se na fervura que gorgolejou logo por cima! ...

Imagine vancê, aquilo passando-se ali pertinho a meio laço de distância e ninguém podendo remediar...

Houve só uma palavra em todas as bocas: Jesus, Senhor! ...

O manantial borbulhava por todas as costuras... Se fosse água limpa... Credo!

D'espacito... d'espacito... o missioneiro foi estendendo o braço, como esperando que as almas subissem... depois riscou uma cruz larga, na claridade do dia; e ajoelhando-se na beira daquela cova balofa, de três defuntos de razão de morrer tão diferente e de morte tão a mesma, começou a rezar.

E logo no derredor a gentama também se foi arrodilhando... e todos com os olhos firmados no manantial, e todos de mãos postas, todos empeçaram um—Salve-Rainha—que foi alteando e subindo no descampado, tão penaroso, tão sentido, tão do coração, que até parece que amansou os próprios bichos, porque, entrementes, nem um cachorro latiu, nem passarinho piou, nem cavalo se mexeu! ...

Nas paradas da reza, só se ouvia os soluços da mãe do Chicão e um leve guasqueio do vento nas talas dos jerivás.

Acabada a devoção e marchando como uma procissão, fomos para a casa levando a outra velhinha, a irmã da que lá estava, de cabeça esmigalhada.

Velamos o corpo e na manhã seguinte fizemos-lhe o enterro, também lá embaixo, na costa do manantial.

O missioneiro benzeu, e então fincamos uma cruz morruda, de cambará, para vigia às almas dos quatro mortos.

Depois, cada qual tomou seu rumo.

Anos depois passei por aqui: cortava a alma olhar para o arranchamento. Os negros tinham tomado a alforria por sua mão, e se foram a la cria! ... Ficaram as duas mulheres, a mãe Tanásia e a sua senhora velha, que, por caridade, o brigadeiro Machado mandou buscar pra casa dele.

O arranchamento ficou abandonado; e foi chovendo dentro; desabou um canto de parede; caiu uma porta, os cachorros gaudérios já dormiam lá dentro. Debaixo dos caibros havia ninhos de morcegos e no copiar pousavam as corujas; os ventos derrubaram os galpões, os andantes queimaram as cercas, o gado fez paradeiro na quinta. O arranchamento alegre e farto foi desaparecendo ... o feitio da mão de gente foi-se gastando, tudo foi minguando; as carquejas e as embiras invadiram; o gravatá lastrou; só o umbu foi guapeando, mas abichornado, como viúvo que se deu bem em casado ...; foi ficando tapera ... a tapera ... que é sempre um lugar tristonho onde parece que a gente vê gente que nunca viu ... onde parece que até as árvores perguntam a quem chega:—onde está quem me plantou? ... onde está quem me plantou? ...

Olhe! Veja vancê: ali embaixo ... hem? Está vendo? ... aqueles coqueiros, o matinho de araçás?

Pois é ali o manantial, que virou sepultura naquele dia brabo em que desde manhã tanto agouro **apareceu**, de desgraça; os pica-paus chorando ... os cachorros cavoucando ... a bruxa preta entrada sem ninguém ver ...

Sempre dói na alma, mexer nestas lembranças. E há quem não acredite! ...

A cruz ... onde já foi! ... mas a roseira baguala, lá está! Roseira que nasceu do talo da rosa que ficou boiando no lodaçal no dia daquele cardume de estropícios ...

Vancê está vendo bem, agora?

Pois é ... coloreando, sempre! Até parece que as raízes, lá no fundo do manantial, estão ainda bebendo sangue vivo no coração da Maria Altina ...

Vancê quer, paramos um nadinha. Com isto damos um alcezito aos mancarrões, e eu ... desaperto o coração! ...

Ah! saudade! ... Parece que ainda vejo a minha morena, quando no rancho do Chico Triste botei-lhe os versos ...

> Minha voz no teu ouvido
> Fez seu ninho pra cantar ...

—Diabo! ... parece que tenho areia nos olhos ... e um pé-de-amigo na goela ... Ah! saudade! ...

É uma amargura tão doce, patrãozinho! ...

Saudade é dor que não dói,
Doce ventura cruel,
E' talho que fecha em falso,
E' veneno e sabe a mel ...

[*Contos gauchescos e Lendas do sul,* 2a ed.,
Porto Alegre, Globo, 1950, 138-151.]

References:

Grieco, *Evolução da prosa*, 2nd ed., 131-133.
Holanda, Aurélio Buarque de, "Linguagem e estilo de Simões Lopes Neto," *Província de São Pedro*, P. Alegre, 13 (mar-jun 1947); also in: Simões Lopes Neto, *Contos gauchescos e Lendas do sul*, P. Alegre, Globo, 1949, 27-113.
Júlio, Sílvio, "Os contos de Simões Lopes Neto," *Revista das Academias de Letras*, 36 (ago 1941) 244-256.
Lima, Herman, "*Contos gauchescos*," *Letras e Artes*, Rio, 155 (19 fev 1950).
Meyer, Augusto, *Prosa dos pagos*, S. Paulo, Martins, 1943, 7-32; also in: Simões Lopes Neto, *Contos gauchescos e Lendas do sul*, P. Alegre, Globo, 1949, 11-23.
Oliveira, José Osório de, "O escritor Gaúcho Simões Lopes Neto, *Atlântico*, Rio-Lisboa, nova série, 2 (17 set 1946).
Ornellas, Manoelito de, *Símbolos bárbaros*, P. Alegre, Globo, 1943, 13-44.
Pereira, Lúcia Miguel, *Prosa de ficção*, 211-220.
Reverbel, Carlos, "J. Simões Lopes Neto," *Província de São Pedro*, P. Alegre, 1 (set 1945); also in: *Contos gauchescoes e Lendas do sul*, P. Alegre, 1949, 417-438.
Rónai, Paulo, "Bibliografia do teatro de Simões Lopes Neto," *Boletim da Sociedade Brasileira de Autores Teatrais*, Rio, 247 (out-nov 1948).
Silva, João Pinto da, *História*, 164-171.
Velinho, Moisés, intro to: *Contos e lendas*, Rio, Agir, 1957, 5-15.

Afonso Arinos de Melo Franco
(1868-1916)

Remembered as one of the precursors of modern regionalism in Brazil, as well as of the "Catholic" trend of Modernism, Afonso Arinos de Melo Franco was born on May 1, 1868, in Paracatú, Minas Gerais. At an early age he was sent to Rio de Janeiro where he attended the Ateneu Fluminense, graduating at the age of thirteen. From there he went to São Paulo to study law. After graduating in 1889, he returned to Minas Gerais and became a public servant and a teacher in the Ginásio de Ouro Preto. It was there that he hosted Olavo Bilac and other writers following the Navy Revolt. From 1897 to 1899 he managed the *Comércio de São Paulo,* at the request of Eduardo Prado. After the latter's death he practiced law in Rio. His debut in the literary scene was made with *Pelo sertão* in 1898 and it was followed in the same year by the novel *Os jagunços*, which dealt with the Canudos Campaign. In 1901, he was elected to the Brazilian Academy of Letters, occupying Chair 49. In the following year he published a series of editorials under the title *Notas do dia.* The series of lectures he gave in São Paulo in 1915 were collected by him two years later and published as *Lendas e tradições brasileiras.* In 1916 he delivered in Belo Horizonte a famous patriotic address titled "A unidade da pátria." Afonso Arinos died on February 19, 1916, in Barcelona, Spain. In addition to other honors, he was a member of the Instituto Histórico e Geográfico Brasileiro.

Critical Commentary:

Afonso Arinos' literary reputation seems, from today's perspective, to be quite out of proportion to the number and quality of his works. Nevertheless, along with Coelho Neto, he was one of the earliest Symbolists to concern himself with the Brazilian identity problem by turning his gaze specifically toward the hinterland and toward tradition. His fame rests on an almost unknown and hastily written serialized novel that, when subsequently published as a book, came out in an edition limited to 100 copies, and on less than a dozen short prose pieces, only a few of which can properly be classified as short stories. In these, the properly fictional seldom attains more than a secondary importance. Most are simply sketches: incidents, recountings, descriptions of customs and landscapes, and prose poems. Indeed, the author is mainly interested in emotionally evoking and poetically portraying the unusual, the exotic the picturesque, the wild—in a word, the mysterious character of the primitive world of the *sertão,* where both legend and the supernatural still lived. Nature, represented as the enigmatic, inherent power, the source, the great mother and protectoress, is commonly personified. To it man is inextricably bound. Regional legends are sometimes evoked. Prominent is the author's love of the land and sentimental compulsive infatuation with the past, including, however, a markedly classical and archaic attitude toward language.

Suggested Reading and Other Texts:

Pelo sertão; Anonymous, *Contos regionais brasileiros,* Salvador, Progresso, 1951, 5-17; Coutinho, *Antologia*, I, 239-247; Lins e Hoianda, II, 689-696; Moisés, *Textos*, 285-294; Peixoto, Afrânio, *Panorama*, 493-495; Scott-Buccleuch and Oliveira, 256-264.

Principal Works:

Pelo sertão, Rio, 1898.
Os jagunços (romance, published first in *Comércio de São Paulo,* 1898, under the pseudonym of Olívio de Barros), S. Paulo, 1898.
Notas do dia. Comemorando (editoriais), S. Paulo, 1900.
Lendas e tradições brasileiras, S. Paulo, 1917.
"A unidade pátria" (discurso), S. Paulo, 1917.
O contratador de diamantes (peça histórica de quatro atos), Rio, 1917.
O mestre de campo (romance histórico), S. Paulo, 1918.
Histórias e paisagens, Rio, 1921.

References:

Albuquerque, Medeiros e, *Páginas de crítica*, 45-66.
Autores e Livros, 2:19 (14 jun 1942).
Barros, *Espelho*, 271-279.
Bilac, *Últimas conferências*, 28-32.
Brandão, Paulo José, *Vultos do meu caminho*, S. Paulo, Instituto D. Ana Rosa, 1935, 5-9.

Broca, Brito, "Um romance de Afonso Arinos sobre Canudos," *Revista do Livro*, 4:15 (set 1959) 225-228.

Carvalho, Ronald de, *Estudos*, 139-144.

Couto, Miguel, "Elogio de Afonso Arinos," *Discursos Acadêmicos*, Rio, Civilização Brasileira, 1936, IV, 53-74.

Dornas Filho, João, "Afonso Arinos," *Diário de Notícias*, Rio, 22 jul 1951.

Fernandes, Sebastião, *O Galarim: ensaios*, Rio, Pongetti, 1935, 19-32.

Frieiro, Eduardo, *Letras*, 193-202.

Gomes, Perilo, 211-220.

Grieco, *Evolução da prosa*, 2nd ed., 130-131.

Lima, Alceu Amoroso, *Afonso Arinos*, Rio, Anuário do Brasil, 1922.

Lima, Augusto de, "Afonso Arinos," *Revista do Brasil,* 1a. fase, I (jan-abr 1916) 233-239.

Lousada, Wilson, in: Coutinho, *A literatura*, II, 195-199.

Machado Filho, 199-209.

Matos, Mário, *O último bandeirante*, Belo Horizonte, Os Amigos do Livro, 1935.

Miranda, 258-276.

Pereira, Lúcia Miguel, *Prosa de ficção*, 183-195.

Veríssimo, *Estudos de literatura*, I, 202-275.

Gonzaga Duque
(1863-1911)

Luís Gonzaga Duque Estrada was born in Rio de Janeiro on June 21, 1863, and completed his secondary education there and in Petropolis. Entering the field of journalism at a very early age, he was a newspaper and magazine writer througout his life. He was a founder and/or collaborator in many magazines, including the literary magazine, *Guanabara*, which he founded in 1880 with Olímpio Niemeier; Artur Azevedo's *A Gazetinha;* the abolitionist newspaper, *A Gazeta da Tarde;* the *Rio-Revista*, which he founded in 1895 with Lima Campos and Mário Pederneiras; *Fon Fon*, founded in 1908 with the same writers; the Symbolist magazine *Galáxia*, which he founded with Lima Campos in 1897; *Mercúrio*, which he founded himself in 1901. He also wrote for the Symbolist magazines *Vera Cruz, Rosa Cruz,* as well as for *Kosmos, Renascença* and *A Semana*. For the latter he was art critic, a field in which he was a pioneer in Brazil, publishing the first serious study on that subject, *Arte Brasileira*, in 1887. Duque Estrada had a marked sensitivity for the plastic arts and was himself a painter. Although he was a short story writer and novelist, he is mostly remembered today as a literary critic. His literary production clearly shows him to be a member of the first Symbolist generation. His death occured in Rio de Janeiro on March 8, 1911, having been for some time director of the Municipal Library.

Critical Commentary:

Gonzaga Duque's prose is rich in imagery, verbal exhuberance and abundant adjectivation. It is manifestly musical. There is a clearly evident search for the erudite and the unusual. At this same time, there is keen attention to detail and the pictorial with respect to characterization and setting, both of which are developed by degrees. Commonly present is allegory, as is an air of mystery, of the prohibited and a stress on morbidity; the latter is esthetic in origin and lyrical in character.

Texts:

Magalhães Júnior, *O conto* pp. 129-135; Murici, *Panorama*, I, 194-203.

Principal Works:

A arte brasileira, Rio, 1888.
Dona de casa (pseud. Silvino Júnior, obra educativa), 1892.
Marechal Niemeier (biografia), 1898.
Revoluções brasileiras (estudo histórico), 1898.
Mocidade morta (romance), Rio, 1899.
Graves e frívolos (crítica), 1910.
Horto de mágoas (fantasias), 1914.
Contemporâneos (crítica), 1926.

References:

Albuquerque, Medeiros e, *Quando eu era vivo*, 251-253.
Autores e Livros, Rio, 3:15 (15 nov 1942).
Campos, *Crítica*, III, 288-298.
Chiacchio, Carlos, "Gonzaga Duque: trecho de estudo," *Autores e Livros*, 15 nov 1942.
Grieco, *Evolução da prosa*, 176-177.
Moisés, *O Simbolismo*, 260-266.
Murici, Andrade, "Da crítica do Simbolismo pelos simbolistas," *Crítica e história literária*, Anais do I Congresso de Crítica e História Literária, Rio, Tempo Brasileiro, 1964, 235-266.
_____ , *Panorama*, I, 192-203.
Otávio Filho, Rodrigo, "O Penumbrismo," in: Coutinho, *A Literatura*, III (1), 325-335.
Otávio Filho, *Velhos amigos*, 51-116.
Pederneiras, Mário, "Mocidade morta," *Imprensa*, Rio, 20 fev 1900.
Pessoa, 269-275.

Nestor Vítor
(1868-1932)

Nestor Vítor dos Santos was born in Paranaguá, state of Paraná, on April 12, 1868. Early interest in liberal causes and in journalism are confirmed by the fact that when he was still a student in the Instituto Paranaense in Curitiba he was already secretary of the Abolitionist Confederation of his home state and a founder and secretary of the Republican Club of Paranaguá until his departure for Rio in 1887 to study in the João de Deus school. Both organizations implied substantial newspaper activity. He met Cruz e Sousa in 1889 and that same year returned to Curitiba to assume the management of the *Diário do Paraná,* an opposition newspaper, a position he preferred to a political appointment. On a short trip to Santa Catarina, he renewed his acquaintanceship with Cruz e Sousa. Two years prior to his marriage on February 17, 1894, to Catarina Alzira Curuja, he moved permanently to Rio. There he became Cruz e Sousa's close friend and staunchest supporter; the powerful blow that the latter's death caused him in 1898 is revealed in the poem "A Cruz e Sousa" which appeared in *A Cidade do Rio.* He published Cruz e Sousa's book, *Evocações,* accompanying it with a study on its author, and later brought out *Faróis.* As a consequence of his strong political backing of the Floriano Government, he was named teacher and assistant director of the Internato do Ginásio Nacional (then the name of Colégio Pedro II). Sílvio Romero and João Ribeiro were teachers there at the time. A volume of his short stories, *Signos* (1897), was the subject of some controversy in the press. Three years later his novel, *Amigos,* appeared and the following year he sent *A hora*, a book of criticism, to press. In 1902, he resigned from his duties at the Ginásio Nacional and went to Paris. There he worked in the Brazilian consulate, was a tutor to Rio Branco's children, made translations and revisions for Garnier and was a correspondent for *O País* and *Correio Paulistano.* It was in that city, too, that he became a friend and admirer of Maeterlinck, whose book, *A Sabedoria e o destino* he translated in 1903. He also published his only book of poetry, *Vibrações,* and Cruz e Sousa's *Últimos sonetos,* both in 1905. That same year he returned to Brazil and dedicated himself to teaching and the periodical press, especially to the Symbolist magazines *O Sapo, Pallium, Azul, Breviário, Turris Ebúrnea* and *Vera-Cruz.* Under the pen name of Nunes Vidal, he was literary critic for *Os Anais*, which belonged to Domingos Olímpio, in 1906. Publication of his travel volume, *Paris,* won the Légion d'Honneur for him. Just as he had been a strong advocate of abolition and republicanism, so he was a supporter of the Allies during World War I, and Rui Barbosa, José Veríssimo and he founded the Liga Brasileira pelos Aliados. He was decorated by Albert of Belgium for his support. During the war years (1917-1921) he was twice elected to the State legislature of the state of Paraná. In 1919 he began to teach in the Escola Superior de Comércio, later becoming its assistant director. He died in Rio on October 13, 1932.

Critical Commentary:

Although he earned his living as a teacher and as a journalist, and was a writer and poet, Nestor Vítor is principally remembered as Symbolist's first literary critic. A penetrating thinker and a true supporter of the precepts of the first phase of Symbolism, he unhesitatingly believed in the things of the spirit, enveighed against everything smacking of the prosaic, and was ever the champion of art over matter. Indeed, he has been called the originator of psychological and esthetic criticism in Brazil. Nevertheless, his keen judgement and intellectual independence prevented him from becoming entrapped, from being a critic with esthetic or ideological blinders, as his judicious, impartial analyses of both his contemporaries and the young Modernists clearly prove. As he himself said: "In criticism, one should also keep in step with life," and he went out of his way to give encouragement to younger writers. His authentic poetical vocation is more clearly evident in his prose, in his essays and short stories, than in his verses.

Other Texts:

Lins e Holanda, II, 686-688; Murici, *Panorama, movimento simbolista*, I, 269-299.

Principal Works:

Signos (contos), Rio, 1897.
Cruz e Sousa (crítica), Rio, 1899.
A Cruz e Sousa (poesia), 1900.
Amigos (romance), 1900.
A hora (crítica), Rio, 1900.
Transfigurações (1888-1898, poesia), Rio, 1902.
Paris (viagem), Rio, 1911.

A terra do futuro; impressões do Paraná (viagem), 1913.
O elogio da crença (pensamentos), 1915.
Três romancistas do norte, 1915.
Farias Brito (crítica), Rio, 1917.
A crítica de ontem (crítica), 1919.
Folhas que ficam (pensamentos), 1920.
O elogio do amigo (ensaio), 1921.
Cartas à gente nova (crítica), Rio, 1924.
Parasita (novela), in *Feira Literária*, 1928.
Os de hoje (crítica), 1938.

References:

Lima, Alceu Amoroso, *Primeiros estudos*, 54-57.
Magalhães, Adelino, "Nestor Vítor," *Revista Brasileira*, 9:21-22 (jan-jun 1958) 94-102.
Martins, Wilson, *Interpretações*, 249-253.
Murici, *Panorama*, I, 262-299.
Pessoa, 245-267.
_____, "Um 'instantâneo' de Cruz e Sousa e Nestor Vítor," in: Murici, *Panorama*, III, 291-292.
Silveira, Tasso da, *Nestor Vítor*, Rio, 1963.
Sousa, João da Cruz e, "Signos," *República*, 16 e 23 ago 1897; also in: *Obra completa*, Rio, José Aguilar, 1961, 792-809.

Augusto Dos Anjos
(1884-1924)

Brazil's most profoundly anguished poet was surely Augusto de Carvalho Rodrigues dos Anjos, born at the Engenho Pau d'Arco, Paraíba, on April 20, 1884. His lawyer father was Alexandre Rodrigues dos Anjos and his mother's name before marriage was Córdula Carvalho. His studies, which he began with his father, were continued in the Liceu Paraibano in 1900, and completed seven years later in the Law School in Recife. The following year he gave private lessons in the humanities to earn a living. In 1908 he was named substitute teacher in literature at the Liceu Paraibano. He married Ester Fialho on July 4, 1910, and that same year difficulties with Governor João Machado prompted his departure from the school and his removal to Rio de Janeiro. During his two-year stay there, he taught (substitute teacher) geography at both the Escola Normal and Colégio Pedro II. In 1912 he published *Eu* in a private edition; it was his only book. Always in poor health, an illness that began with a simple cold carried the poet to his death (November 12, 1924) a few months after taking up his duties as director of a school in Leopondina, Minas Gerais.

Critical Commentary:

Augusto dos Anjos, the poet of cosmic pessimism and despair, holds a unique position in Brazilian poetry. Certainly he is one of its most imaginative poets. He was an idealist who could neither find his place in the status quo nor adapt himself to it. Moreover, he was mortally anguished at all the ugly materialism he found everywhere about him. Thus, his desperate flight into pantheistic mysticism, macabre fantasies, and his violent imprecations against the insensitive, mechanistic world he knew. Noteworthy are the persistence of his melancholy, the depth of his despondency and the technical quality of his versification. Although the poet saw the world from a purely materialistic point of view, his attitude is intensely subjective. His is an excruciatingly sincere poetry whose theme is the anguish of the human condition in a relentlessly deterministic universe; it draws its main inspiration from philosophy and science. As if to emphasize suffering and the total absence of love, the poems often become exaggeratedly coarse and gratuitously gory and cruel toward mankind. The poet is fond of grotesque, uncomplimentary references to man and his existence, and is obsessed with blood and pain. The bitterness that ate at the poet, because of the emptiness he perceived everywhere in a life that leads only to death and nothingness, produced an emphasis on the unharmonious in both time and sound, as well as an exaltation of the macabre and fantasmagoric that recalls the Gothic prose of Álvares de Azevedo.

Aside from the poet's passion for sculpted verse (largely sonnets), his work is characterized by such common Symbolist tendencies as the frequent use of capital letters and of unusual vocabulary. The latter includes scientific and otherwise erudite words and expressions, as well as words stressed on the antepenultimate syllable. The clashing consonantal clusters and the uncommon rhythms seem to represent the fiery eruptions of anguished despair that translate Augusto dos Anjos' rejection of a world where man has no special place.

Selected Readings and Other Texts:

"O morcego," 58; "O Lázaro da pátria," 61; "Idealização da humanidade futura," 62; "O martírio do artista," 128; "Vandalismo," 161; "Eterna mágoa," 176; "Queixas noturnas," 177-180; "O lamento das coisas," 203; "Guerra," 220; "Hino à dor," 222; "À mesa," 243; "A obsessão de sangue," 264; Bandeira, e Cavalheiro, 215-217; Cândido e Castelo, II, 338-342; Coutinho, *Antologia*, II, 133-138; V, 65-87; Lins e Holanda, II, 753-756; Lisboa, *Antologia*, 162-163; Orico, 108; Moisés, *Textos*, 325-330; Murici, *Panorama*, III, 241-244; Peixoto, Afrânio, *Panorama*, 487; Sodré, *História*, 206-207.

Principal Works:

Eu, Rio, 1912; *Eu (Poesias completas)*, Paraíba do Norte, 1920; *Eu e outras poesias*, Rio, 1928 (26th ed., Rio, 1959).

O MORCEGO

Meia noite. Ao meu quarto me recolho.
Meu Deus! E este morcego! E, agora, vede:
Na bruta ardência orgânica da sede,
Morde-me a goela ígneo e escaldante molho.

"Vou mandar levantar outra parede . . ."
—Digo. Ergo-me a tremer. Fecho o ferrolho
E olho o teto. E vejo-o ainda, igual a um olho.
Circularmente sobre a minha rede!

Pego de um pau. Esforços faço. Chego
A tocá-lo. Minha alma se concentra.
Que ventre produziu tão feio parto? !

A Consciência Humana é este morcego!
Por mais que a gente faça, à noite, ele entra
Imperceptivelmente em nosso quarto.

[*Eu e outras poesias*, 15a ed., s.l., s.e., 1947, 58]

O LAZÁRO DA PÁTRIA

Filho podre de antigos Goitacazes,
Em qualquer parte onde a cabeça ponha,
Deixa circunferências de peçonha,
Marcas oriundas de úlceras e antrazes.

Todos os cinocéfalos vorazes
Cheiram seu corpo. À noite, quando sonha,
Sente no tórax a pressão medonha
Do bruto embate férreo das tenazes.

Mostra aos montes e aos rígidos rochedos
A hedionda elefantíasis dos dedos
Há um cansaço no Cosmos . . . Anoitece.

Riem as meretrizes no Casino,
E o lázaro caminha em seu destino
Para um fim que ele mesmo desconhece!

[*Eu e outras poesias*, 15a ed., s.l., s.e., 1947, 61]

IDEALIZAÇÃO DA HUMANIDADE FUTURA

Rugia nos meus centros cerebrais
A multidão dos séculos futuros
—Homens que a herança de ímpetos impuros
Tornará etnicamente irracionais! —

Não sei que livro, em letras garrafais,
Meus olhos liam! No humus dos monturos,
Realizavam-se os partos mais obscuros,
Dentre as genealogias animais!

Como quem esmigalha protozoários
Meti todos os dedos mercenários
Na consciência daquela multidão...

E, em vez de achar a luz que os céus inflama,
Somente achei moléculas de lama
E a mosca alegre da putrefação!

[*Eu e outras poesias*, 15a ed., s.l., s.e., 1947, 62]

O MARTÍRIO DO ARTISTA

Arte ingrata! E conquanto, em desalento,
A órbita elipsoidal dos olhos lhe arda,
Busca exteriorizar o pensamento
Que em suas frontais células guarda!

Tarda-lhe a Idéia! A Inspiração lhe tarda!
E ei-lo a tremer, rasga o papel, violento,
Como o soldado que rasgou a farda
No desespero do último momento!

Tenta chorar e os olhos sente enxutos!...
É como o paralítico que, à míngua
Da própria voz e na que ardente o lavra

Febre de em vão falar, com os dedos brutos
Para falar, puxa e repuxa a língua,
E não lhe vem à boca uma palavra!

[*Eu e outras poesias*, 15a ed., s.l., s.e., 1947, 128]

VANDALISMO

Meu coração tem catedrais imensas,
Templos de priscas e longínquas datas,
Onde um nume de amor, em serenatas,
Canta a aleluia virginal das crenças.

Na ogiva fulgida e nas colunatas
Vertem lustrais irradições intensas
Cintilações de lâmpadas suspensas
E as ametistas e os florões e as pratas.

Como os velhos Templários medievais
Entrei um dia nessas catedrais
E nesses templos claros e risonhos...

E erguendo os gládios e brandindo as hastas,
No desespero dos iconoclastas,
Quebrei a imagem dos meus próprios sonhos!

[*Eu e outras poesias*, 15a ed., s.l., s.e., 1947, 161]

ETERNA MÁGOA

O homem por sobre quem caiu a praga
Da tristeza do Mundo, o homem que é triste
Para todos os séculos existe
E nunca mais o seu pesar se apaga!

Não crê em nada, pois, nada há que traga
Consolo à Mágoa, a que só ele assiste.
Quer resistir, e quanto mais resiste
Mais se lhe aumenta e se lhe afunda a chaga

Sabe que sofre, mas o que não sabe
É que essa mágoa infinda assim não cabe
Na sua vida, é que essa mágoa infinda

Transpõe a vida do seu corpo inerme;
E quando esse homem se transforma em verme
É essa mágoa que o acompanha ainda!

[*Eu e outras poesias*, 15a ed., s.l., s.e., 1947, 176]

QUEIXAS NOTURNAS

Quem foi que viu a minha Dor chorando?!
Saio. Minha alma sai agoniada.
Andam monstros sombrios pela estrada
E pela estrada, entre estes monstros, ando!

Não trago sobre a túnica fingida
As insígnias medonhas do infeliz
Como os falsos mendigos de Paris
Na atra rua de Santa Margarida.

O quadro de aflições que me consomem
O próprio Pedro Américo não pinta...
Para pintá-lo, era preciso a tinta
Feita de todos os tormentos do homem!

Como um ladrão sentado numa ponte
Espera alguém, armado de arcabuz,
Na ânsia incoercível de roubar a luz,
Estou à espera de que o Sol desponte!

Bati nas pedras dum tormento rude
E a minha mágoa de hoje é tão intensa
Que eu penso que a Alegria é uma doença
E a Tristeza é minha única saúde!

As minhas roupas, quero até rompê-las!
Quero, arrancado das prisões carnais,
Viver na luz dos astros imortais,
Abraçado com todas as estrelas!

A noite vai crescendo apavorante
E dentro do meu peito, no combate,
A Eternidade esmagadora bate
Numa dilatação exorbitante!

E eu luto contra a universal grandeza
Na mais terrível desesperação.
É a luta, é o prélio enorme, é a rebelião
Da criatura contra a natureza!

Para essas lutas uma vida é pouca
Inda mesmo que os músculos se esforcem;
Os pobres braços do mortal se torcem
E o sangue jorra, em coalhos, pela boca.

E muitas vezes a agonia é tanta
Que, rolando dos últimos degraus,
O Hércules treme e vai tombar no caos
De onde seu corpo nunca mais levanta!

É natural que esse Hércules esforça
E tombe para sempre nessas lutas,
Estrangulado pelas rodas brutas
Do mecanismo que tiver mais força.

Ah! Por todos os séculos vindouros
Há de travar-se essa batalha vã
Do dia de hoje contra o de amanhã,
Igual à luta dos cristãos e mouros!

Sobre histórias de amor o interrogar-me
É vão, é inútil, é improfícuo, em suma;
Não sou capaz de amar mulher alguma
Nem há mulher talvez capaz de amar-me.

O amor tem favos e tem caldos quentes
E ao mesmo tempo que faz bem, faz mal;
O coração do Poeta é um hospital
Onde morreram todos os doentes.

Hoje é amargo tudo quanto eu gosto;
A bênção matutina que recebo ...
E é tudo: o pão que como, a água que bebo,
O velho tamarindo a que me encosto!

Vou enterrar agora a harpa boêmia
Na atra e assombrosa solidão feroz
Onde não cheguem o eco duma voz
E o grito desvairado da blasfêmia!

Que dentro de minha alma americana
Não mais palpite o coração—esta arca
Este relógio trágico que marca
Todos os atos da tragédia humana! —

Seja esta minha queixa derradeira
Cantada sobre o túmulo de Orfeu;
Seja este, enfim, o último canto meu
Por esta grande noite brasileira!

Melancolia! Extende-me a tua asa!
És a árvore em que devo reclinar-me ...
Se algum dia o Prazer vier procurar-me
Dize a este monstro que eu fugi de casa!

[*Eu e outras poesias*, 15a ed., s.l., s.e., 1947, 177-180]

O LAMENTO DAS COUSAS

Triste, a escutar pancada por pancada,
A sucessividade dos segundos,
Ouço, em sons subterrâneos, do Orbe oriundos,
O choro da Energia abandonada!

É a dor da Força desaproveitada
—O cantochão dos dínamos profundos,
Que, podendo mover milhões de mundos,
Jazem ainda na estática do Nada!

É o soluço da forma ainda imprecisa...
Da transcendência que se não realiza...
Da luz que não chegou a ser lampejo...

E é em suma, o subconsciente aí formidando
Da Natureza que parou, chorando,
No rudimentarismo do Desejo!

[*Eu e outras poesias*, 15a ed., s.l., 1947, 203]

GUERRA

Guerra é esforço, é inquietude, é ânsia, é transporte...
É a dramatização sangrenta e dura
Da avidez com que o Espírito procura
Ser perfeito, ser máximo, ser forte!

É a Subconsciência que se transfigura
Em volção conflagradora... É a coorte
Das raças todas, que se entrega à morte
Para a felicidade da Criatura!

É a obsessão de ver sangue, é o instinto horrendo
De subir, na ordem cósmica, descendo
À irracionalidade primitiva...

É a Natureza que, no seu arcano,
Precisa de encharcar-se em sangue humano
Para mostrar aos homens que está viva!

[*Eu e outras poesias*, 15a ed., s.l., s.e., 1947, 220]

HINO À DOR

Dor, saúde dos seres que se fanam,
Riqueza da alma, psíquico tesouro,
Alegria das glândulas do choro
De onde todas as lágrimas emanam . . .

És suprema!   Os meus átomos se ufanam
De pertencer-te, oh!   Dor, ancoradouro
Dos desgraçados, sol do cérebro, ouro
De que as próprias desgraças se enganalam!

Sou teu amante!   Ardo em teu corpo abstrato.
Com os corpúsculos mágicos do tato
Prendo a orquestra de chamas que executas . . .

E, assim, sem convulsão que me alvoroce,
Minha maior ventura é estar de posse
De tuas claridades absolutas!

[*Eu e outras poesias*, 15a ed., s.l., s.e., 1947, 222]

À MESA

Cedo à sofreguidão do estômago. É a hora
De comer. Coisa hedionda!   Corro. E agora,
Antegozando a ensangüentada presa,
Rodeado pelas moscas repugnantes,
Para comer meus próprios semelhantes
    Eis-me sentado à mesa!

Como porções de carne morta . . . Ai!   Como
Os que, como eu, têm carne; com este assomo
Que a espécie humana em comer carne tem!   . . .
Como!   E pois que a Razão me não reprime,
Possa a Terra vingar-se do meu crime
    Comendo-me também.

[*Eu e outras poesias*, 15a ed., s.l., s.e., 1947, 243]

A OBSESSÃO DE SANGUE

Acordou, vendo sangue . . . Horrível!   O osso
Frontal em fogo . . . Ia talvez morrer,
Disse. Olhou-se no espelho. Era tão moço,
Ah!   certamente não podia ser!

Levantou-se. E, eis que viu, antes do almoço,
Na mão dos açougueiros, a escorrer
Fita rubra de sangue muito grosso,
A carne que ele havia de comer!

No inferno da visão alucinada,
Viu montanhas de sangue enchendo a estrada,
Viu vísceras vermelhas pelo chão . . .

E amou, com um berro bárbaro de gozo
O monocromatismo monstruoso
Daquela universal vermelhidão!

[*Eu e outras poesias*, 15a ed., s.l., 1947, 264]

References:

Albuquerque, Medeiros e, "O livro mais estupendo: O *Eu*," *Jornal do Comércio*, Rio, 30 set 1928.
Almeida, Horácio de, *Augusto dos Anjos: razões de sua angústia*, Rio, Gráfica Ouvidor, 1962.
Almeida, José Américo de, "Augusto dos Anjos no trigésimo dia do seu falecimento," *Almanaque do Estado da Paraíba para 1917*, Paraíba do Norte, Imprensa Oficial, 1917, 399-402.
Autores e Livros, Rio, 16 (30 nov 1941). Articles by João Alphonsus, Medeiros e Albuquerque, João Ribeiro, Antônio Torres, and others.
Bandeira, Manuel, *Apresentação*, 132-136.
_____, *Poesia e prosa*, Rio, 1958, II, 1084-1087.
Barbosa, Francisco de Assis, intro. to: *Eu*, Rio, São José, 1963, 9-24.
Carvalho, Álvaro de, *Augusto dos Anjos e outros ensaios*, João Pessoa, Departamento de Publicidade, 1946, 11-98.
_____, *Revelações de "Eu": ensaio de psicologia sobre Augusto dos Anjos*, Paraíba do Norte, Imprensa Oficial, 1920.
Castelo, José Aderaldo, "Apontamentos sobre a história do simbolismo no Brasil," *Revista da Universidade de São Paulo*, 1:1 (jan-mar 1950) 111-121.
Cunha, Fausto, *A luta literária*, Rio, Lidador, 1966, 79-87.
Damasceno, Darcy, in: Coutinho, *A literatura*, III (1), 388-390.
Faria, José Escobar, "A poesia científica de Augusto dos Anjos," *Revista do Livro*, 1:1-2 (jun 1956) 111-116.
Feitosa, Jáder Lessa, "Sobre Augusto dos Anjos e sua poesia," *Dom Casmurro*, 14 mar 1942.
Fernandes, Sebastião, *O Galarim: ensaios*, Rio, Pongetti, 1925, 33-50.
Freire, Gilberto, *Perfil*, 147-154.
Góes, *Panorama*, V, 62-87.
Grieco, *Evolução da poesia*, 3rd ed., 109-117.
Houaiss, Antônio, *Augusto dos Anjos: poesia*, Rio, Agir, 1960.

_____ , *Seis poetas e um problema*, Rio, MEC, 38-48.
Jobim, Jorge, "Três poetas," *Revista Americana*, 6:4 (jan 1917) 89-99.
Kopke, Carlos Búrlamáqui, *Fronteiras estranhas,* S. Paulo, Martins, 1946, 54-76.
Lima, Alceu Amoroso, *Primeiros estudos*, 189-195.
Linhares, Mário, *Gente nova*, Fortaleza, Eugênio Gadelha, 1920, 11-18.
Lins, Álvaro, *Jornal de crítica*, VI, 11-28.
Machado, Raul, *Dança de idéias*, Rio, A Noite, 1939, 11-32.
Martins, Júlio de Oliveira, *Introdução à poesia de Augusto dos Anjos*, São Paulo, Livraria Brasil, 1959.
Melo, A. L. Nobre de, *Augusto dos Anjos e as origens de sua arte poética*, Rio, José Olímpio, 1942.
Milano, Dante, "Releitura de *Eu*," *Autores e Livros*, 30 nov 1941.
Montenegro, Túlio Hostílio, 61-65.
Murici, *Panorama*, III, 230-245.
Nóbrega, Humberto, *Augusto dos Anjos e sua época*, João Pessoa, Universidade de Paraíba, 1962.
Nóbrega, José Flósculo da, "Elogio de Augusto dos Anjos," *Revista da Academia Paraibana de Letras*, 1:1 (1947) 121-146.
Oiticica, José, "Augusto dos Anjos," *Autores e Livros*, 30 nov 1941.
Pacheco, João, *O mundo que José Lins do Rego fingiu–Augusto dos Anjos*, Rio, São José, 1958.
Paes, José Paulo, *As quatro vidas de Augusto dos Anjos*, S. Paulo, 1957.
Proença, *Augusto dos Anjos*, 83-149.
_____ , *Estudos*, 359-372.
_____ , "Nota para um rimário de Augusto dos Anjos," *Revista do Livro*, 2:7 (set 57) 29-39.
Rego, José Lins do, *Gordos*, 141-144.
Ribeiro, João, "O poeta do *Eu*," *O Imparcial*, Rio, 22 mar 1920.
Ribeiro, João Felipe de Saboia, *Ensaio nosográfico de Augusto dos Anjos: tese apresentada à Faculdade de Medicina da Bahia*, Bahia, Papelaria Vera Cruz, 1926.
Santos Neto, *Perfis do norte*, Rio, Garnier, 1910, 105-130.
Silva, de Castro e, *Augusto dos Anjos, poeta da morte e da melancolia*, Curitiba, Guaíra, 1944.
Silveira, Tasso da, *A igreja silenciosa*, Rio, Anuário do Brasil, 1922, 137-145.
_____ , "Um soneto de Augusto dos Anjos," *Letras e Artes*, Rio, 4 mar 1951.
Soares, Orris, "Elogio de Augusto dos Anjos," preface to: *Eu e outras poesias*, Paraíba do Norte, Imprensa Oficial, 1919.
Sodré, Nelson Werneck, *História da literatura brasileira*, Rio, José Olímpio, 1940, 206-207.
Torres, Antônio, "O poeta da morte," preface to: *Eu e outras poesias*, Rio, Castilho, 1928.

José Albano
(1882-1923)

Modern Brazil's most bizarre poet in actions and dress was probably José d'Abreu Albano. Perhaps that was due to his many years of service in the offices of the Consul General of Brazil in London, the traditional home of notable eccentrics. At any rate, he was very much an individual and was always considered to be outlandish by his contemporaries.

The poet was born in Fortaleza, Ceará, on April 12, 1882. After study in the Seminário Episcopal in that city, he attended Jesuit schools in England and Austria, and studied under the Brothers of Christian Doctrine in Dreux, France. His knowledge of ancient and modern foreign languages was extensive. 1902 found him in Rio to study law, but he gave it up to teach Latin. Six years later he entered the diplomatic service and spent several years in Europe, Asia and Africa. He published his first book of poems, *Rimas,* in Barcelona in 1912. Two years later, mentally ill, he returned to his home city for rest and treatment. Albano spent the last years of his life, however, in Paris, where he lived in poverty and after his own strange fashion.

Critical Commentary:

For years José Albano's contemporaries, if they thought of him at all, thought of him as an eccentric, certainly not as a particularly significant poet. Although almost unknown even today by Brazilians at large, he is now recognized in cultured circles to be a consummate if not highly inspired artist.

Unhappy and disdainful of everything, the world the poet knew did not at all meet his expectations and he eschewed it. He became the extreme example of a Symbolist poet's flight from reality, for he went all the way, both as respects his strange social habits as well as his later mental derrangement. Albano's abhorrence of Brazil and things Brazilian is an outstanding characteristic of his singular personality. Besides an unusual gait and manner, he wore a heavy beard, a rectangular monocle and eye-catching clothes, thus rejecting out of hand the customs of his day and age. He found refuge and solace only in his cultural past, particularly in the language and esthetics of sixteenth century Portugal. His master was Camões, the sonneteer. Indeed, the later-day Camonian character of his compositions in that genre are strikingly authentic, as is the almost exclusively mystical reach of his themes. The same may also be said for his four English sonnets. Enamoured by his mother tongue, Albano studied, honed and polished it, the master linguistic craftsman that he was, to give it a purity of expression, a directness and simplicity of language, a clearness of imagery and a persistent archaic quality unique among his contemporaries.

Selected Reading and Other Texts:

"Vilancete," "Romance," "Esparsa II," "Coplas," "Cantigas," "Soneto VII," "Soneto VIII," "Soneto X," and from *Outros Sonetos*: "Soneto III," "Soneto VIII," "Soneto XI," "Soneto XIV," "Soneto XV."

Bandeira e Cavalheiro, 200-205; Góes, *Panorama*, V, 223-241; Lins e Holanda, II, 740-743.

Principal Works:

Rimas de José Albano: alegoria, Barcelona, 1912.
Rimas de José Albano: Canção a Camões e Ode à língua portuguesa, Barcelona, 1912.
Rimas de José Albano: redondilhas, Barcelona, 1912.
Antologia poética de José Albano, Fortaleza, 1918.
Comédia angélica de José Albano, Fortaleza, 1918.
Four sonnets by Joseph Albano with Portuguese prose-translation, Fortaleza, 1918.
Rimas de José Albano, Rio, 1948.
Poesia, Rio, 1958.

VILANCETE

Com lembranças de meu bem
Sozinho estive a chorar
Entre o sol-posto e o luar.

Vultas

Na hora mais triste que eu sei
Das horas que vêm e vão.
Saudosamente espalhei
Suspiros do coração;
Pois que me nascia, então,
Uma mágoa singular
Entre o sol-posto e o luar.

E eu dizia: "O sol morreu,
"Não me vê gemendo assim,
"A lua oculta no céu
"Não sente pena de mim.
"O dia teve o seu fim
"E a noite está por chegar
"Entre o sol-posto e o luar.

"Já chorei muito a sofrer
"Saudades longe de ti,
"Porém nunca em desprazer
"Senti o que sinto aqui! "
E destarte conheci
Quanto é mais triste—chorar
Entre o sol-posto e o luar.

[*Rimas de José Albano*, Rio, Pongetti, 1948, 21-22]

ROMANCE

À margem da correnteza
Sonorosa e cristalina,
Sem cuidado alegremente
A doce avena eu tangia.
E das campinas distantes
E das florestas vizinhas
Me respondiam as aves
E os ecos me respondiam.
Quando pelo verde prado
Graciosamente vinha
Da minha pequena aldeia
A mais formosa menina.

Eram de rosa os seus lábios,
As faces de neve fria,
Os cabelos noite escura
E os olhos luz matutina.
E por onde ela passava,
Namoravam as florinhas;
Beijavam-lhe os pés violetas,
Jasmins lhe à fronte caíam.
E, eu, todo maravilhado
Com a aparição divina,
Via o sorriso da boca
E o brando volver da vista.
E à margem da correnteza
Sonorosa e cristalina
Triste e magoadamente
Suspirava e assim dizia:
"Linda e amorosa pastora,
"Donzela amorosa e linda,
"Se há tão pouco aqui vieste,
"Por que já vais de partida?
"A tantos mimos e encantos
"Não há peito que resista,
"Um só dos ternos olhares
"Me prendeu por toda a vida.
"Um só dos sorrisos brandos
"Tornou minha alma cativa
"E agora um só de teus beijos
"Pode curar-me a ferida.
"Ai coitado! Indo-te embora,
"Mal sabes, doce inimiga,
"A ventura que me deixa,
"A saudade que me fica."

[*Rimas de José Albano*, Rio, Pongetti, 1948, 25-26]

CANTIGAS

I

Já quis tentar formas novas,
Foi mais ou menos em vão:
Hoje nestas velhas trovas
Falará meu coração.

II

Tudo que sinto e padeço
Posso descrever assim:
O prazer não tem começo
E a tristeza não tem fim.

III

Trago há muito no sentido,
De que vem maior cuidado?
Será dum bem já perdido
Ou dum bem nunca alcançado?

IV

Dá-me essa voz tão amena
Para cantar este enlevo,
Ave que me deste a pena
Com que os meus versos escrevo.

V

Tudo já me persuade
Que a ti me não hei de opor:
Longe matas de saudade
E perto matas de Amor.

VI

Anda a violeta chorosa
E a rosa alegre e faceta,
Só porque eu te chamei rosa
E não te chamei violeta.

VII

As estrelas no alto abrigo,
Mais alegre fico a vê-las
Todas as vezes que digo
Que os teus olhos são estrelas.

VIII

Das flores mais preciosas
O doce molho é composto:
Não trago jasmins nem rosas,
Porque já os tens no rosto.

IX

Quanto é forte o meu desejo
Nesta afeição insensata:
Morro, porque te não vejo
E sei que ver-te me mata.

X

A pensar me às vezes ponho
E não posso compreender
Porque sempre acaba o sonho,
Quando começa o prazer.

XI

Guardo penas inimigas
Nestas cantigas amenas
E quando canto as cantigas,
O coração sente as penas.

XII

Há no coração sombrio
Um eco brando e sonoro
Que adormece quando rio
E desperta quando choro.

XIII

Disto enfim já não duvido,
No mundo o maior cuidado
Vem do bem que foi perdido
Antes de ser alcançado.

XIV

Ó coração, quando choras,
Bate com arquejos lentos,
Marca o tempo, não por horas,
Mas sim por meus sofrimentos.

[*Rimas de José Albano*, Rio, Pongetti, 1948, 43-46]

SONETO VII

Não quero mais viver sem sofrimento,
Mas a chorar me entrego e me decido
E em toda parte seja conhecido
Quanto n'alma me dói o mal cruento.

Se é grande a mágoa, se o martírio é lento,
Se é longo e doloroso o meu gemido,
De todo transformado e convertido,
Só das mais duras penas me contento.

Aqui, Senhor, ao pé do lenho santo,
Ordena que a tristeza escura cresça,
Manda que aumente o saudoso pranto;

Que, embora a dor me seja estranha e avessa,
Se no Calvário padecias tanto,
Há mais razão para que eu mais padeça.

[*Rimas de José Albano*, Rio, Pongetti, 1948, 241]

SONETO X

Se amar é procurar a cousa amada
E unir duas vontades num desejo,
Se é ressentir um mal tão benfazejo
Que quanto mais tortura, mais agrada;

Se amar é sofrer tudo por um nada
E a um tempo achar que é pouco e que é sobejo,
Já claramente agora entendo e vejo
Que não há quem de amor me dissuada.

O doce inquietação e doce engano,
Doce padecimento e desatino
De que não me envergonho, antes me ufano!

Comigo quantas vezes imagino:
Se é tão doce na terra o amor humano,
Que não será no Céu o amor divino?!

[*Rimas de José Albano*, Rio, Pongetti, 1948, 244]

SONETO XIV

Amor que imaginei, mas nunca tive,
Tão doce enlevo e tão cruel tormento,
Por tua causa choro e me lamento,
Sem que às dores duríssimas me esquive.

Aquele antigo sonho ainda vive
Neste meu coração triste e sedento
E, posto que me seja sofrimento,
Imploro ao Céu que dele me não prive.

Bem, que a males perpétuos me condenas,
Sem a tua presença pura e mansa
As horas vão e vêm, mas não serenas.

De tanto padecer o peito cansa.
Mas entre mil torturas e mil penas
Ainda permanece uma esperança.

[*Rimas de José Albano*, Rio, Pongetti, 1948, 260]

References:

Bandeira, Manuel, *Poesia e Prosa*, Rio, 1958, II, 428-429.
_____, preface to: *Poesias*, Rio, Pongetti, 1948, 5-11.
Barreira, III, 89-150.
Bosi, 21-24.
Cunha, Tristão da, 231-234.
Falcão, Luís Aníbal, "José Albano: poeta louco," *Boletim de Ariel*, Rio, 2:2 (nov 1932) 33-34; also in: *Do meu alforge*, Rio, 1945, 9-15.
Grieco, Agripino, *São Francisco de Assis e a poesia cristã*, Rio, s.d., 231-240.
_____, *Evolução da poesia*, 87-89.
Júlio, *Terra*, 115-134.

Lima, Alceu Amoroso, "Letras e problemas universais—poesia redentora," *Diário de Notícias*, Rio, 12 dez 1948.
Lima, Herman, "Uma roda do meu tempo: José Albano," *Diário de Notícias*, Rio, 27 jan 1958.
Miranda, 185-193.
Montenegro, J. Braga, intro. to: *José Albano*, Rio, Agir, 1958, 5-22.
─────── , "José Albano," *Revista Nacional*, S. Paulo, 2:7 (jul 1923) 411-415.

Afonso Henriques de Lima Barreto
(1881-1922)

The eldest son of Augusto de Lima Barreto and Amélia Augusto Barreto, Afonso Henriques de Lima Barreto was born in the city of Rio de Janeiro on May 13, 1881. He received his early schooling in Rio de Janeiro and in Niterói, where his family moved when he was nine years old. At eleven he entered the Colégio Pedro II where his preparatory studies were financed by his godfather, the Visconde d'Ouro Preto. At the age of fourteen, Lima Barreto began to study in the Escola Politécnica in preparation for the basic course, which he began two years later. His father, who was by then head warehouseman of the Colônia de Alienados at Galeão on the Ilha do Governador, where the family lived, became demented himself in 1902 and young Lima Barreto was obliged to interrupt his studies and earn a living for the family, which he did by teaching. The following year he took two sets of civil service examinations and was named Third Officer in the Ministry of War. By that date he was already writing for the newspapers. During the late years of his life he spent some time as an intern in the Hospital de Alienados at Praia Vermelha to observe the life of the inmates more carefully. That was, he felt, essential research for his book *O cemitério dos vivos,* which he thought of as his best work but which he was never able to finish. His increasingly dissolute life, aggravated by dipsomania, undermined his health to such a degree that his retirement from the War Ministry was declared in 1918 by presidential decree. He died in Rio de Janeiro on November 1, 1922, and was buried in a cemetery in suburban Inhaúma.

Critical Commentary:

Lima Barreto was very active writing for the newspapers and discussing all the important questions that surfaced in his day. His short prose pieces, some short stories but mostly sketches, loom large in his production, and he is better at those genres than he is as a novelist. Just as Coelho Neto and Simões Lopes Neto were basically genre writers, the former representing the north and the latter the south of the country, so was Lima Barreto for the poorer residential sections of Rio de Janeiro. He proved to be a most acute observer and a keen commentator on everything that transpired during the period from 1890 to 1910. His perspective is close to the reality described. Typical of his Symbolist confrères as well was his unmistakable patriotism made manifest in the particular love he bore for his own suburban north zone.

His basic theme is the search for man's role in an incongruous, incomprehensible universe, drawing specific attention to the absurdity of the Brazilian society of his day, where everything seemed topsy-turvy. Despite the fact that he saw mediocrity enthroned and demanding respect, he considered the humble levels of society to be the authentic people, the real heroes, and he portrayed the drama and the heartache of their tragic need to compromise and thereby lose human dignity merely to survive in a nonsensical and unjust world. Lima Barreto preferred to depict those on the lower civil servant levels, many of whom were mulattoes like himself, in line with one of his constant sub-themes, racial prejudice.

The mood of his pieces is generally one of revolt: it is non-conformist, iconoclastic and even cruel and vengefully aggressive against the establishment and its low morality, insincerity, dishonesty, and falseness. But he offered no solution other than to accept life for what it is and to make the best of it. The literary devices he constantly relied on to give form to his militant stand are irony, satire and allegory.

Lima Barreto's usual tendency was to raise the small people to levels of importance while cutting down those whom society granted prestige. And that all in line with his attack on the absurdity of his Brazilian world, for he was aiming at social reform and sought to give justice and esteem to those whom he thought to be the heart and soul of his country.

The frequent use of allegory readily confirms the fact that many of his fictional characters were portrayed as caricatures representing specific segments of the population, and he often ascribed to them names of animals or scientific names of primitive man in order to make his sarcasm more telling. On the other hand, those few characters that are not caricatures are very true to life and the details of their personality are built up gradually and plausibly.

His works are episodic, even fragmented, with digressions which add up to a profound and complete picture of the urban scene of the day. The frequent use of a first person narrator enhances the level of reader involvement and over-all credibility, as does the technique of the narrator directly addressing the reader.

Lima Barreto's aim above all was to always be clearly understood, but he tends to be journalistic, lacks variety and polish, and his dialogs are prone to be weak and relatively drab.

Suggested Readings and Other Texts:

"Clara dos Anjos," *Hisórias e sonhos; Recordações do escrivão Isaías Caminha*; Barbosa, Francisco de Assis, *Lima Barreto: romance*, Rio Agir, 1960, 16-84; Cândido e Castelo, II, 330-338; Coutinho, *Antologia*, I, 248-256; Lins e Holanda, II, 731-736; Magalhães Júnior, *O conto*, 185-197; Moisés, *Textos*, 345-352; Scott-Buccleuch and Oliveira, 278-285.

Principal Works:

Recordações do escrivão Isaías Caminha (romance), 1909.
Aventuras do Dr. Bogoloff (narrativas humorísticas), fascículos I, II, 1912.
Triste fim de Policarpo Quaresma (romance), 1915.
Numa e a ninfa (romance), 1915.
Vida e morte de M. J. Gonzaga de Sá (romance), 1919.
Histórias e sonhos (contos), 1920.
Os Bruzundangas (sátira política), 1922.
Bagatelas (artigos de jornal), 1923.
Clara dos Anjos (romance), [1948].
O cemitério dos vivos (romance sem acabar).
Obras completas (17 vols.), 1956.

CLARA DOS ANJOS

O CARTEIRO Joaquim dos Anjos não era homem de serestas e serenatas, mas gostava de violão e modinhas. Ele mesmo tocava flauta, instrumento que já foi muito estimado, não sendo tanto atualmente como outrora. Acreditava-se até músico, pois compunha valsas, tangos e acompanhamentos para modinhas.

Aprendera a "artinha" musical na terra de seu nascimento, nos arredores de Diamantina, e a sabia de cor e salteado; mas não saíra daí.

Pouco ambicioso em música, ele o era também nas demais manifestações de sua vida. Empregado de um advogado famoso, sempre quisera obter um modesto emprego público que lhe desse direito à aposentadoria e ao montepio, para a mulher e a filha. Conseguira aquele de carteiro, havia quinze para vinte anos, com o qual estava muito contente, apesar de ser trabalhoso e ordenado ser exíguo.

Logo que foi nomeado, tratou de vender as terras que tinha no local de seu nascimento e adquirir aquela casita de subúrbio, por preço módico, mas, mesmo assim, o dinheiro não chegara e o resto pagou ele em prestações. Agora, e mesmo há vários anos, estava de plena posse dela. Era simples a casa. Tinha dois quartos, um que dava para a sala de visitas e outro, para a de jantar. Correspondendo a um terço da largura total da casa, havia, nos fundos, um puxadito que era a cozinha. Fora do corpo da casa, um barracão para banheiro, tanque, etc.; e o quintal era de superfície razoável, onde cresciam goiabeiras maltratadas e um grande tamarineiro copado.

A rua desenvolvia-se no plano e, quando chovia, enxarcava que nem um pântano; entretanto, era povoada e dela se descortinava um lindo panorama de montanhas que pareciam cercá-la de todos os lados, embora à grande distância. Tinha boas casas a rua. Havia até uma grande chácara de outros tempos com aquela casa característica de velhas chácaras de longa fachada, de teto acaçapado, forrado de azulejos até a metade do pé direito um tanto feia, é fato, sem garridice, mas casando-se perfeitamente com as anosas mangueiras, com as robustas jaqueiras e com todas aquelas grandes e velhas árvores que, talvez, os que as plantaram, não tivessem visto frutificar.

Por aqueles tempos, nessa chácara, se haviam estabelecido os "bíblias." Os seus cânticos, aos sábados, quase de hora em hora, enchiam a redondeza. O povo não os via com hostilidade, mesmo alguns humildes homens e pobres raparigas simpatizavam com eles, porque, justificavam, não eram como os padres que para tudo, querem dinheiro.

Chefiava os protestantes, um americano, Mr. Sharp, homem tenaz e cheio de uma eloqüência bíblica que devia ser magnífica em inglês; mas que no seu duvidoso português se fazia simplesmente pitoresca. Era Sharp daquela raça curiosa de *yankees* que, de quando em quando, à luz da interpretação de um ou mais versículos da Bíblia, fundam seitas cristãs, propagam-nas, encontram adeptos logo, os quais não sabem bem por que foram para a nova e qual a diferença que há entre esta e a de que vieram.

Fazia prosélitos e, quando se tratava de iniciar uma turma, os noviços dormiam em barracas de campanha, erguidas no eirado da chácara ou entre as suas velhas árvores maltratadas e desprezadas. As cerimônias preparatórias duravam uma semana, cheia de cânticos divinos; e a velha propriedade, com as suas barracas e salmodias, adquiria um aspecto esquisito de convento ao ar livre de mistura com certo ar de acampamento militar.

Da redondeza, poucos eram os adeptos ortodoxos; entretanto, muitos lá iam por mera curiosidade ou para deliciar-se com a oratória de Mr. Sharp.

Iam sem nenhuma repugnância, pois é próprio do nosso pequeno povo fazer uma extravagante amálgama de religiões e crenças de toda a sorte, e socorrer-se desta ou daquela, conforme os transes de sua existência. Se se trata de afastar atrasos de vida, apela para a feitiçaria; se se trata de curar uma moléstia tenaz e resistente, procura o espírita; mas não falem à nossa gente humilde em deixar de batizar o filho pelo sacerdote católico, porque não há quem não se zangue: "Meu filho ficar pagão! Deus me defenda! "

Joaquim não fazia exceção desta regra e sua mulher, a Engrácia, ainda menos.

Eram casados há vinte anos, mas só tinham uma filha, a Clara. O carteiro era pardo claro, mas com cabelo ruim, como se diz; a mulher, porém, apesar de mais escura, tinha o cabelo liso.

Na tez, a filha puxava o pai; e no cabelo, a mãe. Na estatura, ficara entre os dois. Joaquim era alto, bem alto, acima da média, ombros quadrados; a mãe não sendo muito baixa, não alcançava a média, possuindo uma fisionomia miúda, mas regular, o que não acontecia com o marido que tinha o nariz grosso, quase chato. A filha, a Clara, tinha ficado em tudo entre os dois;

média deles, era bem a filha de ambos. Habituada às musicatas do pai, crescera cheia de vapores das modinhas e enfumaçara a sua pequena alma de rapariga pobre com os dengues e a melancolia dos descantes e cantarolas.

Com dezessete anos, tanto o pai como a mãe tinham por ela grandes desvelos e cuidados. Mais depressa ia Engrácia à venda de "seu" Nascimento, buscar isto, ou aquilo, do que ela. Não que a venda de "seu" Nascimento fosse lugar de badernas; ao contrário: as pessoas que lá faziam "ponto" eram de todo o respeito. O Alípio, uma delas, era um tipo curioso de rapaz, que, conquanto pobre, não deixava de ser respeitador e bem comportado. Tinha um aspecto de galo de briga, entretanto estava longe de possuir a ferocidade repugnante desses galos malaios de apostas, não possuindo—é preciso saber—nenhuma.

Um outro que aparecia sempre lá, era um inglês, Mr. Persons, desenhista de uma grande oficina mecânica das imediações. Quando saía do trabalho, passava na venda, lá se sentava naqueles característicos tamboretes de abrir e fechar, e deixava-se ficar até ao anoitecer, bebericando ou lendo os jornais do Sr. Nascimento. Silencioso, quase taciturno, pouco conversava e implicava muito com quem o tratava por *Seu Mister*.

Havia lá também o filósofo Menezes, um velho hidrópico, que se tinha na conta de sábio, mas que não passava de um simples dentista clandestino e dizia tolices sobre todas as coisas. Era um velho branco, simpático com um todo de imperador romano, barbas alvas e abundantes.

Aparecia, às vezes, o J. Amarante, um poeta, verdadeiramente poeta, que tivera o seu momento de celebridade em todo o Brasil, se ainda não a tem; mas que, naquela época, devido ao álcool e a desgostos íntimos, era uma triste ruína de homem, apesar dos seus dez volumes de versos, dez sucessos, com os quais todos ganharam dinheiro menos ele. Amnésico, semi-imbecilizado, não seguia uma conversa com tino e falava desconexamente. O subúrbio não sabia bem quem ele era; chamava-o muito simplesmente—o poeta.

Um outro freqüentador da venda era o velho Valentim, um português dos seus sessenta anos e pouco, que tinha o corpo curvado para diante, devido ao hábito contrído no seu ofício de chacareiro que já devia exercer há mais de quarenta. Contava "casos" e anedotas de sua terra, pontilhando tudo de rifões portugueses do mais saboroso pitoresco.

Apesar de ser assim decente, Clara não ia à venda; mas o pai, em alguns domingos, permitia que fosse com as amigas ao cinema do Meier ou Engenho de Dentro, enquanto ele e alguns amigos ficavam em casa tocando violão, cantando modinhas e bebericando parati.

Pela manhã, logo nas primeiras horas, os companheiros apareciam, tomavam café iam em seguida para o quintal, para debaixo do tamarineiro, jogar a bisca, com o litro de cachaça ao lado; e aí sem dar uma vista de olhos sobre as montanhas circundantes, nuas e empedrouçadas, deixavam-se ficar até a hora do "ajantarado" que a mulher e a filha preparavam.

Só depois deste, é que as cantorias começavam.

Certo dia, um dos companheiros dominicais do Joaquim pediu-lhe licença para trazer, no dia do aniversário dele, que estava próximo, um rapaz de sua amizade, o Júlio Costa, que era um exímo cantor de modinhas. Acedeu. Veio o dia da festa e o famoso trovador apareceu. Branco, sardento, insignificante, de rosto e de corpo, não tinha as tais melenas denunciadoras, nem outro qualquer traço de capadócio. Vestia-se seriamente com um apuro muito suburbano, sob a tesoura de alfaiate de quarta ordem. A única pelintragem adequada ao seu mister que apresentava, consistia em trazer o cabelo repartido no alto da cabeça, dividido muito exatamente pelo meio. Acompanhava-o o violão. A sua entrada foi um sucesso.

Todas as moças das mais diferentes cores que, aí, a pobreza harmonizava e esbatia, logo o admiraram. Nem César Bórgia, entrando mascarado, num baile à fantasia dado por seu pai, no Vaticano, causaria tanta emoção.

Afirmavam umas para as outras:

—É ele! É ele, sim!

Os rapazes, porém, não ficaram muito contentes com isto; e, entre eles, puseram-se a contar histórias escabrosas da vida galante do cantor de modinhas.

Apresentado aos donos da casa e à filha, ninguém notou o olhar guloso que deitou para os seios empinados de Clara.

O baile começou com a música de um "terno" de flauta, cavaquinho e violão. A polca era a dança preferida e quase todos a dançavam com requebros próprios de samba.

Num intervalo, Joaquim convidou:

—Por que não canta, "seu" Júlio?

—Estou sem voz—respondeu ele.

Até ali, ele tinha tomado parte no "terno'." e, repinicando as cordas, não deixava de devorar com os olhos os bamboleios de quadris de Clarinha, quando dançava. Vendo que seu pai convidara o rapaz, animou-se a fazê-lo também:

—Por que não canta, "seu" Júlio? Dizem que o senhor canta *tão bem*...

Esse—tão bem—foi alongado maciamente. O cantador acudiu logo:

—Qual, minha senhora! São bondades dos camaradas...

Consertou a "pastinha" com as duas mãos, enquanto Clara dizia:

—Cante! Vá!

—Já que a senhora manda—disse ele—vou cantar.

Com todo o dengue, agarrou o violão, fez estalar as cordas e anunciou:

—*Amor e sonho.*

E começou com uma voz muito alta, quase berrando, a modinha, para depois arrastá-la num tom mais baixo, cheio de mágoa e langor sibilando os *ss*, carregando os *rr*, das metáforas horrendas de que estava cheia a cantoria. A coisa, era, porém, sincera; e mesmo as comparações estrambóticas levantavam nos singelos cérebros das ouvintes largas perspectivas de sonhos, erguiam desejos, despertavam anseios e visões douradas. Acabou. Os aplausos foram entusiásticos e só Clarinha não aplaudiu, porque, tendo sonhado durante toda a modinha, ficara ainda embevecida quando ela acabou...

Dias depois, vindo à janela por acaso—era de tarde—sem grande supresa, como se já o esperasse, Clara recebeu o cumprimento do cantor magoado. Não

pôs malícia na coisa, tanto assim que disse cândidamente à mãe:
—Mamãe, sabe quem passou aí?
—Quem?
—"Seu Júlio."
—Que Júlio?
—Aquele que cantou nos "anos" de papai.

A vida da casa, após a festança de aniversário do Joaquim, continuou a ser a mesma. Nos domingos, aquelas partidas de bisca com o Eleutério, servente da Biblioteca, e com o Augusto, guarda municipal, acompanhadas de copitos de cachaça, e o violão, à tarde. Não tardou que se viesse agregar um novo comensal: era o Júlio Costa, o famoso modinheiro suburbano, amigo íntimo do Augusto e seu professor de trovas.

Júlio quase nunca jantava, pois tinha sempre convites em todos os quatro pontos cardeais daquelas paragens. Tomava parte nas partidas de bisca, de parceirada, e pouco bebia. Apesar de não demorar-se pela tarde adentro, pôde ir cercando a rapariga, a Clara, cujos seios empinados, volumosos e redondos fascinavam-lhe extraordinariamente e excitavam a sua gula carnal insaciável. Em começo foram só olhares que a moça, com os seus úmidos olhos negros, grandes, quase cobrindo toda a esclerótica, correspondia a furto, e com medo; depois, foram pequenas frases, galanteios, trocados às escondidas, para, afinal, vir a fatídica carta.

Ela a recebeu, meteu-a no seio e, ao deitar-se, leu-a, sob a luz da vela, medrosa e palpitante. A carta era a coisa mais fantástica, no que diz respeito à ortografia e à sintaxe, que se pode imaginar; tinha, porém, uma virtude: não era copiado do *Secretário dos Amantes*, era original. Contudo, a missiva fez estremecer toda a natureza virgem de Clara, que, com a sua leitura, sentiu haver nela surgido alguma coisa de novo, de estranho, até ali nunca sentida. Dormiu mal. Não sabia bem o que fazer: se responder, se devolver. Viu o olhar severo do pai; as recriminações da mãe. Ela, porém, precisava casar-se. Não havia de ser toda a vida assim como um cão sem dono... Os pais viriam a morrer e ela não podia ficar pelo mundo desamparada... Uma dúvida lhe veio: ele era branco; ela, mulata... Mas que tinha isso? Tinham-se visto tantos casos... Lembrou-se de alguns... Por que não havia de ser? Ele falava com tanta paixão... Ofegava, suspirava, chorava, e os seus seios duros estouravam de virgindade e de ansiedade de amar... Responderia; e assim fez, no dia seguinte. As visitas de Costa tornaram-se mais demoradas e as cartas mais constantes. A mãe desconfiou e perguntou à filha:
—Você está namorando "seu" Júlio, Clarinha?
—Eu, mamãe! Nem penso nisso...
—Está, sim! Então não vejo?

A menina pôs-se a chorar; a mãe não falou mais nisso; e Clara logo que pôde, mandou pelo Aristides, um molecote da vizinhança, uma carta ao modinheiro, relatando o fato.

Júlio morava na estação próxima e a situação de sua família era bem superior à da sua namorada. O seu pai tinha um emprego regular na Prefeitura e era, em tudo, diferente do filho. Sizudo, grave, sério, ia até a imponência grotesca do bom funcionário; e não seria capaz de admitir que a namorada do filho dançasse na sua sala. Sua mulher não tinha o ar solene do marido, era, porém, relaxada de modos e hábitos. Comia com a mão, andava descalça, catava intrigas e "novidades" da vizinhança; mas tinha, apesar disso, uma pretenção intima de ser grande coisa, de uma grande família.

Além do Júlio, tinha três filhas, uma das quais já era adjunta municipal; e, das outras duas, uma estava na Escola Normal e a mais moça cursava o Instituto de Música.

Tiravam muito ao pai, no gênio sobranceiro, no orgulho fofo da família; e tinham ambição de casamentos doutorais. Mercedes, Adelaide, e Maria Eugênia, eram esses os seus nomes, não suportariam de nenhuma forma Clara, como cunhada, embora desprezassem sobernamente o irmão pelos seus maus costumes, pelo seu violão, pelos seus plebeus galos de briga e pela sua ignorância crassa.

Pequenas burguesas, sem nenhuma fortuna, mas, devido à situação do pai, e o terem freqüentado escolas de certa importância, elas não admitiriam para Clara, senão um destino: o de criada de servir.

Entretanto, Clara era doce e meiga; inocente e boa, podia-se dizer que era muito superior ao irmão delas pelo sentimento, ficando talvez acima dele, pela instrução, conquanto fosse rudimentar, como não podia deixar de ser, dada a sua condição de rapariga pobríssima. Júlio era quase analfabeto e não tinha poder de atenção suficiente, para ler o entrecho de uma fita de cinematógrafo. Muito estúpido, a sua vida mental se cifrava na composição de modinhas deslambidas, recheadas das mais estranhas imagens que a sua imaginação erótica, sufocada pelas conveniências, criava, tendo sempre perante seus olhos o ato sexual.

Mais de uma vez, ele se vira a braços com a polícia por causa de defloramentos e seduções de menores.

O pai, desde a segunda, recusara intervir; mas a mãe, D. Inês, a custo de rogos, de choro, de apelo—para a pureza de sangue da família—conseguira que o marido, o Capitão Bandeira, procurasse, influenciar, a fim de evitar que o filho casasse com uma negrinha de dezesseis anos, a quem o Júlio *tinha feito mal.*

Apesar de não ser totalmente má, os seus preconceitos junto à estreiteza da sua inteligência, não permitiram ao seu coração que agasalhasse ou protegesse o seu infeliz neto. Sem nenhum remorso, deixou-o por aí à toa, pelo mundo...

O pai desgostoso com o filho, largara-o de mão; e quase não se viam. Júlio vivia no porão da casa ou nos fundos da chácara onde tinha gaiolas de galos de briga, o bicho mais hediondo, mais repugnantemente feroz que é dado a olhos humanos ver. Era a sua indústria e o seu comércio, esse negócio de galos e as suas brigas em rinhadeiros. Barganhava-os, vendia-os, chocava as galinhas, apostava nas rinhas; e com o resultado disso e com alguns cobres que a mãe lhe dava, vivia e obtinha dinheiro para vestir-se. Era o tipo completo do vagabundo doméstico, como há mulheres nos subúrbios e em outros bairros do Rio de Janeiro.

A mãe, sempre temendo que se repetissem os seus ajustes de contas com a polícia, esforçava-se sempre por estar ao corrente dos amores. Veio a saber do seu último com Clara, e repreendeu-o nos termos mais desabridos. Ouviu-a o filho repeitosamente, sem dizer uma palavra; mas, julgou de boa política relatar, a seu modo, por carta, tudo à namorada. Assim escreveu:

"*Queridinha confeço-te que ontem quando recebi a tua carta minha mãe viu e fiquei tão louco que confecei tudo a mamãe que lhe amava muito e fazia por você as maiores violências, ficaram todos contra mim é a razão por que previno-te que não ligues ao que lhe disserem, por isso peço-te que preze bem o meu sofrimento.*

Pense bem e veja se estás resolvida a fazer o que lhe pedi na última cartinha.

Saudades e mais saudades deste infeliz que tanto lhe adora e não é correspondido. O teu Júlio."

Clara já estava habituada com a redação e ortografia do seu namorado, mas apesar de escrever muito melhor, a sua instrução era insuficiente para desprezar um galanteador tão analfabeto. Ainda por cima, a sua fascinação pelo modinheiro e a sua obsessão pelo casamento, lhe tiravam, toda a capacidade crítica que pudesse ter. A carta produziu o efeito esperado por Júlio. Choro, palpitações, anseios vagos, esperanças nevoentas, vislumbres de céus desconhecidos e encantados—tudo isso aquela carta lhe trouxe, além do halo de dedicação e amor por ela, com que Clara fez resplandecer, na imaginação, as pastinhas do violeiro. Daí a dias, fez o prometido, isto é, deixou a janela do quarto aberta para que ele entrasse no aposento. Repetiu a façanha quase todas as noites seguintes, sem que ele se demorasse muito no quarto.

Nos domingos, aparecia, cantava e semelhava que entre ambos não havia nada. Um belo dia, Clara sentiu alguma coisa de estranho no ventre. Comunicou ao namorado. Qual! não era nada, disse ele. Era, sim; era o filho. Ela chorou, ele acalmou-a, prometendo casamento. O ventre crescia, crescia...

O cantador de modinhas foi fugindo, deixou de aparecer a miúdo; e Clara chorava. Ainda não lhe tinham percebido a gravidez. A mãe, porém, com auxílio de certas intimidades próprias de mãe para filha, desconfiou e pô-la em confissão. Clara não pôde esconder, disse tudo; e aquelas duas humildes mulheres choraram abraçadas diante do irremediável... A filha teve uma idéia:

—Mamãe, antes da senhora dizer a papai, deixa-me ir até a casa dele, para falar com a sua mãe?

A velha meditou e aceitou o alvitre:

—Vai!

Clara vestiu-se rapidamente e foi. Recebida com altaneria por uma das filhas, disse que queria falar à mãe de Júlio. Recebeu-a esta rispidamente; mas a rapariga, com toda a coragem e com sangue frio difícil de crer, confessou-lhe tudo, o seu erro e a sua desdita.

—Mas o que é que você quer que eu faça?

—Que ele se case comigo—fez Clara num só hausto.
—Ora, esta! Você não se enxerga! Você não vê mesmo que meu filho não é para se casar com gente da laia de você! Ele não amarrou você, ele não amordaçou você... Vá-se embora, rapariga! Ora já se viu! Vá!
Clara saiu sem dizer nada, reprimindo as lágrimas, para que no rua não lhe descobrissem a vergonha. Então, ela? Então ela não se podia casar com aquele calaceiro, sem nenhum título, sem nenhuma qualidade superior? Por quê?
Viu bem a sua condição na sociedade, o seu estado de inferioridade permanente, sem poder aspirar à coisa mais simples que todas as moças aspiram. Para que seriam aqueles cuidados todos de seus pais? Foram inúteis e contraproducentes, pois evitaram que ela conhecesse bem justamente a sua condição e os limites das suas aspirações sentimentais... Voltou para casa depressa. Chegou; o pai ainda não viera.
Foi ao encontro da mãe. Não lhe disse nada; abraçou-a, chorando. A mãe também chorou e, quando Clara parou de falar, entre soluços, disse:
—Mamãe, eu não sou nada nesta vida.

[*Histórias e sonhos,* Rio, Mérito, 1948, 219-231.]

References:

Albuquerque, Medeiros e, "*Isaías Caminha,*" *A Notícia*, Rio, 15 dez 1919.
_____, "*O triste fim de Policarpo Quaresma,*" *A Noite*, Rio, 30 set 1916.
Ataíde, Autregésilo de, "*Histórias e sonhos,*" *Tribuna*, Rio, 18 jan 1921.
Autores e Livros, 4:13 (18 abr 1943); 4:17 (23 maio 1943).
Barbosa, Francisco de Assis, intro. to: *Recordações do escrivão Isaías Caminha*, 4th ed., Rio, Mérito, 1949, 9-17.
_____, "Lima Barreto: precursor do romance social," *Revista do Livro*, 2:8 (dez 1957) 123-131.
_____, *Lima Barreto: romance*, Rio, Agir, 1960.
_____, *A vida de Lima Barreto: 1881-1921*, Rio, José Olímpio, 1952.
Belo, *Imagens*, 57-60.
_____, *À margem dos livros*, Rio, Anuário do Brasil, 1923, 154-156.
Brandão, 127-156.
Grieco, *Evolução da prosa*, 102-104.
_____, *Gente nova*, 441-447.
_____, *Vivos e mortos*, 82-89.
Herron, Robert, "Lima Barreto's Isaías Caminha as a psychological novel," *Luso-Brazilian Review*, 8:2 (Dec 1971) 26-38.
Holanda, Sérgio Buarque de, "Em torno de Lima Barreto," *Diário de Notícias*, Rio, 23 e 30 jan 1949.
Houaiss, Antônio, preface to: *Vida urbana*, S. Paulo, Brasiliense, 1956, 9-41.
Kopke, Carlos Burlamaqui, "Lima Burreto," *Diário de São Paulo*, 26 jun 1949.

Lima, Manuel de Oliveira, "*O triste fim de Policarpo Quaresma*," *O Estado de São Paulo*, S. Paulo, 13 nov 1916.
Luz, 143-148.
Martins, Wilson, "Lima Barreto ou o falso boêmio," *Província de São Pedro*, P. Alegre, 20 (1955) 18-20.
Menezes, Djacir, 301-305.
Dimmick, Ralph E., "Social satire in the work of Lima Barreto," *Proceedings of the International Colloquium on Luso-Brazilian Studies*, Washington, D.C., 1950, 155-156.
Ferreira, Luís Pinto, *Tobias Barreto e a nova escola do Recife*, 2nd ed., Rio, Konfino, [1958].
Freitas, José Bezerra de, 286-293.
Freitas, Newton de, 19-36.
Galvão, Jesus Belo, *Subconsciência e afetivadade na língua portuguesa*, Rio, 1954.
Giffoni, 114-125.
Gicovate, Moisés, *A vida atormentada de Lima Barreto*, S. Paulo, 1952.
Godoy, Odoardo de, "O triste fim de Lima Barreto," *Boletím do Ariel*, 2:2 (nov 1932), 30.
Gomes, Eugênio, *Aspectos*, 155-173.
_____, "Lima Barreto," in: Coutinho, *A literatura*, II, 123-132.
Montenegro, Olívio, 143-158.
Murici, *O suave convívio*, 96-99.
Oiticica, José, "Lima Barreto: *O triste fim de Policarpo Quaresma*," *A Rua*, Rio, 25 maio 1916.
Pereira, Astrojildo, 49-144.
_____, preface to: *Bagatelas*, S. Paulo, Brasiliense, 1956, 9-29.
_____, "Romancistas da cidade: Macedo, Manuel Antônio e Lima Barreto," in: Holanda, *O romance*, 61-73.
Pereira, Lúcia Miguel, intro. to: *Clara dos Anjos*, Rio, Mérito, 1948, 13-21.
_____, preface to: *Histórias e Sonhos*, S. Paulo, Brasiliense, 1956, 9-16.
_____, *Prosa de ficção*, 284-313.
Pimentel, Osmar, 121-128.
_____, preface to: *Os Bruzundangas*, S. Paulo, Brasiliense, 1956, 9-16.
Prado Júnior, Caio, "Lima Barreto sentiu o Brasil," *Leitura* 9 (ago 1943) 13.
Proença, M. Cavalcanti, *Augusto dos Anjos*, 37-82.
_____, *Estudos*, 278-310.
_____, preface to: *Impressões de leitura*, S. Paulo, Brasiliense, 1956, 9-15.
Rabelo, Sílvio, "Lima Barreto." *Revista do Brasil*, 1a. fase, VIII (abr 1923) 328-332.
Ribeiro, João, "Gonzaga de Sá," *O Imparcial*, Rio, 21 abr 1919.
_____, "Os romances," *O Imparcial*, Rio, 7 maio 1917.
Rónai, Paulo, intro. to *Vida e morte de Gonzaga de Sá*, 2nd ed., Rio, Mérito, 1949, 9-16.

Rosenfeld, Anatol H., *Das Romantwerk Lima Barretos*, Staden-Jahrbuch, Beiträge zur Brasilkunde, Instituto Hans Staden, S. Paulo, no. 6, 1958, 133-146.
Sampaio, Castelar, "Voz de bronze," *Revista do Brasil*, 1a. fase, 111 (mar 1925) 275-277.
Santos, Antônio Noronha, "Lima Barreto: a legenda," *Diário da Manhã*, Niterói, 1 maio 1943.
_____, "Lima Barreto: o anedotário," *Diário da Manhã*, Niterói, 9 out 1942.
_____, preface to: Vol. XVI, Brasiliense ed., S. Paulo, 1956, 9-44.
Sayers, Raymond S., "The Negros as a theme in the novels of Lima Barreto," *Proceedings of the International Colloquium on Luso-Brazilian Studies*, Washington, D.C., 1950, 165-166.
Serpa, Focion, *Lima Barreto*, Rio, Sauer, 1943.
_____, "Lima Barreto," *Publicações da Academia Carioca de Letras*, 1:2 (1935) 27-53.
_____, "Lima Barreto: romancista carioca," in: Federação das Academias de Letras, *Conferências*, IV, 167-215.
Sodré, *História*, 212-214.
Vieira, José, "O Lima Barreto que eu conheci," *Revista do Brasil*, 3a fase, 6:56 (dez 1943) 43-47.
Vítor, *Cartas*, 146-158.

Monteiro Lobato
(1882-1948)

The greatest awakener of the Brazilian public to its responsibilities as citizens of a great new land and one of the prime advocates of modernization of all aspects of Brazilian life was José Bento Monteiro Lobato, born in Taubaté, São Paulo, on April 18, 1882. Following basic studies in his home town, he did preparatory work in the Instituto de Ciências e Letras in the state capital and there also studied law. He was a practicing lawyer and for some time prosecuting attorney in Areias, but he later returned to the interior of the state to become a farmer in the Serra da Mantiquiera. A chance letter to the editor of the O Estado de São Paulo launched him on a literary career that induced him to sell his farm and move to São Paulo. There he became an important force in magazine and book publishing circles. In addition to managing the *Revista do Brasil*, which he had bought, he founded and managed the Monteiro Lobato & Cia. Despite the failure of this financial venture, Lobato is considered by many to have been the true founder of the book industry in Brazil. Many of the Modernists were published by him, even though he was quite set against the movement. In the United States in 1927 as Brazilian commercial attaché, Lobato became enthused with the exercise of democratic liberties here, as well as with the role of the iron and petroleum industries in the growth of this country, and after his return in 1932 campaigned vigorously for the development of those national resources and the involvement of the citizenry in the governmental process—and he was temporarily jailed for his pains! Lobato was elected to the Brazilian Academy of Letters but he refused to accept the nomination. He did accept membership, however, in the Paulista Academy of Letters (Chair 29). In 1945, he went to Argentina to direct the translation and publication of his works in Spanish. He died in São Paulo on July 4, 1948.

Critical Commentary:

If among Brazilian men of letters Monteiro Lobato is not, indeed, his country's greatest idealist, patriot, reformer and innovator, at least he must stand high on that list. He came to public attention by accident in 1914 when he wrote a letter to *O Estado de São Paulo*. He had done so in disgust at the stupidity of the "slash and burn" techniques and annual burning of stubble then being employed in Brazilian agriculture. He was himself a *fazendeiro* and realized what a crime it was to use such soil depleting methods in the treatment of the land, a prime national resource. The newspaper gave his letter special attention and "Velha praga" was so popularly received that he was asked to contribute more. He did, and his editorializing and attitudinizing quickly turned him to the short story. Beginning in 1916, many of his stories appeared in the then recently founded *Revista do Brasil*. Two years later he gathered a number of them in his first book, *Urupês;* Oswald de Andrade calls it, ideologically quite correctly, the zero point in the Modernist Movement in Brazil. Despite the many innovations in language and style that appear in Lobato's prose that later will be taken up by the Modernists (subsequently as a publisher he launched many on their literary careers), Lobato did not join the Modernist Movement. He continued on the Symbolist course, motivated by his high ideals and a growing concern for the future of his country.

Lobato was a true patriot. He wanted a Brazil confident of its own capacity and of its own future, a Brazil with its own art, architecture, language and literature, in short—a Brazil developed by the Brazilians themselves. One senses in his works a thousand covert oaths and recriminations; there is everywhere the demand for an honest Brazil, sincere in all things, itself always, a Brazil of which all Brazilians might be proud. His writing, indeed, his whole life, was an endless fight in behalf of the weak and for a better Brazil, both materially and morally, for he was also against special privilege. Of course, Lobato's attitude was that of a reformer and was founded on a moral posture. But he did not stop at preachments and at pointing out the ills of the society of his time; he carried his idealism into the realm of action. He founded the book industry in Brazil, and revolutionized the book trade. In addition, children's literature owes him its auspicious start as well. In his short stories, a genre in which he proved to be one of Brazil's masters, he was the creator of a caricature of a national type, the uneducated, disease ridden, exploited *caboclo* of the interior, immortalized as "Jeca Tatu," a pessimistic contrast to the idealized conception first generated by the Romantics and continued by the First Generation Symbolists of the man from the interior.

Lobato was also against the pompous, rhetorical prose of some of the First Generation Symbolists. He aimed for clarity of language and simplicity of style, demanding that literature be so written that the reader would remember and be capable of retelling the story. He also required that the writer have something worthwhile to say, even though he asserted that a short story could be generated from the slightest of human events. His style is easy, unpretentious, somewhat loose, a little curt, and the linkage is brusque and often careless; although it is frequently characterized by cruel irony, it can also be extremely humorous. His language, forthright, natural and realistic, receives inspiration from the rich and colorful speech of the interior of São Paulo state. Nevertheless, it is a literary language and even has a clear classical ring.

Lobato's work may be divided into three main periods. First came the short story. Following his brief sojourn in the United States, his primary interest turned to the task of awakening his nation to the importance of developing its petroleum and steel potential and of strengthening its democratic institutions. The political situation, however, made it increasingly difficult to continue this campaign and he left the essay to devote himself to children's literature, the genre he came to love most. He often repeated that he wished that all of his intellectual labors had been dedicated to it, for he was convinced that only through the education of the youngsters would the country find its salvation. Even today *Lúcia, ou a menina de narizinho arrebitado,* 1921, is among the most popular of Brazil's children's stories.

Suggested Reading and Other Texts:

"A colcha de retalhos," "O jardineiro Timóteo," O comprador de fazendas," and other selections from *Urupês* and *Cidades mortas;* Anonymous, *Contos regionais brasileiros,* Salvador, 1951, 19-30; Cândido e Castelo, II, 348-356; Coutinho, *Antologia,* I, 257-268; III, 250-252; Lins e Holanda, II, 744-752; Moisés, *Textos,* 352-356; Scott-Buccleuch and Oliveira, 286-300.

Principal Works:

Problema vital (artigos), S. Paulo, 1918.
Urupês (contos), S. Paulo, 1918.
Cidades mortas (contos), S. Paulo, 1919.
Idéias de Jeca Tatu, S. Paulo, 1919.
Negrinha (contos), S. Paulo, 1920.
Lúcia, ou a menina de narizinho arrebitado (para criança), S. Paulo, 1921.
A onda verde (jornalismo), S. Paulo, 1921.
O Saci (para criança), S. Paulo, 1921.
Fábulas, S. Paulo, 1922.
O Marquês de Rabicó, S. Paulo, 1922.
O macaco que se fez homem (contos), S. Paulo, 1923.
Mundo da lua (contos), S. Paulo, 1923.
A caçada da onça, S. Paulo, 1924.
O choque das raças, ou o presidente negro (romance), S. Paulo, 1926. (*O presidente negro,* S. Paulo, 1945)
Mr. Slang e o Brasil (colóquios com o inglês da Tijuca), S. Paulo, 1927.
América (os Estados Unidos de 1929), S. Paulo, 1931.
O ferro (estudo político-econômico), S. Paulo, 1931.
Novas reinações de Narizinho (para criança), S. Paulo, 1932.
Viagem ao céu, S. Paulo, 1932.
As caçadas do Pedrinho (para criança), S. Paulo, 1933.
História do mundo para as crianças (para criança), S. Paulo, 1933.

Na antevéspera, S. Paulo, 1933.
Emília no país da gramática (para criança), S. Paulo, 1934.
Aritmética da Emília (para criança), S. Paulo, 1935.
Contos leves, S. Paulo, 1935.
Contos pesados, S. Paulo, 1935.
Geografia de Dona Benta (para criança), S. Paulo, 1935.
O escândalo do petróleo (depoimentos apresentados à Comissão de Inquerito sobre o petróleo), S. Paulo, 1936.
Memórias de Emília (para criança), S. Paulo, 1936.
Histórias da tia Nastácia (para criança), S. Paulo, 1937.
O poço do visconde (para criança), S. Paulo, 1937.
Serões de Dona Benta (para criança), S. Paulo, 1937.
O minotauro (para criança), S. Paulo, 1939.
O picapau amarelo (para criança), S. Paulo, 1939.
A chave do tamanho (para criança), S. Paulo, 1942.
Urupês, outros contos e coisas, S. Paulo, 1943.
Os doze trabalhos de Hércules, S. Paulo, 1944.
A barca de Gleyre. Quarenta anos de correspondência entre Monteiro e Godofredo Rangel, S. Paulo, 2 vols., 1944-1946.
Prefácios e entrevistas, S. Paulo, 1946.
Urupês. Contos. Notas biográficas e críticas (org. por Artur Neves), S. Paulo, 1946.
Obras completas, S. Paulo, 30 vols.: ser. 1, *Literatura geral,* 13 vols., 1946; ser. 2, *Literatura infantil,* 17 vols., 1947.

Translations:

Brazilian Short Stories, Girard, Kansas, 1925.
Las doce hazañas de Hércules, Buenos Aires, 1946.
El macaco que se hizo hombre, tr. por Banjamín de Garay, Buenos Aires, s.d.
El presidente negro, tr. por Benjamín de Garay, Buenos Aires, s.d.

A COLCHA DE RETALHOS

—Upa!
Cavalgo e parto
Por estes dias de março a natureza acorda tarde. Passa as manhãs embrulhada num roupão neblina e é com espreguiçamentos de mulher vadia que despe os véus da cerração para o banho de sol.

A névoa esmaia o relevo da paisagem, desbota-lhe as cores. Tudo parece coado através dum cristal despolido.

Vejo a orla de capins tufada como debrum pelo fio dos barrancos; vejo o roxo-terra da estrada esmaecer logo adiante; e nada mais vejo senão, a espaços, o vulto gotejante dalguns angiqueiros marginais.

Agora, uma porteira.

Ali, a encruzilhada do Labrego.

Tomo à destra, em direitura ao sítio do José Alvorada. Este barba rala mora-me a jeito de empreitar um roçado no capoeirão do Bilu, nata de terra que pelas bocas do caeté legítimo,[1] de unha-de-vaca[2] e da caquera[3] está a pedir foice e covas de milho.

Não é difícil a puxada: com cinqüenta braças de carreador boto a roça no caminho.

Três alqueires, só no bom. Talvez quatro. A noventa por um—nove vezes quatro trinta e seis; trezentos e sessenta alqueires de oito mãos. Descontadas as bandeiras[4] que o porco estraga e o que comem a paca e o rato ...

Será a filha do Alvorada?

—Bom dia, menina! O pai está em casa?

É a filha única. Pelo jeito não vai além de quatorze anos. Que frescura! Lembra os pés d'avenca viçados nas grotas noruegas. Mas arredia e itê[5] como a fruta do gravatá. Olhem como se acanhou! D'olhos baixos, finge arrumar a rodilha[6]. Veio pegar água a este cor'go e é milagre não se haver esgueirado por detrás daquela moita de taquaris, ao ver-me.

—O pai está lá? insisti.

Respondeu um "está" enleado, sem erguer os olhos da rodilha.

Como a vida no mato asselvaja estas veadinhas! Note-se que os Alvoradas não são caipiras. Quando **comprou** a situação dos Periquitos, o velho vinha da cidade; Lembro-me até que entrava em sua casa um jornal.

Mas a vida lhes correu áspera na luta contra as terras ensapezadas e secas, que encurtam a renda por mais que dê de si o homem. Foram rareando as idas à cidade e ao cabo de todo se suprimiram. Depois que lhe nasceu a menina, rebento floral em anos outoniços, e que a geada queimou o café novo—uma tamina,[7] três mil pés—o velho, amuado, nunca mais espichou o nariz fora do sítio.

Se o marido deu assim em urumbeva, a mulher, essa enraizou de peão para o resto da vida. Costumava dizer: mulher na roça vai à vila três vezes—uma a batizar, outra a casar, **terceira a enterrar.**

Com tais casmurrices na cabeça dos velhos, era natural que a pobrezinha da Pingo d'Agua (tinha esse apelido a Maria das Dores) se tolhesse na desenvoltura ao extremo de ganhar medo às gentes. Fora uma vez à vila com vinte dias, a batizar. E já lá ia nos quatorze anos sem nunca mais ter-se arredado dali.

Ler? Escrever? Patacoadas, falta de serviço, dizia a mãe. Que lhe valeu a ela ler e escrever que nem uma professora, se des'que casou nunca mais teve jeito de abrir um livro? Na roça, como na roça.

Deixei a menina às voltas com a rodilha e embrenhei-me por um atalho conducente á morada.

Que descalabro! ...

Da casa velha aluíra uma ala, e o restante, além da cumieira selada, tinha o oitão fora do prumo.

O velho pomar, roído de formiga, morrera de inanição; na ânsia de sobreviver, três ou quatro laranjeiras macilentas, furadas de broca e sopesando o polvo retranado da erva-de-passarinho, ainda abrolhavam rebentos cheios de compridos acúleos. Fora disso, mamoeiros, a silvestre goiaba e araçás promiscuamente com o mato invasor que só respeitava o terreirinho batido, fronteiro à casa. Tapera quase e, enluradas nela, o que é mais triste, almas humanas em tapera.

Bati palmas.

—Ó de casa!

Apareceu a mulher.

—Está seu Zé?

—Inda agorinha saiu, mas não demora. Foi queimar um mel na massaranduva do pasto, Apeie e entre.

Amarrei o cavalo a um moirão de cerca e entrei.

Acabadinha, a Sinh'Ana. Toda rugas na cara—e uma cor... Estranhei-lhe aquilo.

—Doença! gemeu. Estou no fim. Estômago, fígado, uma dor aqui no peito que responde na cacunda. Casa velha, é o que é.

—Metade é cisma, disse-lhe para consolo.

—Eu é que sei! retrucou-me suspirando.

Entrementes, surgiu da cozinha uma velhota bem apessoada, no cerne, rija e tesa, que saudou e:

—Está espantado do jeito de Nhana? Esta gente de agora não presta para nada. Olhe, eu com setenta no lombo não me troco por ela. Criei minha neta e inda lavo, cozinho e coso. Admira-se? Coso, sim! ...

—Mecê é gabola porque nunca padeceu doença—nem dor de dente! Mas eu? Pobre de mim! Só admiro ainda estar fora da cova... Aí vem o Zé.

Chegava o Alvorada. Ao ver-me abriu a cara.

—Ora viva quem se lembra dos pobres! Não pego na sua mão porque estou assim... É só melado. Bonito, hein? Estava difícil, num oco muito alto e sem jeito. Mas sempre tirei. Não é jiti, não! É mel-de-pau.

Depôs num mocho a cuia dos favos e se foi à janela, lavar as mãos sob a cuia d'agua que a mulher despejava. Pôs os olhos no meu cavalo.

—Hoje veio no picaço... Bom bicho! Eu sempre digo: animais aqui no redor, só este picaço e a ruana do Izé de Lima. O mais é eguada de moenda.

Neste momento entrou a menina de pote à cabeça. Ao vê-la o pai apontou para a cuia de mel.

—Está aí, filha, o doce da aposta. Perdi, paguei. Que aposta? Ah! ah! Brincadeira. A gente cá na roça, quando não tem serviço com qualquer coisa se diverte. Vinha passando um bando de maritacas. Eu disse à toa: "São mais de dez!" Pingo negou: "Não chegam lá!" Apostamos. Eram nove. Ela ganhou o doce. Doce da roça mel é. Esta songuinha só vendo; não é o que parece, não...

A loquacidade daquele homem não desmedrara com o atraso da vida. Em se lhe dando corda, ressurgia nele o tagarela da cidade.

Expus-lhe o negócio. Alvorada enrugou a testa; refletiu um bocado, de queixo preso. Depois:

—Eu hoje, franqueza, não valho mais nada. Des'que caí daquela amaldiçoada ponte do Labrego, fiquei assim como quebrado por dentro. Não escoro serviço, e para lidar com camaradas no eito não basta ter boca. Sem puxar a enxada de par com eles, a coisa não vai, não! Lembra-se da empreitada do ano retrasado? Pois saí perdendo. O tranca do João Mina me quebrou um machado e furtou uma foice. Com esses prejuízos, não livrei o jornal. Desde então fiz cruz em serviço alheio. Se ainda teimo neste sapezal amaldiçoado é por via da menina; senão, largava tudo e ia viver no mato, como bicho. É Pingo que inda me dá um pouco de coragem, concluiu com ternura.

A velhinha sentara-se à luz da janela e, abrindo uma caixeta, pusera-se a coser, de óculos na ponta do nariz.

Aproximei-me, admirativo.

—Sim, senhora! Com setenta anos!

Sorriu-se, lisonjeada.

—É para ver. E isto aqui tem coisa. É uma colcha de retalhos que venho fazendo há quatorze anos, des'que Pingo nasceu. Dos vestidinhos dela, vou guardando cada retalho que sobeja, e um dia os coso. Veja que galantaria de serviço...

Estendeu-me ante os olhos um pano variegado, de quadradinhos maiores e menores, todos de chita, cada qual de um padrão.

—Esta colcha é o meu presente de noivado. O último retalho há de ser do vestido de casamento, não é, Pingo?

Pingo d'Agua não respondeu. Metida na cozinha, percebi que nos espiava por uma fresta.

Mais dois dedos de prosa, um cafezinho ralo—escolha[8] com rapadura—e,

—Está bem, rematei, levantando-me do mocho de três pernas. Como não pode ser, paciência. Apesar disso acho que deve pensar um pouco. Olhe que este ano se estão pagando os roçados a oitenta mil réis o alqueire. Dá para ganhar, não?

—Que dá, sei que dá—mas também sei para quem dá. Um perrengue como eu não pensa mais nisso, não. Quando era gente, muitas peguei a sessenta e não me arrependi. Mas hoje...

—Nesse caso...

Transcorreram dois anos sem que eu tornasse aos Periquitos. Nesse intervalo Sinh'Ana faleceu. Era fatal a dor que respondia na cacunda. E não mais me aflorava à memória a imagem daqueles humildes urupês, quando me chegou aos ouvidos o zum-zum corrente no bairro, uma coisa apenas crível: o filho de um sitiante vizinho, rapaz de todo pancada, furtara Pingo d'Água aos Periquitos.

—Como isso? Uma menina tão acanhada!..."

—"É para ver! Desconfiem das sonsas... Fugiu, e lá rodou com ele para a cidade—não para casar, nem para enterrar. Foi ser "moça," a pombinha..."

O incidente ficou a azoinar-me o bestunto. À noite perdi o sono, revivendo cenas da minha última visita ao sítio, e nasceu-me a idéia de lá tornar. Para?

Confesso: mera curiosidade, para ouvir os comentários da triste velhinha. Que golpe! Desta feita ia-se-lhe a rijeza de cerne.

Fui.

Setembro entumecia gomos em cada arbusto. Nenhuma neblina. A paisagem desenhava-se nítida até aos cabeços dos morros distante.

Por amor à simetria, montava eu o mesmo picaço. Transpus a mesma porteira. Atalhei pelo mesmo trilho.

No córrego vi, com os olhos da imaginaão, o vulto da menina envergonhada, com o pote em repouso na lage e toda às voltas com a rodilha. Mais uns passos e a tapera antolhou-se-me, deserta. As três árvores do pomar extinto eram já galhaça resseca e poenta. Só os mamoeiros subsistiam, mais crescidos, sempre apinhados de frutos. O resto piorara, descambando para o lúgubre Ruíra o oitão e o terririnho pintalgara-se de moitas de guanxuma, cordão-de-frade e joás.

—Ó de casa! gritei.

Silêncio. Três vezes repeti o apelo. Por fim surgiu dos fundos uma sombra acurvada e trêmula.

—Bom dia, nha Joaquina. Está seu Zé?

Não me reconheceu a velhinha. O Zé fora à vila, vender a sitioca para mudar de terra.

Fez-me entrar, logo que me dei a conhecer, pedindo escusas da má vista.

—Tem coragem de estar aqui sozinha?

—Eu? Sozinha estou em toda a parte. Morreu-me tudo, a filha, a neta... Sente-se, murmurou apontando para o mocho de dois anos atrás.

Sentei-me, com um nó na garganta. Não sabia o que dizer. Por fim:

—O que é a vida, nha Joaquina! Parece que foi ontem que estive aqui. Apesar das doenças, iam vivendo felizes. Hoje...

A velha limpou no canhão da manga uma lágrima.

—Viver setenta e dois anos para acabar assim... Felizmente a morte não tarda. Já a sinto cá dentro.

Confrangia-me o coração aquele ermo onde tudo era passado—a terra, as laranjeiras, a casa, as vidas, salvo—trêmulo espetro sobrevivente como a alma da tapera—a triste velhinha encanecida, cujos olhos poucas lágrimas estilavam, tantas chorara.

—Quem mais agora? murmurou pausadamente, em voz de quem já não é deste mundo. Até à "desgraça," eu não queria morrer. Velha e inútil, inda gostava do mundo. Morreu-me a filha, mas restava a neta—que era duas vezes filha e o meu consolo. Desencaminharam a pobrezinha... Agora, que mais? Só peço a Deus que me retire, logo e logo.

Relanceei um olhar pela sala vazia. A caixeta de costura inda estava sobre a arca no lugar de sempre. Meus olhos pousaram nela, marasmados.

A velha adivinhou-me o pensamento e, levantando-se, tomou-as nas mãos mal firmes. Abriu-a. Tirou de dentro a colcha inacabada, contemplou-a longamente. Depois, com tremuras na voz:

—Dezesseis anos—e não pude acabar a colcha... Ninguém imagina o que é para mim esta prenda. Cada retalho tem sua história e me lembra um vestidinho de Pingo d'Água. Aqui leio a vidinha dela des'que nasceu.

Este, olhe, foi da primeira camiseta que vestiu... Tão galantinha! Estou a vê-la no meu braço, tentando pegar os óculos com a mãozinha gorda...

Este azul, de listras, lembra um vestido que a madrinha lhe deu, aos três anos. Ela já andava pela casa inteira, armando reinações, perseguindo o Romão—que um dia, por sinal, lhe meteu as unhas no rostinho. Chamava-me "óó aquina"...

Este vermelho, de rosinhas, foi quando completou os cinco anos. Estava com ele por ocasião do tombo na pedra do córrego, donde lhe veio aquela marquinha no queixo, não reparou?

Esta cá, de xadrezinho, foi pelos sete anos, e eu mesma o fiz, e o fiz de saia comprida e paletó de quartinho. Ficou tão engraçada, feita uma mulherzinha!

Pingo d'Água já sabia temperar um virado, quando usou este aqui, de argolinhas roxas em fundo branco. Digo isto porque foi com ele que entornou uma panela e queimou as mãos.

Este cor de batata foi quando tinha dez anos e caiu com sarampo, muito malzinha. Os dias e as noitas que passei ao pé dela, a contar histórias! Como gostava da Gata Borralheira!...

A velha enxugou na colcha uma lágrima perdida e calou-se.

—E este? perguntei para avivá-la, apontando um retalho amarelo.

Pausou um bocado a triste avó, em contemplação. Depois:

—Este é novo. Já tinha quinze anos quando o vestiu pela primeira vez num mutirão[9] do Labrego. Não gosto dele. Parece que a desgraça começa aqui. Ficou vestido muito assentadinho no corpo, e galante, mas pelas minhas contas foi o culpado do Labreguinho engraçar-se da coitada. Hoje sei disso. Naquele tempo de nada suspeitava.

—Este, disse-lhe eu, fingindo recordar-me, é o que vestia quando cá estive.

—Engano seu. Era, quer ver qual? Era este de pintas vermelhas, repare bem?

—É verdade, verdade! menti. Agora me lembro, isso mesmo. E este último?

Após uma pausa dorida, a pobre criatura oscilou a cabeça e balbuciou:

—Este é o da desgraça. Foi o derradeiro que fiz. Com ele fugiu... e me matou.

Calou-se a lacrimejar, trêmula.

Calei-me também, opresso dum infinito apertão d'alma.

Que quadro imensamente triste, aquele fim de vida machucado pela mocidade louca!...

E ficamos ambos assim, imóveis, de olhos presos à colcha.

Ela por fim quebrou o silêncio.

—Ia ser o meu presente de noivado. Deus não quis. Será agora a minha mortalha. Já pedi que me enterrassem com ela.

E guardou-a dobradinha na caixa, envolta num suspiro arrancado ao imo do coração.

Um mês depois morria. Vim a saber que lhe não cumpriram a última vontade.

Que importa ao mundo a vontade última duma pobre velhinha da roça? Pieguices...

[*Urupês: outros contos e coisas.* S. Paulo, Nacional, 1945, 26-33.]

References:

Amaral Júnior, Amadeu, "Monteiro Lobato: O grande criador de mitos," *Vamos Ler*, Rio, 140 (6 abr 1939).
Arroyo, Leonardo, "Monteiro Labato e o muro," *O tempo e o modo*, S. Paulo, Conselho Estadual de Cultura, 1963.
Barreto, Plínio, 167-174.
Barroso, Haydée M. Jofré., *Monteiro Lobato*: *trayectoria de una fidelidad*, Buenos Aires, Futuro, 1959.
Belo, José Maria, *À margem dos livros*, Rio, Anuário do Brasil, 1923, 163-169.
Brown, Jr., Timothy, "Monteiro Lobato as a novelist," *Luso-Brazilian Review*, 2:1 (Jun 1965) 99-104.
Cavalheiro, Edgard, "Apontamentos sobre Monteiro Lobato," *Planalto*, S. Paulo, 8 jan 1941.
———, intro to: *Urupês*, S. Paulo, Martins, 1944, 7-18.
———, *Monteiro Lobato: vida e obra*, 2 vols., S. Paulo, Nacional, 1955.
———, "O regionalismo na prosa de ficção: grupo paulista," in: Coutinho, *A Literatura*, II, 205-211.
Conte, Alberto, *Monteiro Lobato: o homem e a obra*, S. Paulo, Brasiliense, 1948.
Francheri López, Eduardo, "Monteiro Lobato," *Revista Iberoamericana*, 14:28 (Oct 1948) 393-395.
Freire, Gilberto, "Vinte e cinco anos depois," *Revista do Brasil*, 3a fase, 6:55 (set 1943) 136-137.
Goldberg, Isaac, 277-291.
Grieco, *Evolução da prosa*, 139-141.
———, *Gente nova*, 357-384.
Lima, Alceu Amoroso, *Primeiros estudos*, 40-43.
Loiola, Leônidas de, *"Urupês" e o sertanejo brasileiro*, Curitiba, Tipogr. de A República, 1919.
Menucci, Sud, *Rodapés*, S. Paulo, Piratininga, 1934, 9-21.
Milliet, Sérgio, *Diário*, IV, 53-57.
Miranda, 60-65.
Montelo, Josué, *Histórias*, 111-122.

Murici, *O suave convívio*, 86-90.
Neves, Artur, intro. to: *Urupês*, S. Paulo, Nacional, 1943, xi-xii.
Nunes, Cassiano, 55-76.
Pimentel, Osmar, 129-141.
Rangel, Godofredo, "*Urupês*," *Folha de Minas*, Belo Horizonte, 12 set 1943.
Schmidt, Afonso Frederico, "Lobato panfletista," *Revista Fundamentos*. Number dedicated to Monteiro Lobato.
Silva, João Pinto da, *Fisionomias*, 185-206.
Silva, Maria Leonor Alvarez, *Monografia sobre Monteiro Lobato*, S. Paulo, Brasiliense, 1950.
Tondella, Gabriel, *Sangue da terra: evocação de Monteiro Lobato*, S. Paulo, Brasiliense, 1949.
―――――― , "Monteiro Lobato: uma teoria do estilo," *Luso-Brazilian Review*, 6:1 (Jun 1969) 40-59.
Vasconcelos, João, "O sr. Monteiro Lobato," *Revista do Brasil*, 1a fase, 113 (maio 1925) 26-38.
Vaz, Léo, "No jubileu de Jeca Tatu," *Revista da Academia Paulista de Letras*, 11:43 (Set 1948) 51-60.
Venâncio Filho, Francisco, "Monteiro Lobato e a literatura infantil," *Revista de Educação Pública*, Rio, 3:12 (out-dez 1945), 492-507.

Selected General Bibliography

When the following works are cited in the text, only the name of the author or compiler is used, unless two or more works by the same author have been consulted, in which case a short title is also reported.

Abbreviations: ABL (Academia Brasileira de Letras), CEB (Casa do Estundante do Brasil), INL (Instituto Nacional do Livro), MEC (Ministério da Educação e Cultura), MES (Ministério da Educação e Saúde).

Abreu, Capistrano de, *Ensaios e estudos,* 2 vols., Rio, Sociedade Capistrano de Abreu, 1931-1932.
Abreu, Jorge O. and Almeida, *História da literatura nacional*, Rio, Mundo Médico, 1930.
Academia Brasileira de Letras, *Curso de poesia*, Rio, Companhia Brasileira de Artes Gráficas, 1954.
─────── , *Curso de romance*, Rio, Companhia Brasileira de Artes Gráficas, 1952.
─────── , *Curso de teatro*, Rio, Companhia Brasileira de Artes Gráficas, 1954.
─────── , *Gonçalves Dias: conferências*, Rio, 1948.
Adonias Filho (Adonias Aguiar Filho), *Modernos ficcionistas brasileiros*, 2 vols., I: Rio, O Cruzeiro, 1958; II: Rio, Tempo Brasileiro, 1965.
─────── , *O romance brasileiro de 30*, Rio, Bloch, 1969.
Albuquerque, Mateus de, *As belas atitudes*, Rio, Ariel, [1919].
Alencar, Mário de, *Alguns escritos*, Rio, Garnier, 1910.
Albuquerque, Medeiros e, *Homens e cousas da Academia*, Rio, Renascença, 1934.
─────── , *Páginas de crítica*, Rio, Leite Ribeiro e Maurilo, 1920.
─────── , *Quando eu era vivo*, Rio, 1942.
Alvarenga, Octávio Melo, *Mitos e valores*, Rio, INL, 1956.
Alves, Vítor, *Ensaios*, Rio, s.e., 1941.
Amora, Antônio Soares, *História da literatura brasileira*, 2nd ed., revised and enlarged, S. Paulo, Saraiva, 1958.

_____, *Panorama da poesia brasileira, I: Era luso-brasileira (séculos XVI - c. XIX)*, Rio, Civilização Brasileira, 1959.
Andrade, Almir de, *Aspectos da cultura brasileira*, Rio, Schmidt, 1939.
Andrade, Carlos Drummond de, *Confissões de Minas*, Rio, Americ-Edit, 1945.
_____, *Passeios na ilha*, Rio, Simões, 1952.
Andrade, Mário de, *Aspectos da literatura*, Rio, Americ-Edit, 1943; S. Paulo, Martins, [1946].
_____, *O empalhador de passarinho*, S. Paulo, Martins, [1946].
_____, *O movimento modernista*, Rio, Casa do Estudante do Brasil, 1942.
Andrade, Oswald de, *Ponto de lança*, S. Paulo, Martins, 1944.
Anuário da Academia Brasileira de Letras, Rio. Successive reports.
Aranha, Graça, *Espírito moderno*, 2nd ed., São Paulo, Nacional, s.d.
Araripe Júnior, Tristão de, *Literatura brasileira: movimento de 1893*, Rio, Democrática, 1896.
_____, *Obra crítica*, 2 vols., I: Rio, Casa de Rui Barbosa, 1958; II: Rio, MEC, 1960.
Arroyo, Leonardo, *O tempo e o modo*, S. Paulo, Conselho Estadual de Cultura, 1963.
Araújo, Murilo, *Quadrantes do Modernismo brasileiro*, Rio, MEC, 1958.
Assis, Joaquim Maria Machado de, *Crítica literária*, Rio, Jackson, 1937.
_____, *Crítica teatral*, Rio, Jackson, 1937.
Autores e Livros, Suplemento literário de *A Manhã*.
Ávila, Afonso, *O poeta e a consciência crítica: uma linha de tradição: uma atitude de vanguarda*, Petrópolis, Vozes, 1969.
Azeredo, Carlos Magalhães de, *Homens e livros*, Rio, Garnier, 1902.
Azevedo, Fernando, *A cultura brasileira: introdução ao estudo da cultura no Brasil*, Rio, Instituto Brasileiro de Geografia e Estística, 1943.
_____, *Ensaios*, S. Paulo, Melhoramentos, 1929.
Azevedo, Raul de, *Terras e homens*, Rio, Pongetti, 1948.
Bairão, Reinaldo, *Modernismo: estudos críticos*, Rio, Revista Branca, 1954.
Bandeira, Antônio Rangel, *Espírito e forma*, S. Paulo, Martins, 1957.
Bandeira, Manuel, *Antologia dos poetas brasileiros da fase romântica*, 3rd ed., Rio, Departamento de Imprensa Nacional, 1949.
_____, *Antologia dos poetas brasileiros da fase parnasiana*, Rio, 1938; 2nd ed., MES, 1940; 3rd ed., Rio, 1951.
_____, *Apresentação da poesia brasileira*, Rio, Casa do Estudante do Brasil, 1946; 2nd ed., Rio, CEB, 1954; 3rd ed., Rio, CEB, 1957.
_____, *Brief history of Brazilian literature*, translated with introduction and notes by Ralph Edward Dimmick. Washington, D.C., Pan American Union, 1958.
_____, *Itinerário de Pasárgada*, Rio, São José, 1957.
Bandeira, Manuel and Edgard Cavalheiro, *Obras-primas da lírica brasileira*, S. Paulo, Martins, 1943.
Bandeira, Souza, *Páginas literárias*, Rio, Francisco Alves, 1917.
Barbosa, Almir and Edgard Cavalheiro, *As obras-primas do conto brasileiro*, S. Paulo, Martins, 1943.

Barbosa, Francisco de Assis, *Achados do vento*, Rio, INL, 1958.
Barreira, Dolor, *História da literatura cearense*, 3 vols., Fortaleza, Instituto de Ceará, 1948-1951.
Barreto, Fausto and Carlos de Laet, *Antologia nacional*, 26th ed., Rio, F. Alves, 1946.
Barreto, Plínio, *Páginas avulsas*, Rio, José Olímpio, 1958.
Barros, Jaime de, *Espelho dos livros*, Rio, José Olímpio, 1936.
_____, *Poetas do Brasil*, Rio, J. Olímpio, 1944.
Bastide, Roger, *Poesia afro-brasileira*, S. Paulo, Martins, 1943.
_____, *Poetas do Brasil*, Curitiba, Guaíra 1947.
Bastos, Francisco José Teixeira, *Poetas brasileiros*, Porto, Lello, 1895.
Bear, Ely, *Vultos do Brasil*, S. Paulo, Exposição do Livro, s.d.
Bellegarde, Guilherme, *Subsídios literários*, Rio, Faro e Lino, 1883.
Belo, José Maria, *Estudos críticos*, Rio, J. Ribeiro dos Santos, 1917.
_____, *Imagens de ontem e de hoje*, Rio, Ariel, 1936.
_____, *Inteligência do Brasil*, 2nd ed., S. Paulo, Nacional, 1935.
Benevides, Artur Eduardo, *A Lâmpada e os apóstolos*, Fortaleza, Clã, 1952.
Besouchet, Lídia and Newton Freitas, *Diez escritores del Brasil*, Buenos Aires, M. Gleizer, 1939.
_____, *Literatura del Brasil*, Buenos Aires, Sudamericana, 1946.
Bettencourt, Liberato, *Nova história da literatura brasileira*, 6 vols., Rio, Colégio 28 de setembro, 1942-1949.
Beviláqua, Clóvis, *Época e individualidades: estudos literários*, Recife, Quintas, 1889.
Bilac, Olavo, *Conferências literárias*, Rio, F. Alves, 1906.
_____, *Últimas conferências e discursos*, Rio, F. Alves, 1924.
Blake, A. V. Alves Sacramento, *Dicionário bibliográfico brasileiro*, 7 vols., Rio, Tipografia Nacional, 1883-1902.
Bocaiuva, Quintino, *Estudos críticos e literários*, Rio, Tipografia Nacional, 1858.
Bopp, Raul, *Memórias de um embaixador*, Rio, Gráfica Record, 1968.
_____, *Movimentos modernistas no Brasil: 1922-1928*, Rio, São José, 1966.
Bosi, Alfredo, *A literatura brasileira, V: O pré-modernismo*, S. Paulo, Cultrix, 1967.
Bouterwek, Friedrich, *History of the Spanish and Portuguese literature*, London, Boosey, 1823.
Braga, Teófilo, *Os árcades*, Porto, Chardon, 1918.
Brandão, Octávio, *Os intelectuais progressistas*, Rio, Simões, 1956.
Brito, Mário da Silva, *Ângulo e horizonte (de Oswald de Andrade à ficção-científica)*, S. Paulo, Martins, 1969.
_____, *História do modernismo brasileiro: antecedentes da Semana de Arte Moderna*, S. Paulo, Saraiva, 1958.
_____, *Panorama da poesia brasileira, VI: O Modernismo*, Rio, Civilização Brasileira, 1959.
Broca, Brito, *Horas de leitura*, Rio, INL, 1957.
_____, *Machado de Assis e a política e outros estudos*, Rio, Simões, 1957.

───────, "O que liam os românticos," *Revista do Livro*, 4:13 (mar 1959) 163-172.
───────, *A vida literária no Brasil—1900*, Rio, MEC, 1952.
Bruno, Haroldo, *Estudos de literatura brasileira*, 2 vols., I: Rio, O Cruzeiro, 1957; II: Rio, Leitura, 1966.
Bruno (J. Pereira Sampaio), *O Brasil mental: esbôço crítico*, Porto, Chardon, 1898.
Caminha, Adolfo, *Cartas literárias*, Rio, Aldina, 1895.
Campos, Humberto de, *Carvalhos e roseiras*, 4th ed., Rio, 1935.
───────, *Crítica*, Rio, José Olímpio, 1935, 4 vols.; 2nd ed., Rio, Jackson, [1951].
───────, *Sepultando os meus mortos*, Rio, J. Olímpio, 1935.
Cândido, Antônio, *Brigada ligeira*, S. Paulo, Martins, 1945.
───────, *Ficção e confissão*, Rio, J. Olímpio, 1956.
───────, *Formação da literatura brasileira*, S. Paulo, Martins, 1959.
───────, *Literatura e sociedade: estudos de teoria e história literária*, 2nd ed., S. Paulo, Nacional, 1967.
───────, "Literature and the rise of Brazilian national self-identity," *Luso-Brazilian Review*, 5:1 (June 1968) 27-43.
───────, *O observador literário*, S. Paulo, Conselho Estadual de Cultura, 1959.
───────, *Tese e antítese*, S. Paulo, Nacional, 1964.
───────, e José Alderado Castelo. *Presença da literatura brasileira*, 3 vols. S. Paulo, Difusão Européia do livro, 1964.
Cardoso, Vicente Licínio, *Figuras e conceitos*, Rio, Anuário do Brasil, 1924.
───────, *À margem da história do Brasil*, 2nd ed., S. Paulo, Nacional, 1938.
Carmo, Pinto do, *Novelas e novelistas brasileiros*, Rio, Simões, 1957.
Carpeaux, Oto Maria, *Origens e fins*, Rio, CEB, 1942.
───────, *Livros na mesa*, Rio, São José, 1960.
───────, *Retratos e leituras*, Rio, Organização Simões, 1953.
───────, *Pequena bibliografia crítica da literatura brasileira*, 2nd ed., revised and enlarged, Rio, MEC, 1955; 3rd ed., revised and enlarged, Rio, Letras e Artes, 1964; 4th ed., Rio, Edições de Ouro, 1968.
Carvalho, Aderbal de, *Esboços literários*, Rio, 1902.
───────, *O Naturalismo no Brasil*, S. Luís do Maranhão, Júlio Ramos, 1894.
Carvalho, Elísio de, *Laureis insignes*, Rio, Anuário do Brasil, 1924.
───────, *As modernas correntes estéticas na literatura brasileira*, Rio, Garnier, 1907.
Carvalho, Ronald de, *Espelho de Ariel*, Rio, Anuário do Brasil, 1923.
───────, *Estudos brasileiros*, 2a série, Rio, Briguiet, 1931.
───────, *Pequena história da literatura brasileira*, 1919; 5th ed., Rio, Briguiet, 1935; 8th ed., revised, Rio, Briguiet, 1949; 10th ed., Rio, Briguiet, 1955.
Castelo Branco, Cristino, *Homens que iluminam*, Rio, Aurora, 1940.
Castelo, José Aderaldo, *Aspectos do romance brasileiro*, Rio, MEC, 1960.
───────, *Homens e intenções: cinco escritores modernistas*, S. Paulo, Conselho Estadual de Cultura, 1959.

_____, *A literatura brasileira, I: Manifestações da era colonial*, S. Paulo, Cultrix, 1962.
Castro, Aloísio de, *Discursos literários*, Rio, 1942.
Castro, Tito Lívio de, *Questões e problemas*, S. Paulo, Empresa de propaganda literária luso-brasileira, 1913.
Cavalcanti, Povina, *O ascendedor de lampiões*, Rio, s.d.
Cavalcanti, Valdemar, *Jornal literário: crônicas*, Rio, José Olímpio, 1960.
Cavalheiro, Edgard, *Evolução do conto brasileiro*, Rio, MEC, 1954.
_____, *Panorama da poesia brasileira, II: O Romantismo*, Rio, Civilização Brasileira, 1959.
_____, *Testamento de uma geração*, P. Alegre, Globo, 1941.
César, Guilhermino, *História da literatura do Rio Grande do Sul*, P. Alegre, Globo, 1956.
Chagas, Manuel Pinheiro, *Ensaios críticos*, Porto, Viuva Moté, 1866.
Chiacchio, Carlos, *Modernistas e ultramodernistas*, Salvador, Livraria Progresso, 1951.
Cidade, Hernâni, *Lições de cultura e literatura portuguesas, I: (Séculos XV, XVI e XVII)*, 3rd ed., corrigida, atualizada e ampliada, Coimbra, Coimbra Editora, 1951; II: 3rd ed., novamente refundida e ampliada, Coimbra, Coimbra Editora, 1948.
_____, *A literatura portuguesa e a expansão ultramarina, I (Séculos XV e XVI)*, Lisboa, Agência Geral das Colônias, 1943.
Coelho, Jacinto do Prado, *Dicionário das literaturas portuguesa, galega e brasileira*, Porto, Figueirinhas, [1956]-1960.
Coelho, Saldanha, *Modernismo: estudos críticos*, Rio, Revista Branca, 1954.
Correia, Roberto Alvim, *Anteu e a crítica: ensaios literários*, Rio, J. Olímpio, 1948.
_____, *O mito de Prometeu*, Rio, Agir, 1951.
Costa, Benedito, *Le roman au Brésil*, Paris, Garnier, 1918.
Costa, Dante, *Os olhos nas mãos: literatura brasileira contemporânea*, Rio, J. Olímpio, 1960.
Costa, Licurgo and Barros Vidal, *História e evolução da imprensa brasileira*, Rio, Comissão Organizadora da Representação Brasileira à Exposição dos Centenários de Portugal, 1940.
Costa Filho, Odílo, *Graça Aranha e outros ensaios*, Rio, Selma, 1934.
Coutinho, Afrânio, *Antologia brasileira de literatura*, 3 vols., I: Rio, Distribuidadora de Livros Escolares, 1966; II, III: Rio, Distribuidadora de Livros Escolares, 1967.
_____, *Brasil e brasileiros de hoje*, 2 vols., Rio, Sul Americana, 1961.
_____, *Conceito de literatura brasileira*, Rio, Acadêmica, 1960.
_____, *A crítica*, Bahia, Progresso, 1959.
_____, *Crítica e poética*, Rio, Acadêmica, 1968.
_____, "A crítica literária no Brasil," *Inter-American Review of Bibliography*, 14:2 (April-June 1964) 127-145.
_____, *No hospital das letras*, Rio, Tempo Brasilero, 1963.
_____, *A literatura no Brasil*, 6 vols., I (2 tomos), II: Rio, Sul Americana,

1955; III: Rio, São José, 1959; V: 2nd ed., Rio, Sul Americana, 1970; VI: 2nd ed., Rio, Sul Americana, 1971.

————, *A tradição afortunada (o espírito de nacionalidade na crítica brasileira)*, Rio, J. Olímpio, 1968.

Cunha, Dulce Sales, *Autores contemporâneos brasileiros*, S. Paulo, s.e., 1951.

Cunha, Tristão da, *Cousas do tempo*, Rio, Anuário do Brasil, 1922; 2nd ed., Rio, Schmidt, 1935.

D'Elia, Antônio, *A mágica mão*, S. Paulo, Conselho Estadual de Cultura, 1963.

Denis, Ferdinand, *Résumé de l'histoire littéraire du Portugal suivi du résumé de l'histoire littéraire du Brésil*, Paris, Lecointe et Durey, 1826.

Dicionário histórico geográfico e etnográfico do Brasil: comemoração do 1a Centenário da Independência, Rio, Imprensa Nacional, 1922.

Dicionário crítico do moderno romance brasileiro, 2 vols., Belo Horizonte, Grupo Gente Nova, 1970.

Dimmick, Ralph, "The Brazilian literary generation of 1930," *Hispania*, 34:2 (May 1951) 181-187.

Discursos acadêmicos. 6 vols., I-III: Rio, Civilização Brasileira, 1935; IV-VI: Rio, Civilização Brasileira, 1936.

Diniz, Almáquio, *A relatividade da crítica e da estética na literatura comparada*, Rio, Papelaria Vênus, 1923.

Driver, David, *The Indian in Brazilian Literature*, New York, Instituto de las Españas, 1942.

Dutra, Waltensir e Fausto Cunha, *Biografia crítica das letras mineiras*, Rio, INL, 1956.

Ellison, Fred P., *Brazil's new novel: four northeastern masters*, Berkeley, University of California Press, 1954.

Esteves, Albino, *Estética dos sons, cores, rítmos e imagens*, Rio, Renato Americano, 1933.

Estrada, Osório Duque, *Crítica e polêmica*, Rio, Papelaria Vênus, 1924.

Faria, Alberto, *Aérides*, Rio, Jacinto Ribeiro dos Santos, 1918.

————, *Acendalhas*, Rio, Leite Ribeiro e Maurilo, 1920.

Federação das Academias de Letras, *Machado de Assis: conferências*, Rio, Briguiet, 1939.

————, *Machado de Assis: estudos e ensaios*, Rio, Briguiet, 1940.

Fernandes, Sebastião, *Figuras e legendas*, Rio, Pongetti, 1946.

Ferreira, Maria Celeste, *O Indianismo na literatura romântica brasileira*, Rio, Departamento de Imprensa Nacional, 1950.

Figueiredo, Jackson de, *Literatura reacionária*, Rio, Centro D. Vital, [1924].

Fleiuss, Max, "O teatro no Brasil: sua evolucão," in: Instituto Histórico e Geográfico Brasileiro, *Dicionário histórico, geográfico e etnográfico do Brasil*, Rio, Imprensa Nacional, 1922, p. 1532-1550.

Fócion, Serpa, *Variações literárias*, Rio, Tipo, São Benedito, 1931.

Fonseca, Gondim da, *Biografia do jornalismo carioca (1808-1908)*, Rio, Quaresma, 1941.

Fonseca, Luísa da, "Bacharéis brasileiros," *Anais*, IV, Congresso de História Nacional, Rio, Departamento de Imprensa Nacional, XI (1951) 109-405.

Ford, Jeremiah D. M., Arthur F. Whitem, Maxwell I. Raphael, *A tentative bibliography of Brazilian belles-lettres*, Cambridge, Harvard University Press. 1931.
França, Carlos Ferreira, *Tese de concurso para professor substituto de retórica, poética e literatura nacional*, Rio, Leuzinger, 1879.
França, Leonel, *Nações de história da filosofia*, 9th ed., S. Paulo, Nacional, 1943.
Franco, Afonso Arinos de Melo, *Algunos aspectos de la literatura brasileña*, Buenos Aires, Imprenta de la Universidad, 1945.
_____, *Espelho de três faces*, S. Paulo, Brasil, 1937.
_____, *Homens e temas do Brasil*, Rio, Zélio Valverde, 1944.
_____, *Idéia e tempo*, S. Paulo, Cultura Moderna, 1939.
_____, *Mar de Sargaços*, S. Paulo, Martins, 1944.
_____, *Panorama da moderna poesia brasileira*, Rio, 1952.
Franco, Augusto, *Estudos e escritos*, Belo Horizonte, Imprensa Oficial, 1948.
Francovich, Guillermo, *Filósofos brasileños*, Buenos Aires, 1943.
Freire, Gilberto, *Brazil: an introduction*, New York, Knopf, 1945.
_____, *Perfil de Euclides e outros perfis*, Rio, J. Olímpio, 1944.
Freire, Laudelino, *Clássicos brasileiros*, Rio, Revista da Língua Portuguesa, 1923.
Freitas, José Antônio de, *O lirismo brasileiro*, Lisboa, David Corazzi, 1877.
Freitas, José Bezerra de, *Forma e expressão no romance brasileiro*, Rio, Pongetti, 1947.
Freitas, Newton de, *Ensayos americanos*, Buenos Aires, s.e., 1944.
Freitas Júnior, Otávio de, *Ensaios de crítica de poesia*, Recife, Norte, 1941.
Freixieiro, Fábio, *Da razão à emoção: ensaios rosianos e outros, II*, Rio, Tempo Brasileiro, 1971.
Frieiro, Eduardo, *Letras mineiras*, Belo Horizonte, Os Amigos do Livro, 1937.
_____, *Páginas de crítica e outros escritos*, Belo Horizonte, Os Amigos do Livro, 1937.
Fusco, Rosário, *Política e letras: síntese das atividades literárias brasileiras no decênio 1930-1940*, Rio, J. Olímpio, 1940.
_____, *Vida literária*, S. Paulo, Panorama, 1940.
Garcia Merou, Martín, *El Brasil intelectual*, Buenos Aires, Felix Lajouana, 1900.
Genofre, Edmundo M., *Ligeirismo literário*, Rio, Casa do Estudante do Brasil, 1947.
Giffoni, O. Carneiro, *Estética e cultura*, S. Paulo, Continental, 1944.
Góes, Fernando, *Panorama da poesia brasileira, IV: O Simbolismo*, Rio, Civilização Brasileira, 1959.
_____, *Panorama da poesia brasileira, V: O Pré-Modernismo*, Rio, Civilização Brasileira, 1960.
Goldberg, Isaac, *Brazilian Literature*, New York, Knopf, 1922.
Gomes, Eugênio, *Aspectos do romance brasileiro*, Salvador, Publicações da Universidade da Bahia, 1958.
_____, *Espelho contra espelho*, S. Paulo, Ipê, 1949.
_____, *Prata de casa*, Rio, A Noite, 1953.
_____, *Visões e revisões*, Rio, INL, 1958.

Gomes, Perilo, *Ensaios de crítica doutrinária*, Rio, Centro D. Vital, 1923.
Gonçalves, Rebêlo, *Filologia e literatura*, S. Paulo, Nacional, 1937.
Grieco, Agripino, *Caçadores de símbolos*, Rio, Leite Ribeiro, 1923.
_____, *Evolução da poesia brasileira*, Rio, Ariel, 1932; 2nd ed., Rio, J. Olímpio, 1947; 3rd ed., Rio, J. Olímpio, 1947.
_____, *Evolução da prosa brasileira*, 1933; 2nd ed., Rio, J. Olímpio, 1947.
_____, *Gente nova do Brasil, veteranos, alguns mortos*, Rio, J. Olímpio, 1935; 2nd ed., revised, Rio, J. Olímpio, 1948.
_____, *Poetas e prosadores do Brasil (de Gregório de Matos a Guimarães Rosa)*, Rio, Conquista, 1968.
_____, *Vivos e mortos*, 1931; 2nd ed., Rio, J. Olímpio, 1947.
Gryphus (José Alves Visconti Coaracy), *Galeria teatral*, Rio, Tipo. e Lito. de Moreira, Maximino, 1884.
Haddad, Jamil Almansur, *O Romantismo brasileiro e as sociedades secretas do tempo*, S. Paulo, Typo. Siqueira, 1945.
Hecker Filho, Paulo, *Alguma verdade*, P. Alegre, s.e., 1952.
Holanda, Aurélio Buarque de, *O romance brasileiro de 1753-1930*, Rio, O Cruzeiro, 1952.
_____, *Território lírico*, Rio, O Cruzeiro, 1958.
Holanda, Sérgio Buarque de, *Antologia dos poetas brasileiros da fase colonial*, 2 vols., Rio, INL, 1953.
_____, *Cobra de vidro*, S. Paulo, Martins, 1944.
Houaiss, Antônio, *Seis poetas e um problema*, Rio, MEC 1960.
Introdução ao estudo da literatura brasileira, Síntese crítico-histórica por Brito Broca, bibliografia por J. Galante de Sousa, Rio, INL, 1963.
Jacobbi, Ruggero, *Teatro in Brasile*, Bologna, Capelli, 1961.
Jannini, Pasquale Aniel, *Storia della letteratura brasiliana*, Milano, Nuova Accademia Editrice, 1959.
Júlio, Sílvio, *Fundamentos da poesia brasileira*, Rio, Coelho Branco, 1930.
_____, *Reações na literatura brasileira*, Rio, H. Antunes, 1938.
_____, *Terra e povo do Ceará*, Rio, R. Carvalho, 1936.
_____, *Três aspectos do drama na atualidade brasileira*, Rio, 1957.
Kopke, Carlos Burlamáqui, *Antologia da poesia brasileira moderna*, S. Paulo, Clube de Poesia de São Paulo, 1953.
Latif, Miran de Barros, *A comédia carioca na ribalta da rua*, Rio, Editora do Autor, 1962.
Leal, Antônio Henriques, *Panteon maranhense*, 3 vols., Lisboa, Imprensa Nacional, 1874.
Leão, Múcio, *Ensaios contemporâneos*, Rio, Coelho Branco, 1925.
_____, "Meio século de literatura," *Revista da Academia Brasileira de Letras*, 6 (1941).
Leite, Ascendino, *Estética do Modernismo*, Paraíba, A. Imprensa, 1939.
Leite, Serafim, *História da Companhia de Jesus no Brasil*, 10 vols., Lisboa-Rio, Livraria Portugália e Livraria Civilização Brasileira, 1938-1950.
Lima, Alceu Amoroso (Tristão de Altaíde), *Contribuição à história do Modernismo, I: O Pre-Modernismo*, Rio, 1939.

_____, *Estudos*, 6 vols., Rio, 1927-1933.
_____, *Introdução à literatura brasileira*, 2nd ed., Rio, Agir, 1957.
_____, *Poesia brasileira contemporânea*, Belo Horizonte, Paulo Bluhm, 1941.
_____, *Primeiros estudos*, Rio, Agir, 1948.
_____, *Quadro sintético da literatura brasileira*, 2nd ed., Rio, Agir, 1957.
Lima, Ebion, *Lições de literatura brasileira*, 2nd ed., revised and enlarged, S. Paulo, Salesiana, 1963.
Lima, Hermes, *Idéias e figuras*, Rio, MEC, 1957.
Lima, Manuel de Oliveira, *Aspectos da literatura colonial brasileira*, Leipzig, Brockhaus, 1896.
Lima, Mário de, *Esbôço de uma história literária de Minas*, Belo Horizonte, Imprensa Oficial, 1920.
Lima Júnior, A., *Serões e vigílias,* Rio, Livros de Portugal, 1952.
Lincoln, Joseph Newhall, *Charts of Brazilian Literature*, Ann Arbor, s.e. 1947.
Linhares, Temístocles, *Introdução ao mundo do romance*, Rio, J. Olímpio, 1953.
_____, *Interrogações*, 3 vols., Rio, S. José, 1959-1962.
Lins, Álvaro, *Jornal de crítica*, 8 vols., Rio, José Olímpio, 1941-1963.
_____ and Aurélio Buarque de Holanda, *Roteiro literário do Brasil e de Portugal: antologia da língua portuguesa*, 2 vols., Rio, José Olímpio, 1956.
Lins, Edison, *História e crítica da poesia brasileira*, Rio, Ariel, 1937.
Lisboa, Henriqueta, *Antologia poética para a infância e a juventude*, Rio, INL, 1961.
_____, *Convívio poético*, Belo Horizonte, Publicações da Secretaria da Educação do Estado de Minas Gerias, 1955.
Livro do centenário (1500-1900), Rio, Imprensa Oficial, 1900.
Loanda, Fernando Ferreira de, *Antologia da moderna poesia brasileira*, Rio, Orfeu, 1967.
Loos, Dorothy Scott, *The Naturalistic Novel of Brazil*, New York, Hispanic Institute in the United States, 1963.
Lucas, Fábio (Fábio Lucas Gomes), "Caminhos da consciência literária nacional," *Revista do Livro*, 5:17 (Março 1960) 9-17.
_____, *Horizonte da crítica*, Belo Horizonte, Movimento Perspectiva, 1965.
_____, *Temas literários e juízos críticos*, Belo Horizonte, Tendência, 1963.
Luso, João, *Orações e palestras*, Rio, José Olímpio, 1941.
Luz, Fábio, *Estudos de literatura*, Rio, Ginásio 28 de Setembro, 1927.
Machado, Antônio de Alcântara, *Cavaquinho e saxofone*, Rio, J. Olímpio, 1940.
Machado Filho, Aires da Mata, *Crítica de estilos*, Rio, Agir, 1956.
Magaldi, Sábato, *Panorama do teatro brasileiro*, S. Paulo, Difusão Européia do Livro, 1962.
Magalhães, Valentim, *Escritores e escritos*, Rio, Carlos Gaspar da Silva, 1889; 2nd ed., Rio, Domingos de Magalhães, 1894.
_____, *A literatura brasileira (1870-1895)*, Lisboa, Antônio Maria Pereira, 1898.
Magalhães Júnior, Raimundo, *Artur Azevedo e sua época*, 2nd ed., S. Paulo, Martins, 1955.

_____, *O conto do Rio de Janeiro*, S. Paulo, Civilização Brasileira, 1959.
Máia, Alcides, *Crônicas e ensaios*, P. Alegre, Globo, 1918.
"Manifestos literários," *Revista do Livro*, 4:16 (Dez 1959) 183-202.
Marques, Oswaldino, *Seta e o alvo: análise estrutural de textos e crítica literária* Rio, MEC, 1957.
Marques, Xavier, *Evolução da crítica brasileira no Brasil e outros estudos*, Rio, Imprensa Nacional, 1944.
Martins, Luís, *Uma coisa e outra*, Rio, MEC, 1959.
Martins, Mário R., *A evolução da literatura brasileira*, 2 vols., Rio, Outubro, 1945.
Martins, Wilson, "O Barroco literário menor," *Journal of Inter-American Studies and World Affairs*, 12:1 (Jan 1970) 31-46.
_____, "50 anos de literatura brasileira (de 1900 à atualidade)," in: Joaquim de Montezuma de Carvalho, *Panorama das literaturas das Américas*, Nova Lisboa, Angola, 1958, I, 103-241.
_____, *A crítica literária no Brasil*, S. Paulo, Departmento de Cultura, 1952.
_____, *Interpretações*, Rio, J. Olímpio, 1946.
_____, "Linhas de força na literatura brasileira," *Revista Iberoamericana*, 35:68 (May-Ago 1969) 31-46.
_____, *A literatura brasileira, VI: O Modernismo*, S. Paulo, Cultrix, 1965.
_____, "Meio século de literatura brasileira," *Hispania*, 50:4 (Dec 1967) 931-970.
_____, "Tendências da literatura brasileira contemporânea," *Hispania*, 48:3 (Sep 1965) 413-421.
Meireles, Mário M., *Panorama da literatura maranhense*, São Luís, Imprensa Oficial, [1955].
Melo, A. L. Nobre de, *Mundos mágicos*, Rio, José Olímpio, 1949.
_____, *Retratos da terra e da gente*, Rio, MEC, 1959.
Melo, Luís Correia de, *Dicionário de autores paulistas,* S. Paulo, Comissão do IV Centenário da Cidade de São Paulo, 1954.
Mendes, Oscar, *A alma dos livros*, Belo Horizonte, Os Amigos do Livro, 1932.
Mendonça, Carlos Süssekind de, *História do teatro brasileiro*, Rio, Mendonça Machado, 1926.
Mendonça, Renato de, *O ramo de oliveira*, Porto, Lello, 1951.
_____, *Retratos da terra e da gente*, Rio, MEC, 1959.
Menezes, Djacir, *Evolução do pensamento literário no Brasil*, Rio, Simões, 1954.
Menezes, Raimundo de, *Escritores na intimidade*, S. Paulo, [1949].
Meyer, Augusto, *A chave e a máscara*, Rio, O Cruzeiro, 1964.
_____, *A forma secreta*, Rio, Lidador, 1965.
_____, *Preto e branco*, Rio, MEC, 1956.
_____, *A sombra da estante*, Rio, J. Olìmpio, 1947.
Milliet, Sérgio, *Diário crítico*, 10 vols., S. Paulo, Brasiliense, 1944-1959.
_____, *De ontem, hoje, sempre*, S. Paulo, Martins, [1959].
_____, *Panorama da moderna poesia brasileira*, Rio, MES, 1952.
_____, *Terminus seco e outros cocquetéis*, S. Paulo, Irmãos Ferrax, 1932.
Miranda, Veiga, *Os faiscadores*, S. Paulo, Monteiro Lobato, 1925.

Moisés, Massaud, *A literatura brasileira através dos textos*, S. Paulo, Cultrix, 1971.

_____, *A literatura brasileira, IV: O simbolismo (1893-1902)*, S. Paulo, Cultrix, 1967.

Moniz, Heitor, *Vultos da literatura brasileira*, Rio, Marisa, 1933.

Montalegre, Duarte de, *Ensaio sobre o Parnasianismo brasileiro*, Coimbra, Coimbra Editora, 1945.

Monteiro, Adolfo Casais, *O romance e os seus problemas*, Lisboa, CEB, 1950.

Monteiro, Clóvis, *Esboços de história literária*, Rio, Acadêmica, 1961.

Montelo, Josué, *Caminho da fonte: estudos de literatura*, Rio, INL, 1959.

_____, *Estampas literárias*, Rio, Simões, 1956.

_____, *Histórias da vida literária*, Rio, Nosso Livro, 1944.

_____, *Uma palavra depois de outra: notas e estudos*, Rio, INL, 1979.

Montenegro, Abelardo, *Cruz e Sousa e o movimento simbolista no Brasil*, Fortaleza, Tipo. Royal, 1954.

_____, *O romance cearence*, Fortaleza, Tip. Royal, 1953.

Montenegro, Olívio, *O romance brasileiro*, Rio, José Olímpio, 1938; 2nd ed., Rio, José Olímpio, 1953.

Montenegro, Tulo Hostílio, *Tuberculose e literatura*, Rio, s.e., 1949.

Moog, Viana, *Heróis da decadência*, Rio, Guanabara, 1934.

Morais, Carlos Dante de, *Realidade e ficção*, Rio, MES, 1952.

_____, *Tristão de Ataíde e outros estudos*, P. Alegre, Globo, 1937.

_____, *Viagens interiores*, Rio, Schmidt, 1931.

Morais, Rubens Borba de and William Berrien, *Manual bibliográfico de estudos brasileiros*, Rio, Gráfica Editora Sousa, 1949.

Morais Neto, Prudente de, *The Brazilian romance*, Rio, Imprensa Nacional, 1943.

Mota, Artur, *História da literatura brasileira: época de formação (séculos XVI e XVII)*, 2 vols., S. Paulo, Nacional, 1930.

_____, *Vultos e livros*, S. Paulo, Monteiro Lobato, 1921.

Mota Filho, Cândido, *Introdução ao estudo do pensamento nacional: o Romantismo*, Rio, Hélios, 1926.

_____, *O caminho de três agonias*, Rio, J. Olímpio, 1945.

Murici, Andrade, *A nova literatura brasileira: crítica e antologia*, P. Alegre, Globo, 1936.

_____, *O suave convívio*, Rio, Anuário do Brasil, 1922.

_____, *Panorama do movimento simbolista brasileiro*, 3 vols., Rio, INL, 1952.

Nemésio, Vitorino, *Conhecimento de poesia*, Salvador, Publicações da Universidade da Bahia, 1958.

Neves, Fernão, *A Academia Brasileira de Letras: notas e documentos para a sua história (1896-1940)*, Rio, ABL, 1940.

Nist, John, *Modern Brazilian Poetry*, Bloomington, Indiana University Press, 1962.

_____, *The Modernist Movement in Brazil*, Austin, University of Texas Press, 1966.

Nunes, Cassiano, *Breves estudos de literatura brasileira*, S. Paulo, Saraiva, 1969.
Nunes, Mário, *40 anos de teatro*, 3 vols., Rio, Serviço Nacional de Teatro, 1956-1959.
Olinto, Antônio, *Cadernos de crítica*, Rio, J. Olímpio, 1959.
_____ , *A verdade da ficção: crítica de romance*, Rio, Companhia Brasileira de Artes Gráficas, 1966.
Oliveira, Artur de, *Tese de concurso para professor substituto de retórica, poética e literatura nacional*, Rio, Tipo. Gazeta de Notícias, 1879.
Oliveira, Franklin de, *A fantasia exata: ensaios de literatura e música*, Rio, Zahar, 1959.
Oliveira, José Osório de, *História breve da literatura brasileira*, S. Paulo, s.d.
Oliveira, Martins de, *História da literatura mineira*, Belo Horizonte, Itatiaia, 1958.
Orico, Osvaldo, *Poetas del Brasil*, Madrid, Instituto Miguel de Cervantes, 1948.
Orlando, Artur, *Ensaios de crítica*, Recife, Diário de Pernambuco, 1904.
Otávio Filho, Rodrigo, *Minhas memórias dos outros: nova série,* Rio, 1935.
_____ , *Velhos amigos*, Rio, J. Olímpio, 1938.
Pacheco, João, *A literatura brasileira, III: O Realismo*, S. Paulo, Cultrix, 1963.
Paes, José Paulo, *Mistério em casa*, S. Paulo, Conselho Estadual de Cultura, 1961.
_____ , and Paulo Moisés, *Pequeno dicionário de literatura brasileira*, S. Paulo, Cultrix, 1967.
_____ , Diaulas Reidel, and Fernando R. P. Santos, *Maravilhas do conto moderno brasileiro*, S. Paulo, Cultrix, 1958.
Paranhos, Haroldo, *História do romantismo no Brasil*, 2 vols., S. Paulo, Cultura Brasileira, 1937.
Passos, Alexandre, *A imprensa no período colonial*, Rio, MEC, 1952.
Peixoto, Afrânio, *Poeira da estrada*, 1918; 3rd ed., Rio, Jackson, 1944.
_____ , *Panorama da literatura brasileira*, 2nd ed. S. Paulo, Nacional, 1947.
Peixoto, Silveira, *Falam os escritores*, S. Paulo, Cultura Brasileira, 1940.
Pereira, Astrojildo, *Interpretações*, Rio, CEB, 1944.
Pereira, Lúcia Miguel, *Cinqüenta anos de literatura*, Rio, MES, 1952.
_____ , *Prosa de ficção (de 1870 a 1920)*, Rio, J. Olímpio, 1950; 2nd ed., Rio, J. Olímpio, 1957.
Perez, Renard, *Escritores brasileiros contemporâneous*, 2 vols., Rio, Civilização Brasileira, 1960-1964.
Perié, Eduardo, *A literatura brasileira nos tempos coloniais, do século XVI ao começo do século XIX*, Buenos Aires, E. Perié, 1885.
Pessoa, Frota, *Crítica e polêmica*, Rio, Artur Gurgulino, 1902.
Pimentel, A. Fonseca, *Machado de Assis e outros ensaios*, Rio, Pongetti, 1962.
Pimentel, Osmar, *Apontamentos de leitura*, S. Paulo, Conselho Estadual de Cultura, 1959.
Pinheiro, Brandão, *Estudos literários e biográficos*, Rio, Imprensa Industrial, 1882.
Pinheiro, Joaquim Caetano Fernandes, *Curso elementar de literatura nacional*, Rio, Garnier, 1862.

Pinto, E. Roquette, *Ensaios brasilianos*, S. Paulo, Nacional, 1940.
_____, *Seixos rolados*, Rio, Mendonça Machado, 1927.
Pompeu, A., *Conferências*, S. Paulo, Revista dos Tribunais, 1933.
_____, *Idéias, homens e livros*, S. Paulo, *O Estado de São Paulo*, 1927.
Pontes, Elói, *Obra alheia*, Rio, Selma, s.d.
Pontes, Joel, *O aprendiz de crítica*, Recife, Departamento de Documentação e Cultura, 1955; Rio, MEC, 1960.
Portela, Eduardo, *Dimensões: I*, Rio, José Olímpio, 1958; II, Rio, Agir, 1959.
Prado, Décio de Almeida, *Apresentação do teatro brasileiro moderno*, S. Paulo, 1956.
Proença, M. Cavalcanti, *Augusto dos Anjos e outros ensaios*, Rio, José Olímpio, 1959.
_____, *Estudos literários*, Rio, J. Olímpio, 1971.
Putnam, Samuel, *Handbook of Latin American Studies*, IX, Cambridge, Harvard University Press, 1946.
_____, *Marvelous journey*, New York, Alfred Knopf, 1948.
Quem é quem nas artes e nas letras do Brasil (artistas e escritores contemporâneos ou falecidos depois de 1945), Rio Ministério das Relações Exteriores, 1966.
Quadros, Antônio, *Modernos de ontem e de hoje*, Lisboa, Portugália, 1947.
Ramos, Péricles Eugênio da Silva, *Panorama da poesia brasileira, III: Parnasianismo*, Rio, Civilização Brasileira, 1959.
Rangel, Alberto, *Rumos e perspectivas*, 2nd ed., S. Paulo, Nacional, 1934.
Rego, José Lins do, *A casa e o homem*, Rio, Simões, 1954.
_____, *Conferências no Prata: tendências do romance brasileiro: Raul Pompéia, Machado de Assis*, Rio, CEB, 1946.
_____, *Gordos e magros*, Rio, CEB, 1942.
_____, *Homens, seres e coisas*, Rio, MES, 1952.
_____, *O vulcão e a fonte*, Rio, O Cruzeiro, 1958.
Reis, Antônio Simões, *Bibliografia das bibliografias brasileiras*, Rio, INL, 1942.
_____, *Bibliografia nacional*, 8 vols., Rio, Valverde, 1942.
_____, *Poetas do Brasil (Bibliografia brasileira)*, Rio, 1949.
Reis, Francisco Sotero dos, *Curso de literatura portuguesa e brasileira*, 5 vols., São Luís do Maranhão, Tipo. do País, 1862-1866.
Rela, Walter, *Teatro costumbrista brasileño: Martins Pena, Macedo, Alencar, França Júnior, Artur Azevedo*, Rio, INL, 1961.
Ribeiro, João (João Ribeiro Fernandes), *Autores contemporâneos*, Rio, F. Alves, 1917; 25th ed., Rio, F. Alves, 1937.
_____, *Crítica: clássicos e românticos*, Rio, ABL, 1952.
_____, *Crítica: os modernos*, Rio, ABL, 1952.
_____, *O fabordão*, Rio, Garnier, 1910.
Ribeiro Neto, Oliveira, *Cinco capítulos das letras brasileiras*, S. Paulo, Conselho Estadual de Cultura, 1962.
Ricardo, Cassiano (Cassiano Ricardo Leite), *Algumas reflexões sobre poética de vanguarda*, Rio, J. Olímpio, 1964.

———, *O homem cordial e outros pequenos estudos brasileiros*, Rio, MEC, 1959.
Rio, João do (Paulo Barreto), *O momento literário*, Rio, Garnier, s.d.
Rio, Branco, Miguel do, *Etapas da poesia brasileira*, Lisboa, Livros do Brasil, 1955.
Rizzini, Carlos, *O livro, o jornal e a tipografia no Brasil, 1500-1822*, Rio, Kosmos, 1946.
Romero, Sílvio, *Estudos de literatura contemporânea*, Rio, Laemmert, 1885.
———, *História da literatura brasileira*, 1888; 3rd ed., Rio, J. Olímpio, 1943; 5th ed., Rio, J. Olímpio, 1954.
———, *Outros estudos de literatura contemporânea*, Lisboa, A Editora, 1905.
———, *Provocações e debates,* Rio, 1910.
———, and João Ribeiro, *Compêndido de história da literatura brasileira*, 2nd ed., Rio, Alves, 1909.
Romeu Júnior, Soares, *Recordações literárias*, Porto, Chardron, 1877.
Rónai, Paulo, *Encontros com o Brasil*, Rio, INL, 1958.
Sáfady, Naief, *Panorama da poesia brasileira*, S. Paulo, Civilização Brasileira, 1955.
Sánchez-Sáez, Bráulio, *Vieja y nueva literatura del Brasil*, Santiago de Chile, Ercilla, 1935.
Santos, Leri, *Pentheon fluminense*, Rio, Leuzinger, 1880.
Sayers, Raymond, *The negro in Brazilian literature*, New York, Hispanic Institute, 1956.
Scott-Buccleuch, R. L. and Mário Teles de Oliveira, *An anthology of Brazilian prose*, S. Paulo, Ática, 1971.
Sena, Homero, *A república das letras*, Rio, São José, 1957.
Serpa, Focion, *Variações literárias*, Rio, Tipo São Benedito, 1931.
Silva, Domingos Carvalho da, *Introdução ao estudo do ritmo da poesia modernista*, Revista Brasileira de Poesia, S. Paulo, 1950.
Silva, Inocêncio Francisco da, *Dicionário bibliográfico português: estudos aplicáveis a Portugal e ao Brasil*, 22 vols., Lisboa, Imprensa Nacional, 1858-1923.
Silva, João Manuel Pereira da, *Os varões ilustres do Brasil durante os tempos coloniais*, 2 vols., Paris, A. Franck, 1858.
Silva, João Pinto da, *História da literatura do Rio Grande do Sul*, P. Alegre, Globo, 1924.
———, *Fisionomias de novos*, S. Paulo, Monteiro Lobato, 1922.
———, *Vultos do meu caminho*, 2 vols., P. Alegre, Globo, 1918-1926.
Silva, Lafayette, *História do teatro brasileiro*, Rio, 1938.
Silva, Maria Leonor Alvarez, *Galeria: o livro das biografias*, Edição particular.
Silveira, Paulo, *Asas e patas*, Rio, Costallat e Miccolis, 1926.
Silveira, Tasso da, *Definição do Modernismo brasileiro*, Rio, Forja, 1932.
Simões, João Gaspar, *Caderno de um romancista*, Lisboa, Francisco Franco, 1942.
———, *Crítica*, Porto, Latina, 1942.

———, *Liberdade do espírito*, Porto, Portugália, 1948.
Sociedade de Cultura Artística, *Conferências, 1912-1913*, S. Paulo, Cardoso Filho, 1914.
———, *Conferências, 1914-1915*, S. Paulo, Levi, 1916.
Sodré, Nélson Werneck, *História da literatura brasileira: seus fundamentos econômicos*, Rio, J. Olímpio, 1938; 2nd ed., revised and enlarged, Rio, J. Olímpio, 1940.
———, *O Naturalismo no Brasil*, Rio, Civilização Brasileira, 1965.
———, *Orientações do pensamento brasileiro*, Rio, Vecchi, 1942.
Sousa, José Galante de, *Índice de biobibliografia brasileira*, Rio, MEC, 1963.
———, *O teatro no Brasil*, 2 vols., Rio, INL, 1960.
Souza, Lincoln, *Vida literária*, Rio, Pongetti, 1961.
Studart, Guilherme (Barão de Studart), *Dicionário bibliográfico cearense*, 3 vols., Fortaleza, Tipo-Litografia a Vapor, 1910-1915.
Tati, Miécio, *Estudos e notas críticas*, Rio, INL, 1958.
Teixeira, Maria de Lourdes, *Esfinges de papel: ensaios*, S. Paulo, Edart, 1966.
Terterian, I. A., *Brazilski XX veka*, [Twentieth century Brazilian novel], Moscow, Izdatelstvo "Nauka", 1965.
Topete, José Manual, *A Working Bibliography of Brazilian Literature*, Gainesville, University of Florida Press, 1957.
Varnhagen, Adolfo, *Florilégio da poesia brasiliera*, 2 vols., Lisboa, Imprensa Nacional, 1850; 2nd ed., 3 vols., Rio, Academia Brasileira de Letras, 1946.
Velho Sobrinho, João Francisco, *Dicionário bio-bibliográfico brasileiro*, 2 vols., Rio, MES, 1937-1940.
Velinho, Moisés, *Letras da província*, P. Alegre, Globo, 1944.
Veríssimo, Érico, *Brazilian Literature: an outline*, New York, Macmillan, 1945.
Veríssimo, José, *Estudos brasilieros*, 2 vols., 1889-1894; I: Belém, Tavares Cardoso, 1889; II: Rio, Laemmert, 1894.
———, *Estudos de literatura brasileira*, 6 vols., Rio, Garnier, 1901-1907.
———, *História da literatura brasileira*, Rio, F. Alves, 1916.
———, *Letras e literatos*, Rio, J. Olímpio, 1936.
Viana, Hélio, *Contribuição à história da imprensa brasileira (1812-1869)*, Rio, Imprensa Nacional, 1945.
Vieira, Damasceno, *A crítica na literatura*, Bahia, Tip. Reis, 1907.
———, *Cartas à gente nova*, Rio, Anuário do Brasil, 1924.
Vítor, Nestor, *A crítica de ontem*, Rio, Leite Ribeiro e Maurilo, 1919.
———, *Os de hoje*, S. Paulo, Cultura Moderna, 1938.
Vitorino, Eduardo, *Actores e actrizes*, Rio, 1938.
Vitureira, Cipriano, *Tres edades de la poesia brasilera actual*, Montevideo, 1952.
Wolf, Ferdinand, *Le Brésil littéraire*, Berlin, Ascher, 1863; *O Brasil literário*, S. Paulo, Nacional, 1955.

Index of Authors

Albano, José d'Abreu   249
Anjos, Augusto dos   238
Aranha, José Pereira da Graça   206
Assis, Joaquim Maria Machado de   95
Azevedo, Aluísio   4
Azevedo, Artur   119
Barreto, Afonso Henriques de Lima   258
Bilac, Olavo   78
Caminha, Adolfo   31
Carvalho, Vicente de   172
Cavalcanti, Domingos Olímpo Braga   40
Coelho Neto, Henrique Maximiliano   197
Correia, Raimundo   64
Cunha, Euclides da   128
Estrada, Luís Gonzaga Duque   233
Franco, Afonso Arinos de Melo   230
Guimaraens, Alphonsus de   162
Lobato, José Bento Monteiro   270
Lopes Neto, João Simões   217
Oliveira, Alberto de   50
Pompéia, Raul d'Avila   189
Ribeiro, Júlio   13
Romero, Sílvio   43
Santos, Nestor Vítor dos   235
Sousa, João da Cruz e   148
Sousa, Herculano Marcos Inglês de   23
Veríssimo, José   140
Vítor, Nestor   235